见识城邦

更新知识地图　拓展认知边界

刘刚 李冬君
-著-

文化的江山

06

通往文艺复兴的岁月

中信出版集团 | 北京

图书在版编目（CIP）数据

文化的江山 . 6, 通往文艺复兴的岁月 / 刘刚 , 李冬君著 . -- 北京 : 中信出版社 , 2021.1（2024.1 重印）
ISBN 978-7-5217-2338-0

Ⅰ . ①文… Ⅱ . ①刘… ②李… Ⅲ . ①文化史 – 中国 ②文化史 – 中国 – 魏晋南北朝时代 - 唐代 Ⅳ . ① K203

中国版本图书馆 CIP 数据核字 (2020) 第 196387 号

本书仅限中国大陆地区发行销售

文化的江山 06：通往文艺复兴的岁月

著　　者：刘　刚　李冬君
出版发行：中信出版集团股份有限公司
（北京市朝阳区东三环北路 27 号嘉铭中心　邮编　100020）
承 印 者：北京尚唐印刷包装有限公司

开　　本：787mm × 1092mm　1/16　　印　　张：23.75　　字　　数：285 千字
版　　次：2021 年 1 月第 1 版　　印　　次：2024 年 1 月第 3 次印刷
书　　号：ISBN 978-7-5217-2338-0
定　　价：78.00 元

目　录

引言 · 发现文化的江山　i

第1章 文艺复兴的儒林

01 · 一代王朝的历史样式　002
02 · 中国帝王学的古与今　012
03 · 儒家思想解放的惊蛰　031
04 · 从统一性里产生的巨人　040
05 · 太学生运动始末　052

第2章 文艺复兴的人格与山川

01 · 从清议到清谈的审美风潮　060
02 · 乱世英雄美学的兴衰　066
03 · 江南六朝开了头　079
04 · 天下英雄谁敌手　088
05 · 英雄活得真难受　097

06 · 人与山川相映发　105
07 · 格律化的山水诗　119
08 · 不做英雄做老农　129
09 · 桃花源的六朝往事　148
10 · 桃花源的营造法式　155
11 · 六朝有根金腰带　163
12 · 魏晋风度的支柱产业　170

第3章　文艺复兴的诗与禅

一　唐诗的江山

01 · 宫体诗革命　182
02 · 革命的女皇　196
03 · 走向宇宙意识　204
04 · 唐诗启明星　219
05 · 边塞诗领唱　225
06 · “汉家”大合唱　232

二　禅宗的江湖

01 · 本来没有圣人　242
02 · 开启本来面目　246
03 · 走江湖的思想者（上）　256
04 · 走江湖的思想者（下）　263

第4章 文艺复兴的艺术与天下

一　一个后主美学的标志

01 · 诗人死于诗　274

02 · 笔墨纸帛上驰骋自由之心　285

二　卷轴里的政治与人性

01 · 千载寂寥，披图可鉴　295

02 · 一场艺术与政治的夜宴　303

三　中国山水精神的构造

01 · 一个人的文艺复兴　311

02 · 中国山水画的审美救赎　323

四　宋代文艺复兴

01 · 宋代文艺复兴的国家样式　333

02 · 文艺复兴的国运之殇　348

03 · 文艺复兴的国运新装　356

引 言

发现文化的江山

历史上，其实有两种中国史观。

一个是二十五史里的中国，叫作王朝中国。

一个是贯穿了所有王朝的中国，叫作文化中国。

所有王朝，都在兴亡交替中，短则数十年，长则二三百年，都难逃一亡；唯有文化中国越千年，历百世，还在发展，凝然而成文化的江山。

江山自然生成，人居其中，文而化之，而成国家。

英雄行走大地，人与山川相映发，而使文明开化。

英雄从远古走来，从神话走向历史，留下一个传说时代，被结集在《山海经》里，无论成书于何时，它都留下了初民用文明初曙之眼看到的世界。

《山海经》之所在，是个自由的世界，而非大一统的世界，是英雄的世界，而非神的世界，其主体为人，是表现为形形色色的文明图式的万物之灵，而非神。

《山海经》的世界，不仅在传说中存在，还通过考古发掘出来。

在考古学的框架里，它被归纳为几个相互作用的文化区系，每一区系，都拥有一大批文化遗址，这些遗址，如满天星斗，覆盖天南地北，不仅存在于大河上下，按流域分布，还从山到海，从昆仑到蓬莱。文明的存在，对应了那个《山海经》世界。

初民都相信，文明的种子来自天上，所以，先要在高山上生长。昆仑是最高的山，不光是天下水源地，更是文明起源地。然后，文明还要顺着河流下山去，流域所至，择其要处，或为村落，或为城市，或为国家，唯有国家，才能使文明长大。

文明在全新世大暖期里生长，度过了人类最美好的一段时光。

在江南河姆渡文化里，我们看到了有别于《圣经·创世记》伊甸园的中国式天道伊甸园，我们相信，《庄子》里说的那些比炎黄还要古老的人物，就应该在这里出现，不能像史官文化那样将它们当作荒诞的寓言。还有仰韶文化，分布在黄河中上游，从那天真烂漫的彩陶上，我们看到了文化中国的起源。而良渚文化则在“从东南往西北”的历史运势线上，开辟了一条玉石之路，贯穿了长江与黄河两大流域，用玉文化融合了两大文化区系，就在以玉为标志的制度文明——礼制的产床上，一个“审美的国度”——文化中国诞生。

人类在全新世开启了一个新时代，那就是考古学上的新石器时代。从新石器时代走向青铜时代，这是世界文明史的通例。但中国却有一个例外，那就是，当西方文明正走向青铜时代时，中国文明则顺着新石器文明的惯性，进入一个审美的玉器时代。西方文明史视野下的古代国家起源于青铜时代，而中国文明史视野下的古代国家则起源于玉器时代，这是我们在研究中的一个重要发现，以此而有了不同于西方文明的国家观念。青铜文化的国家与玉文化的国家有不同的文明属性：青铜国家的本质，有着明显的暴力认同的特征；而玉制的国家，就如同玉本身，不具有青铜那样的暴力属性，呈现出文化认同的特性。

《山海经》的世界，就包含了青铜时代和玉器时代。考古学认为，《山海经》反映的世界，处于金石并用时期，还把玉器当作新石器的一部分。这显然是不够的，因为，玉器与石器的差异不在于材质，而在于功能。玉虽被称作“美石”，但其材质显然已不重要，重要的是那个“美”字，它强调了玉器的审美功能，以区别于石器的实用性。所以，我们更倾向于用审美的方式来称呼那个时代，不是称作“金石并用”，而是称为“金声玉振”。

相比之下，在《山海经》里，是“金声”初起，而“玉振”已大作，明显有一个玉文化的体系存在，叶舒宪在《山海经的文化寻踪》中谈到，在夏商周还没有开始，汉字也还没有出现的时候，在中国境内已经有八个文化是崇拜玉礼器的，中国在四千年前已经被玉文化先统一了。我们举双手同意他的这一说法，但他接着又说了一句，就是那时中国还没有，整个东亚这块已经被玉文化统一了。为什么要说“中国还没有”呢？那时，没有王朝中国，还有文化中国呀，那被玉文化统一了的不就是文化中国？好在还有我们认领。

用王朝中国的史官文化来看，《山海经》无非“怪力乱神”而已；从文化中国的角度来看，《山海经》的世界则是一座史前文化的江山，是文化中国赖以成长的摇篮。我们重读中国历史，尤其是文化中国的历史，要从《山海经》开始，《山海经》可以说是一部玉器时代流传下来的文化中国图志，虽为历代王朝所屏蔽，却被文化中国不断重启。

王朝中国是青铜时代的产物，代表着“金”，文化中国是玉器时代的产物，其本为“玉”，可以说，文化中国是礼玉文明的一个政治成果。以良渚文化遗址所反映的国家样式为例，我们似可确认，那是一个信仰与审美的国度，也有权威，但基于文化认同。

这样“文化中国”与“王朝中国”，就从根本上区分开了。因为，王朝中国是由文化中国“西化”而成的文明古国的改良版，所以，青铜时代的世界体系，终于在“金玉良缘”的王朝中国画上了完满的句号。四大文明古国中的三大古国相继消亡以后，继之而起的王朝中国，在与文化中国的互动中，又将文明古国的国脉延长了约三千年。

作为四大文明古国之一，中国的历史应该有五千年。可甲骨文的发现和殷墟考古，证明了孔子引用的“惟殷先人有册有典”（《尚书·周书·多士》），有文字记载的历史只有三千多年。但殷墟不是起点，而是高峰。那么，起点在哪里？孔子还说过“祖述尧舜”和“殷因于夏礼”，说明殷的前面还有个夏，说殷人继承了夏的礼仪制度，那就是已经把夏当作一个世袭制的王朝国家。夏的前面，还有尧和舜，他们的国家有可能是个尚贤与禅让的方国联盟。孔子追溯历史的起点到此为止，他不像古希腊人那样用神话作为历史开头，而是正相反——“不语怪力乱神”。到了太史公写《史记》时，其眼光超越孔子，将历史的起点追溯到炎黄，以黄帝为首，为炎黄子孙的历史开了个头，形成了帝王世系的历史和王朝史观的叙述方式。

夏在哪里？良渚文化用礼器——玉琮、玉璧、玉钺等所代表的一整套用玉制度为夏提供了中国最早的礼制文明的样式和古代国家起源的原型，而龙山文化则代表了正在发生的技术革命和文化转型，使文化中国向着青铜时代迈进。传说中，禹铸九鼎定九州，就标志着文化转型的完成，将良渚文化的陶鼎转变为二里头文化——夏墟的铜鼎，从此开始了问“鼎”中原。《易传》曰“革物者莫若鼎，故受之以鼎”，“革去故，鼎取新”。

二里头三期出土了青铜鼎，它是青铜时代到来的文化革命的象征，而最早将“鼎革”用于改朝换代的政治革命的，便是《易传》“汤武革命”里的那个“汤”。

就在夏墟不远处，距二里头遗址约六公里，又出土了一座偃师商城，属于商早期的二里岗文化，是“汤”以革命取代夏墟的硕果。有人说，它就是商都西亳，也可以这么说，它的地位，就像周人的东都，东都是克商以后建的。如果《尚书》所言不虚，那么《汤诰》有可能就是汤在偃师商城发布的革命宣言和战争动员令。与偃师商城同时，还有一座更大的郑州商城，相比之下，偃师商城更加军事化，实用性较强，神圣性和庄严感不足，缺少国之重器，尤其是缺了古代国家政权象征的鼎，如何“率民以事神”成为政治中心？

而郑州商城，不仅规模更大、规格更高，而且出土的国之重器多而配套，能充分满足首都对于神圣性和庄严感的要求，这是首都之所以成为首都的一个必要条件。我们假设一下，汤革命成功以后，要举行一次盛大的国家庆典，祭祀他的祖先和“帝”，当时有郑州商城和偃师商城两地可供选择，他会选择哪里？是在作为前线的偃师商城、原来的夏墟附近，还是在殷人发祥地、作为礼制文明中心的郑州商城——亳墟？回答无疑是后者。

为什么说郑州商城是礼制文明的中心呢？以文物论，这里出土了青铜礼器二百余件，尤其是那两只巨型方鼎，大的高达一米，它们成双成对，不言自威，有冲天霸气，不是一般贵族能用的，非王莫属！这样两只鼎，出现在约三千五百年前，别说在中国，就是放到全世界，也是罕见。这是两只见证过汤的开国典礼并且承担过“率民以事神”历史使命的鼎，或许我们能从它们身上听到早已凝固的庆典的欢呼声和“神化革命”的历史回音。这声音，从后来安阳殷墟的“后母戊”大鼎里消失了，尽管“后母戊”鼎看起来更有分量、更为辉煌，更加显示了帝国的气魄和力量，但革命精神却已荡然无存，我们从中再也听不到革命庆典的欢呼声，它早已丢失了杜岭方鼎的灵魂，因为那时一个王朝中国已经形成。

殷墟，形成了一个标准的王朝国家，那是一个与世界文明古国接轨的国家，它的出现，标志着青铜时代的世界体系的完成。这一历史进程，就如同近代以来的工业革命，当其在英国出现以后，就开足了工业革命的世界化马力，两次世界大战以后，美国接力而起，继以工业革命的全球化体系，而当下中国工业革命，又从美国那里传承全球化的工业革命的火炬，预告着工业革命的世界体系就要在中国完成。它使我们又联想起殷墟时期在中国发生的青铜时代的那一次金石革命，那也是先在西亚兴起，在中亚，从黑海到里海之间的南俄罗斯草原，经由雅利安人接力，以国家与革命的方式传递，世界三大文明古国古巴比伦、古埃及、古印度随之解体，文化中国亦随之“西化”，从玉器时代转向青铜时代。这么一转，不仅催生了王朝中国，而且使得随着青铜时代到来的世界体系最后也在中国完成。

从殷墟开始，中国历史便走上了王朝中国之路，且与文化中国互动，治乱循环，双轨同运。儒以道统与政统划分：道统出自文化中国，以孔孟之道为代表，政统出自王朝中国，以周秦之制为代表。又有“阳儒阴法”一说，以为道统反映儒家思想，而政统则基于法家思想，这也就是所谓“霸王道杂之”。还有两家——墨子与杨朱，一个主张兼爱，一个主张为我，不与王朝中国合作，孟子骂他们“无君无父”，但他们却影响了文化中国。

儒家道统只是文化中国的一条线索，还有墨子一线，以侠义精神和会党政治贯穿，成为民本与民间运动的源泉；有杨朱一线，他那“为我”一声吼，便是中国最早的“个人权利”的宣言；有庄禅一线，以回归自然的审美和思辨开拓着中国艺术的空间，这一线，从山海图到桃花源，从东篱到东坡，从山阴道上人与山川相映发到山水诗到山水画……

王朝虽然赫赫，不过历史表象，江山何其默默，实乃历史本体。表象如波易逝，一代王朝，不过命运的一出戏，帝王将相跑龙套，跑完了就要下台去，天命如此，他们不过刍狗而已。改朝换代，但江山不改，家国兴衰，还有文化主宰，文化的江山还在。

“秦时明月汉时关”，秦汉两朝已去，可关山依旧，明月依然。这关山啊，就是文化的江山！命运诗意地栖居于江山，我们知天命以诗。重读中国历史，要把历史放到江山中读，不要放在王朝里读。要用诗性的眼光读，不要用“资治”的眼光读，以诗性之眼，能读取文化的江山，用“资治”的眼光，只能围绕王朝打转，把历史读成阴谋诡计。

“春风又绿江南岸，明月何时照我还”，王安石用了诗性的眼来创作，诗中有“我”，“我”在选择，选择了“还”，他放下王朝，抱住江南——那诗性的江山。陈寅恪“以诗证史”，一部《柳如是别传》，还是在江南——那“独立之精神，自由之思想”的江南。

“臣心一片磁针石，不指南方不肯休”，那“南方”，就是文天祥魂归之、魄寓之、命托之的江南，宋朝不在了，可江南还在，他的乡愁还在。中原与江南，一个是王朝中国的地理根据，一个是文化中国的人文始基，北宋亡时，中原成为南宋的乡愁，南宋亡时，江南成为他的乡愁，那是他为之披肝沥胆、为之刻骨铭心的来自文化中国的乡愁。

我们再来看看盛唐，盛唐气象，并非那些帝王将相，而是唐诗的江山。

试问有唐一代，有多少帝王？翻一下二十五史里的《唐书》就知道了。

他们从字里行间，列队而出，向我们走来，除了李世民、武则天，我们还认识谁？还有一位李隆基。对不起，我们知道他是因为杨贵妃，一首《长恨歌》便盖过了他的本纪。他是王朝的太阳，光芒万丈，可在《长恨歌》里，美是太阳，集中在杨贵妃身上，留一点落日余晖，让他来分享。还有滕王阁的滕王，谁知道他的名字？而一篇《滕王阁序》，都知道是王勃作的，久而久之，滕王消失了，一提起滕王阁，人们就说王勃，这是为什么？放大了说，那就是滕王属于王朝中国，王勃属于文化中国，套用歌德的话来说：王朝总是灰色的，文化中国之树常青。而王勃，就是文化中国之树盛开不败的诗性的花朵。

文化的江山里，没有统治者的位置，要坐文化的江山，帝王也要写诗。

然而，诗性是天命和灵魂的吟唱，诗的灵感，并不特别钟情于帝王。

据说，乾隆皇帝爱写诗，一生写了四万多首，他一个人写的诗的数量快赶上《全唐诗》了，可有哪一首诗能流传至今？大鱼大肉的四万多首诗，还抵不过李白清清淡淡的一首。

月光下，摇篮旁，母亲在吟唱：“床前明月光，疑是地上霜。举头望明月，低头思故乡。”就这样，唱了一千多年，至今还在唱，那一缕缕诗性的光芒，照亮了婴儿的脸庞，温暖了孩子们的心房，文化中国的公民们就这样成长，我们从中看到了希望。

中国是诗性的国度，唐诗的江山虽然灿烂，但再怎么辉煌，也还是不及先秦时代的诸子诗性在天。当诗性，以天命和天道的意味呈现在我们眼前，我们怎么还敢说中国不曾有过哲学的诗篇？老子的《道德经》，难道不是一首最好的形而上学之诗？还有《孙子兵法》，岂非世上最美的兵法？天地人总体战，生与死的美学，当以诗性表达。

当年，王国维作《人间词话》，以诗话体行文，却写了一篇关于唐宋词的论著，我们自问，能否也诗意地栖居于历史，去写一部诗性的文化中国的通史呢？我们这样想了，也这样做了，做的成果，就在我们的《文化的江山》里。历史的精神，追随陈寅恪，其美学形式，则取之于王国维，加上我们的思想与文字，形成本书的风格与宗旨。

历来写史，都以王朝为本位，以帝王为中心，写王朝史，表达王权主义，即以宫廷政治和帝王权谋为主线，写来写去，也都是些改朝换代和开国皇帝的故事，那根线，历史的主线，还捏在王权的手心里，被王朝史观牵引着，进入王朝中国的历史。

然而，还在20世纪初期时，不就有新文化运动，开始“反封建”了吗？反了近一个世纪，为什么还反不出王朝史观呢？中国的思想者们，究竟在哪里失足了呢？

如今反思，这才发现，“反封建”在反到“人民”与“革命”这两个最为神圣的观念时，就停下了，连鲁迅面对黄包车夫尚且要“榨出皮袍下面藏着的‘小’来”，他对“国民性”的批判，也就停留在

“文化人民性”的重建上，未有“文化个体性”的自觉。

马克思说过，他是在批判旧世界中发现新世界。他在批判中，发现了什么呢？他发现了“人”，发现了近代意义的自由平等的“社会性的人”，他的“剩余价值论”，就是强调社会人的价值，不光是社会人的经济学价值，更是社会人的政治哲学价值。

反封建，还要反王权；要对封建主义做社会形态的批判，以确立人的社会性；还要对王权主义做文化性质的批判，以确立人的文化个体性。这是基于人性三段论。

我们认为，人性的发展，经历了三个阶段：第一阶段是人对于自然的自觉，而有类意识，我们称之为“人类性”阶段；第二阶段是人对于他人的自觉，而有群意识，我们称之为“社会性”阶段；第三阶段是人对于自我的自觉，而有自我意识，我们称之为“个体性”阶段。个体性之道德一维，我们称之为“个体人格”；个体性之政治一维，我们称之为“个人权利”；对于“个体性”的文化认同，亦即文化一维，我们称之为“文化个体性”。

从“文化个体性”出发，我们走向文化中国，重读中国历史，就是以自我意识对历史做选择。历史上有两个中国，王朝中国和文化中国，我们选择了文化中国。

文化中国，不一定非要呈现某种既定的国家形态，在与王朝中国互动中，它以文化的江山表现出来，即便在当下民族国家的世界之林里，它依然漂洋过海，以全球化的天下观的方式存在，就像《山海经》世界那样。文化的江山，开启了“海外经”时代。

第1章

文艺复兴的儒林

01

一代王朝的历史样式

文艺复兴运动有个前提，那就是要经历过轴心期。但轴心期不是每个民族都会有的，也不是每一种文化都能到达的。能被轴心期的历史光芒照耀的民族是幸运的，能到达轴心期的文化如有神助。

文明进入轴心期，不是只有一条历史道路，希腊有希腊的道路，印度有印度的道路，中国有中国的道路。由不同的历史道路进入同一个轴心期，沿途会形成不同的文明景观，哲学的、宗教的、诗化的……但奔向的目标都是一致的——理性。

轴心期是个文明概念，而非国家观念，在文明的基础上产生国家，每当进入一个新的历史时期，就会回到国家的起源处，召唤文明的原力，古希腊人对《荷马史诗》的召唤，欧洲近世城邦国家对古希腊人的召唤，都是这样的文艺复兴。

中国历史上也有过类似的文艺复兴。春秋时期，孔子“吾从周”，不仅开始了他一个人的文艺复兴，而且开启了一个时代的诸子百家思想的先河。他从理性出发，以“祖述尧舜，宪章文武”安顿了以尧舜为代表的文化中国和以文武为代表的王朝中国。孔子用他的“中庸”思想把文化中国和王朝中国结合了，为王朝中国建立了文化的基础，为文化中国提供了国家样式。

孟子说孔子“金声玉振”，“金”为青铜时代王朝中国的标志，“玉”

为玉器时代文化中国的标志，孔子把“金”和“玉”，也就是王朝中国和文化中国的标志结合了，所以，孟子称他为“集大成者”。汉人说孔子“为汉家立法”，也只有文化中国与王朝中国相结合才说得通。

一般来说，立法者都是开国者。梭伦是雅典的立法者，摩西是犹太人的立法者，把孔子说成“立法者”，应该跟开国有关。他在汉家天下里开什么国？当然不是那个“马上得天下”的王朝中国，而是文化中国，是文化中国与王朝中国相结合的“新中国”。

这个“新中国”应该如何载入史册？从西汉到东汉，从司马迁到班固，采取了两种历史叙事方式，一种是司马迁的通史方式，另一种是班固的王朝史的方式。

不同的方式表达了不一样的历史观。通史方式表达了文化中国的历史观，一代王朝只能算是通史的一部分，是文化中国本体的现象学存在。而王朝史的方式，则是以一代王朝为主体写史。这样两种方式，恰似《周易》之“变易”与“不易”。

太史公以“变易”写史，把一代王朝写到“通古今之变”里去，而班固则以“不易”写史，要把一代王朝写入永恒。以“变易”写史，必究因果，而因果之究竟，当“究天人之际”，于天人关系中探求国家起源的因果，而以“不易”写史，则坚守“绝地天通”，以之为思想的禁区。以“变易”写史，是为自我立言——“成一家之言”，而以“不易”写史，是代圣人立言，为王朝立宪，不容史官文化中带有史家的自我意识。

中国的王朝史由此开启，古代中国，通史从此不作，《史记》遂成绝响。

为避“谤书”之嫌，不至于重蹈太史公覆辙，班固开了当代人不写本朝史的先例，其《汉书》仅写前汉史，从汉高祖开始到王莽为止，并未涉及本朝。宋人亦有司马光者，取战国至五代史料，作《资治通鉴》，观其巨制，貌似通史，然亦未称史，但以“资治通鉴”四字名之，亦足见其王朝史观的立意。

从通史到王朝史，班固立场的转变，事出有因，其来有自。

其父班彪，著史初心，欲继太史公续写《史记》，作《史记》补，班固兄弟随父修史，其志本亦在此。然一突发事件使之转变。某日，或告固曰私改史记，使其入狱，弟班超奔洛阳，面呈明帝，献其所撰，帝审读之，甚喜，爱其文而释其人，并授兰台之职。固虽转祸得福，但经此一吓，遂一改其本志，从君不从父，为君写史。

历代人读《汉书》都有一疑，班固著史，为何不谈其父班彪？

班彪作《史记后传》数十篇，为《汉书》所用，但叙传里竟无一字提起，全书中也未有一处言及，若非时人转述及《后汉书》重提，其父著作一节也就湮没无闻了。

王充游京师，入太学，曾师从班彪，已知其续《太史公书》有百篇以上，他应该是看过的，并且评论道："记事详悉，义浃理备。"还说，看过的人都以班著为甲，太史公为乙，将班氏的排名排到太史公前面了，《论衡·超奇篇》就是这么说的。《后汉书·班彪列传》注引《谢承书》，其中还提到王充见班固。那时，班固十三岁，已有文名，王充见了，拍着班固的背，对班彪说："此儿必记汉事。"

王充认为，班固可以子承父业，完成班氏一门的史家大业。果如其言，班固完成了《汉书》，可"父业"却不见了，若王充读了班固的《汉书》会做何感想？西晋杨泉在《物理论》中就这样说道："班固《汉书》，因父得成，遂没不言彪，殊异马迁也。"近人顾颉刚竟然撰文"班固窃父书"，不厌其烦详考之。

班固已经这么做了，对与不对，是是非非，历代都有人评论。我们不想参与评论，而是想理解他为什么要这么做。

这里，或许就藏着历史学的"哥白尼倒转"，很可能就这一转，将文化中国的历史叙事转移到王朝中国的政治正确上来，将文化中国对历史的话语权转移到一代王朝的意识形态上来，将历史对文明的传承转移到以历史学的方式终结历史上来。

显然，他已背叛了父亲。起初，他以历史为家学，以写史为父业，作为孝子，他本应继承父亲的未竟之业续写《史记》，完成父亲的遗稿《史记后传》，但一场飞来横祸改变了这一切，在狱中，他才真正懂得了写史不仅艰辛，而且艰险。被明帝赏识后，他又发现，写史不光站在地狱的门槛上，还能站在平步青云的天梯上，他可以选。

在君与父之间，他应做个选择，要能了断，是接着父亲续《史记》，跟着太史公走下去，还是走到《史记》的反面去，对着《史记》大喝一声：到此为止！

沿着父亲的道路走，他已走进了监狱，可见此路不通，太史公的前车之覆，还有他自己的亲身经历，都证明了这一点。他在《汉书·司马迁传》中，用了《诗经·大雅》里的一句诗，来给太史公做了论定：“‘既明且哲，能保其身’，难矣哉！”

他不仅不能重蹈太史公的覆辙——让自己陷于极刑，还得有所超越，这就要“明哲保身”了。为此，他用儒家“明哲保身”的政治眼光重新打量了一下太史公。这时他发现，原来太史公的历史观有那么多的问题：“又其是非颇缪于圣人，论大道则先黄老而后《六经》，序游侠则退处士而进奸雄，述货殖则崇势利而羞贱贫，此其所蔽也。”对于这些问题，他不仅要指出，还要纠正，所以，他要找到问题的根源，而根源就在于，要解决一个为谁写史的问题，这是历史观的首要问题，要首先考虑。

问题中，含有历史目的论。历史的目的是历史本身还是现实？是将现实看作历史的一部分，还是把现实当作历史的终结？这在中国思想史上形成了两条路线，一条是通史致用路线，通过历史的因果关系和发展趋势来看现实，另一条是通经致用路线，把现实放在天经地义的政治正确上来，以永恒的原则终结带有不确定性的兴衰历史。

历代帝王都不想成为通史里的过客，都有个万世一系的抱负，都揣了个终结历史的企图，他们心中的愿景，要有人为他们提出，为他们描绘盛世蓝图。这样的人物千年等一回，但终于等来了，他就是班固，要颠覆了太史公，让帝王来做主。

我们通读《史记》总有这样的感觉，即太史公成了历史之王，他指点江山，品评人物，凌驾于历代帝王之上，他写史是以个人立场，而非国家主张，所以他把一代王朝汉家天下放到了一旁，从五帝写到汉武帝，从人文之初写到人文之殇，写出了一副一代不如一代的历史衰落的模样，也写出了他本人“究天人之际，通古今之变，成一家之言”的豪迈担当，要在历史的王国里为自我立言，让自我成为君王。

一代王朝的高祖何等神圣，可在太史公笔下，就成了市井之子、无赖之徒和流氓天子，这还不够，还要用一面“英雄的镜子”照他，让他的子孙们不得不自惭形秽，在梦里都会恨得咬牙切齿——在汉朝帝王本纪旁，他立了个英雄本纪，这个英雄就是项羽。

对圣人孔子，他也并不十分在意，弄个草根陈涉一同搁在世家里。如果说孔子为汉家立法，那陈涉岂不为汉朝开基？人皆可以为尧舜，陈涉不亚于孔子。这不光冒犯了王朝，还冒犯了儒生，用历史的洪流冲了经学的庙。所以，班固要拨乱反正，不但基于王朝立场，还基于经学立场，他要为一代王朝提供一个具有正统性的历史样式，建立一个为王朝政治服务的历史学范畴。

可父亲班彪，还在沿着太史公开辟的历史道路行走，而且越来越有自己的步调——“彪”。他真的“彪”起来了，思想与文采同“彪”，超过司马迁，“彪”得连思想的刺儿头王充都连忙从江南赶来问学拜师了。可从《汉书》里，我们已感觉不到那股子“彪”气了，但那的确是有着开国气象的“彪”啊！

班固出生那一年，天下方定未定，中国尚有二帝，一为中原汉光武帝刘秀，一为国号“成家”、建元“龙兴”、于蜀地称帝的公孙述。二帝之间还有于陇右称王的隗嚣，他已与公孙述结盟；还有河西大将军窦融，仍在观望中，故窦之向背，乃两帝成败关键。

这时，我们就看到班彪的那一“彪”了。新汉末年天下大乱，班彪避难，前往天水投奔隗嚣，言史有废兴，班彪曰“汉必复兴”，隗嚣怫然，说他“知往而不知来”，“但见愚民习识刘氏姓号之故，而谓汉家复兴”，当年秦失其鹿，刘季逐而得之，那时民知有汉吗？二人话不投机，班彪一“彪”而去，奋笔疾书，“乃著《王命论》以救时难”，文呈隗嚣，遭拒，遂改投外戚河西大将军窦融，“为融画策，使之专意事汉”。

此事初见于范晔《后汉书·班彪列传》，却未载于班固《汉书》叙传中，司马光《资治通鉴》据范晔所言，继言班彪于二帝相争中起了影响窦融的关键作用。

可事成之后，班彪却再也“彪”不起来了。他随窦融迁入内地，窦融被光武帝猜忌，其为窦氏主笔，亦被搁置于冷席，仅能蛰居于下僚之位。然其“彪”心尚在，遂尽发之于史，作《史记后传》约百篇，一度令王充惊诧不已，谓其“彪”之所至，已甲于太史公。

所以，我们从王充的《论衡》里反倒能感受到班彪思想的那种“彪”气。可惜的是，这“彪”气在班固身上没有了。在官修的《汉书》里也没有了。如此说来，说班固窃取了父亲的著作，可能是冤枉他了，即使班固用了父亲的原稿，也改得面目全非，他都不好意思请父亲出来认领，所以，干脆就不提了。不是说“三年无改于父道”吗？他改了，改得很彻底，从私修改成官修，从续写《史记》改成反《史记》，不是从史学方法论的立场反《史记》，而是从历史目的论上反《史记》，把历史写成断代史——用历史的方式终结历史。

也有不变的，那就是班家与窦家的关系。从班彪起，两家就以西域为纽带，结成命运共同体，自班彪与窦融之后，班超之于窦固，班固之于窦宪，皆为一体。莽乱之余，匈奴重返西域，据天山南北地，窥视河西，光武弃用窦氏，故闭玉门关而守之；明帝欲重振西域，不得已而起用窦氏，窦固战于天山，班超在西域虎穴里“彪”炳史册，可见班窦为一体；章帝欲除匈奴后患，故命窦宪出击，班固亦随军旅；和帝时，窦宪深入漠北，犁庭扫穴不遗，班固为之作《封燕然山铭》，用《尚书》体，颂窦宪如周公，铭曰：

惟永元元年秋七月，有汉元舅曰车骑将军窦宪，寅亮圣明，登翼王室，纳于大麓，惟清缉熙。乃与执金吾耿秉，述职巡御，理兵于朔方。鹰扬之校，螭虎之士，爰该六师，暨南单于、东胡乌桓、西戎氐羌，侯王君长之群，骁骑三万。元戎轻武，长毂四分，云辎蔽路，万有三千余乘。勒以八阵，莅以威神，玄甲耀日，朱旗绛天。遂陵高阙，下鸡鹿，经碛卤，绝大漠，斩温禺以衅鼓，血尸逐以染锷。然后四校横徂，星流彗扫，萧条万里，野无遗寇。于是域灭区殚，反旆而旋，考传验图，穷览其山川。遂逾涿邪，跨安侯，乘燕然，蹑冒顿之区落，焚老上之龙庭。上以摅高、文之宿愤，光祖宗之玄灵；下以安固后嗣，恢拓境宇，振大汉之天声。兹所谓一劳而久逸，暂费而永宁者也。乃遂封山刊石，昭铭盛德。其辞曰：

铄王师兮征荒裔，剿凶虐兮截海外，敻其邈兮亘地界，封神丘兮建隆嵑，熙帝载兮振万世。

其时，和帝初立，年方十岁，太后临朝，窦宪主政，窦氏兄妹手握王纲，权倾朝野，班固早已视为当然，且不啻与之分享，故此铭文，即以周公为隐喻。周公王叔，窦宪帝舅，故以“圣明”“王室”“大麓”言之，如《大雅·裕高》之“不显申伯，王之元舅，文武是宪”，只“元舅”一词，就将窦宪之尊贵表露无遗，言其德如周公，实为摄政。

铭以何事？王师远征，“理兵于朔方”却被他说成是“述职巡御”，可谓从容不迫，真乃端拱之至。王师威武，将军“鹰扬”，《诗》云“维师尚父，时维鹰扬”，又以“师尚父”喻窦宪，暗言其为和帝之“尚父”，真个是“当年意气何鹰扬，手扶天子登龙床”，还有“尚父精神老更遒，一竿唾手取神州”，后来董卓进京为太师，就自号“尚父”。

很显然，这铭文里包含了向窦宪劝进的主张，要将窦宪置于儿皇帝之上。我们很难想象，像班固那样以儒术安身、以经学立命、以正统自居、以王权至上的儒生，竟然会有这样一副“霸王道杂之”的沉郁心肠。当他背叛父亲，还可以说是移孝作忠，而今，他又从儿皇帝头顶，看到了一片来自周公根底于诗书的灵光，他要寄托于窦宪身上。此前，王莽以《周礼》改革，开了新朝，结果失败了，现在，他以周公期待窦宪，能行吗？

班固也没去问问那位儿皇帝，他真的需要一位帝舅、一个尚父吗？

在此，班固又悖于父亲初衷。班、窦初盟，实以汉家为归宗，而班固之于窦宪，则以经学为梯，助其往皇帝头上爬。显然，他忘了父遗《王命论》，《汉书》亦未录存；更为要命的是，他居然小瞧了那位儿皇帝，以为其可任由窦氏安排，故奉窦宪为周公。

也许他以为，以周公为愿景，对窦氏与儿皇帝都是最好的安排，毕竟周公还有还政之日，儿皇帝终归有亲政时。以周公勉励窦氏，或可见其苦心孤诣——明知男盗女娼，亦以仁义道德期许。他熟谙历史，却陷入经学思维里，忽略了王莽就曾以周公自居，打周公牌，已不足以提供经学上的依据，反不免有瓜田李下之嫌，被人当作欲篡权的口实。

那儿皇帝汉和帝是个帝王学里的神童，年方十四，尚带乳臭气，却不惑如四十，观其仅以孤子一人，用一宦官对外联络，就发动一场政变，一举推翻压在头上集帝舅、周公、尚父为一体的大山——窦氏，如朝廷上一道闪电，深宫里一声惊雷，叫人目瞪口呆。

有人将汉和帝同康熙皇帝相比，同样十四岁，康熙擒鳌拜，定朝纲，被人赞叹不已，但较之和帝，还是难于媲美。鳌拜权重，怎比窦氏？更何况康熙身后还有太后做主，而和帝在深宫之中尚被窦氏监视，却能一骑突围擒了窦氏，实令人匪夷所思。

窦氏败了，无脸活下去，自杀而死，班固亦因之下狱而死。活在王朝中国里，也就那么一回事。班固写《汉书》，为一代王朝提供了一个历史的样式，赋予王朝中国以永恒的经学气质，可他本人却在狱中死去，《汉书》未完的部分，由其妹妹班昭接续完成。

从周公制礼作乐到周制礼崩乐坏，不过五百年。西周亡，东周继，春秋时代开始。《春秋》是一部鲁国编年史，始于鲁隐公元年（公元前722年），止于鲁哀公十四年（公元前481年），共二百四十多年，正值礼崩乐坏之时，透着鲜明的时代色彩。除记载本国诸侯、大夫、国人等违礼、僭礼的行为外，《春秋》还收录了不少各诸侯国新生代下克上、臣弑君的失序事件，以及公侯间、大夫间的往来书信，如晋国叔向与郑国子产关于铸刑书的书信，如“崔杼弑君”事件等。

鲁哀公十一年（公元前484年），孔子结束周游列国，回到鲁地，边授课边整理殷周文献，删《诗》《书》，削《春秋》，编撰“易”而致“韦编三绝”。《诗》指《诗经》，《书》即《尚书》。以“吾从周”的立场，以“周礼”为标准，“笔则笔，削则削”，对《春秋》的内容进行删削取舍，保留或增写新生代们“弑父”“弑君”的叛逆行为，将“野心家们”公诸天下，流名百世。所以《孟子》说：“仲尼成《春秋》，而乱臣贼子惧。”史家记录历史要有价值观和立场始于孔子。

历史是时间的过程，但并非所有的时间都能进入历史，唯有经过史家的选择，才能进入历史。史家的价值观就是他选择的标准。

今本《春秋》“崔杼弑君”的故事，为史家留下两条原则：第一，记录历史要有态度和立场，即价值观；第二，要以史家的生命记录并捍卫在场的真实。此后，《春秋》便以反对下克上的鲜明立场以及信史传统成为汉家法典，汉朝依据《春秋》判案断狱。

崔杼妻棠姜貌美，齐庄公与之私通。崔杼得知，设计杀庄公，立庄公异母弟杵臼为君，是为齐景公。崔杼自任相国，与权臣庆封共专朝政。景公年幼，臣僚皆匍匐是从崔、庆，唯上大夫晏子不服。庆封想杀晏子，崔杼止之，说晏子得民心，不能杀。不过，崔杼自己对弑君也十分惶恐，便与太史伯说：昏君已死，你就写“患病而亡”，我会厚赏你，不然，我就杀你！齐太史伯不慌不忙，拿起竹简，提笔写道：夏五月，崔杼弑君。崔杼大怒，挥剑杀了太史伯。按惯例，史官世袭，崔杼又召来伯弟太史仲，说：按我说的记录，不然你和你哥哥一样的下场。太史仲冷静地摊开竹简，提笔写道：夏五月，崔杼弑君。崔杼再次拔剑，刺杀了太史仲。崔再召三弟太史季，说：你两兄长皆死，我看你如何下得史笔？太史季回答：秉笔实书，是史家天职。与其失职，宁死也。说完在竹简上直书“崔杼弑君”，递给崔杼。崔杼接过竹简，长叹一声，让太史季退下。齐国另一名史官南史氏听说太史伯兄弟皆被杀害，抱着竹简急匆匆赶来，要继续秉笔直书“崔杼弑君”，见太史季已经据实记载，才罢去。

《春秋》以史家之命换来的信史名誉，成为后代史家修史的底线；还有孔子留下的“曲笔有致”“字字针砭”的史笔，也是后世史家的“心码”。“曲笔”是指不能直笔事实时要如何委婉隐晦地记录真实。而把握“曲笔”与“信史”的分寸，成为历来考量史家的焦点。司马迁以孔子与《春秋》自勉，欲“通古今之变，成一家之言”，始修第一部中国通史，却因“直笔”再次受难。东汉班固继承父志，续修《史记后传》，着手撰《汉书》，被人告发私修国史，下京兆监狱。幸亏亲弟班超策马京城，将书稿呈于汉明帝，皇帝阅后击赏，班固才得释放，并被授予兰台令史。

出狱后，班固在修撰东汉光武帝刘秀的《世祖本纪》中表现出色，被提升为“校书郎”，负责整理和校雠皇家书籍。又著《东观汉记》与《汉书》。虽然他继续写“仲尼成《春秋》，而乱臣贼子惧”，却已放弃了“春秋笔法”。他专为王朝修史，以颂笔为基调，并开本朝修前朝史先例，以避文祸。

《汉书》借鉴《史记》的体例，但略有改变，又增补了作为兰台令史能接触到的大量史料，是中国第一部纪传体断代史。从公元前206年刘邦被封汉王开始，到公元23年王莽改制终止，共230年间西汉史事，十二本纪、八表、十志、七十列传，凡百篇。唐颜师古因《汉书》卷帙浩繁，便将篇幅长文分成上、下或上、中、下卷，为现行本120卷《汉书》。

02

中国帝王学的古与今

在王朝中国写史是一种高危行业，弄不好就会把身家性命都搭上。不管你在王朝中国里写文化中国还是写王朝中国，都很危险。

太史公写文化中国，写得皇帝怒不可遏，就随便找了个借口，要将他置于死地。按汉律，死罪可赎，或纳钱抵命，或刑余免死。太史公钱少，只能选择刑余。刑余，即宫刑，亦即阉割，这对于以大丈夫自命的男人来说，真可谓莫大耻辱。这样用刑，简直就是王权为他量身打造，其于文化中国，或有去势的提示作用。

为王朝中国写史，班固开了一个头，开了一个经学挂帅的头，一个为王权捉刀代笔的头，这个头最早不是开在《汉书》里，而是开在一次统一思想的会议上。

汉章帝时开过一次会，会议地点就在洛阳白虎观，位于北宫白虎门。有人说这是一次儒学真理标准的讨论会，由皇帝亲自主持，“讲议五经同异”。为了统一经学，朝野名儒齐集，今古文各派共至，由五官中郎将魏应奉皇帝旨出议题，经过诸儒阐发，各抒己见，逐题议驳，再由侍中淳于恭条陈上奏，最后由汉章帝裁断，取缔经学内部分歧，给一个皇帝钦定官方确认的明确说法，“永为后世则”。

与会者数十人，如今文经学派丁鸿、古文经学派贾逵，皆为当世大儒，但章帝却将总结会议成果、统一今古文经义的任务交给了班固，班固以此完成了从《王命论》向“王圣论”的转型。如果说《王命论》还带有冥冥之中的意味，那么“王圣论”已成终极真理的化身；如果说“君道同体”之于秦皇汉武尚停留在事功层面，那么《白虎通义》则为“君道同体”赋予了完整的文化样式和完备的理论形态，统一思想已非初始的行政命令，而是诸儒的思想认识本身。

因该书由与会诸儒共同起草，上奏章帝，故初名《白虎议奏》，又名《白虎通德论》，经“王圣”钦定，终由班固撰成，始改名为《白虎通义》，此一说也。

今读雷戈《白虎观会议和〈白虎议奏〉、〈白虎通义〉之关系考》，则别有一说，雷文以《东观汉记》为据，言东汉时期有过两次白虎观会议，一次于明帝时，有《白虎通义》问世，另一次为章帝时，因今古文分歧未能统一，故《白虎议奏》被搁置。

我们读《白虎通义》，感觉那是一篇今文经学的胜利宣言，是中国帝王学统一经义的“王圣”纲领，而雷文却道，章帝喜古文经学，故与《白虎通义》无关。雷文还指出，第二次白虎观会议未能开成团结、胜利的大会，而成了“群臣争经，多相非毁”的会议，看来颇似汉昭帝时开的那一次盐铁会议。白虎观会议开了四个多月，花的时间也同盐铁会议差不多，盖因分歧大、问题多，难以弥合。

雷文一说可存之，以作对照。大体而言，多数学者认为，还是让章帝来认领《白虎通义》，将《白虎议奏》作为《白虎通义》的会议材料汇编和初稿较为靠谱。二书传世，《白虎议奏》传至隋唐时亡佚，而《白虎通义》尚在，载于《隋书·经籍志》，共六卷，无作者名氏，《旧唐书·经籍志》注为“汉章帝撰”，《新唐书·艺文志》则曰“班固等《白虎通义》六卷”，始题班固之名，至宋王尧臣撰《崇文总目》则曰“《白虎通德论》十卷，汉班固撰，凡四十四篇”，遂为定论。今传本为元代大德年间刘世常所藏，亦四十四篇。

关于此次会议之缘起，《后汉书·杨终传》提到了汉宣帝时召开的石渠阁会议，就在章帝即位第四年，杨终建议效法汉宣帝，如石渠故事，博征群儒，论定“五经”。

宣帝不是以“霸王道杂之”为汉家家法吗？他怎会看重儒学呢？当然，他不一定对儒家思想感兴趣，但他一定对统一儒家思想感兴趣；对儒学的发展，他不一定感兴趣，但对如何规范儒学的发展，他一定感兴趣。所以，他要以王为圣，以帝为师。请注意，不是儒为帝师，而是帝为儒师，为新儒学建立一套统一的汉家家法和师法。但他未曾想到，他用今文经搞的那一套，没多久就被刘歆发现的古文经挑战了，接着又被王莽用古文经搞改革立新朝而颠覆了。

接踵而来的光武中兴，再一次证明了今文经的政治正确，而古文经运动，则因被王莽利用而跌入低谷，所以，中兴带来的，是对今文经的复兴和对古文经的救赎。从表面看，今古文的区别在于文字，一用秦汉以来的文字——今文记录，一用秦以前的文字——古文记载，经学内部的这种古今关系，不仅反映在文本上，更反映在思想路线上。

若就文本的对立面言之，古文经视今文经为秦焚之余，而今文经则视古文经为向壁虚造；若就思想的对立性言之，今文经尊孔子，古文经尊周公，今文经以孔子为素王，古文经以孔子为先师，今文经说孔子作“五经”，古文经说“六经”皆史，今文经尊公羊学，古文经尚左氏春秋，今文经重《周易》，古文经崇《周礼》。这样的对立，从汉代一直到清代。

经学的分歧，正合帝王意，分而治之，乃帝王学的惯技，没有分歧都要制造分歧，何况有了现成的正方和反方？但分歧应当取缔，对立必须统一，为了思想统一，儒家不得不跪请以王为圣，以帝为师，这样就完成了师道的逆转，变成帝为儒师了，就形成了政统、道统两手抓的局面，没有借助神权，没搞宗教信仰，就实现了政教合一。

也许这就是宣帝对儒家思想不感兴趣，却对统一儒家思想感兴趣的原因吧。不过，用开大会来决定国家的政治路线和思想路线，并非汉宣帝的发明，而是那位行“伊霍之事”立宣帝为帝的霍光开的头，他在辅政昭帝时，为定国策，召开了盐铁会议。

这次会议有一个显著特点，那就是开了学生运动的先河。其时，霍光居内朝，为大将军，掌兵权，桑弘羊治外朝，执财权，其内外之别犹如今之党与政。财与兵，本统一于帝，帝幼，统不起来，故两分，霍欲统之，然桑弘羊亦武帝临终时的托命大臣，富于执政经验，尤擅理财。但桑弘羊重于国计，轻于民生，以至于国富民穷，多有民变。

霍光则从民生下手，召诸生——各地学生代表进京，向朝廷表达民意，并与外朝——政府进行对话。桑弘羊满脑子法家，就是没有民本，唯王权是瞻，他哪里看得起那些穷学生？与学生对话，他是不得已，没有内朝的压力他是绝不会来的。可以这么说，他是被内朝的刀把子——军权在后面顶着来的，若不来对话，矛盾激化，军方就会干预了。

对话由宰相田千秋主持。他本就是个弱势宰相，从来都是桑弘羊说了算，所以他在那里一言不发，看那位御史大夫如何与学生对话，而霍光则来都没来一下。

对话变成了一场大批判和大辩论，学生对中央集权的计划经济和国家垄断盐铁经营不满，以为盐铁为民生所必需，政府用行政的方式来管控与配给，不能适应人民的需要，因此，他们要求政府放开管控，由市场来配给，让人民自己解决自己的问题。

起初，双方剑拔弩张，桑训斥学生：反对政府者，从来没有好下场。学生也不示弱：反民意者也绝无好下场。但双方在辩论中，各自守着自己的正方与反方的立场，应该说，出现了双赢的结局，不但桑弘羊的傲慢与睿智得到了充分表现，青年学子的敢想敢说、敢作敢当也给汉家天下带来了新的希望，在桓宽的《盐铁论》里，双方都得到了表彰。

这次会议是一次马拉松会议，一连开了五个月，先是大辩论，继而大讨论，然后达成改良的共识，在原来政策的基本层面上逐步改良，因而有了国退民进的步调。会议固然双赢，但最大的赢家却是没有参加会议的霍光，从此，他身居内朝，内有刀把子在手，外有民意撑腰，外朝终于向他屈服了。意义更为深远的当然是历史——他在中国历史上开了一个学生与政府对话的头，埋下了后来的太学生运动及党锢之祸的根苗。

盐铁会议以后，公开的儒法斗争结束了。儒生作为一个社会阶层而非个别人物，实现了对王朝政治的全面参与，一个以儒生为主体的新的士人阶层正在民间兴起。

相应地，一种新儒学在历史的地平线上初露端倪，如日之将出，一片思想的晨曦隐隐约约就要降临。宣帝或有见于此，便提前做出安排，使已如日中天的儒术吸收新儒学的霞丝云缕，建立一个由王圣钦定的新的王官之学的样本。

但是，新生代的帝王已跟他不一样，帝王产生了代沟，宣帝已是枯木朽株，临死前，他说："乱我家者，太子也！"就因为他从太子身上看到了新一代的儒学风流。儒家文艺复兴运动起来了，以古文经学的方式复兴，其代表人物就是汉家宗室刘氏新生代刘歆。

新生代本应开新，却偏要复古。在中国传统政治文化里，复古的出现往往就表示对"今"产生了怀疑，常作为对"今"的批判武器来用。刘歆便是一座复古的高峰。自秦汉以来，没有一个人复古复得比他彻底，用复古来维新，这叫"托古改制"。

刘歆复古的第一个行动就是注《山海经》。在儒学中出现《山海经》，可以说这是第一次。孔子述史"不语怪力乱神"，将《山海经》之类排除在外，太史公遵此史训，也将《山海经》排除了，而刘歆却要提出来，把历史的源头放到《山海经》里。

经此一变，历史的来源也要跟着变。我们知道，孔子述史"祖述尧舜"；太史公本于黄老，故上溯至黄帝；刘歆则走得更远，他从黄帝一直往前走，从神农走向伏羲，原本的始祖黄帝排行改为第三了，由此，他建立了一套新的"五德终始"的历史观。

此前，"五德终始"的历史观是以相克为前提的，从土开始，木能克土，金克木，火克金，水克火。显然，这样的历史观是建立在改朝换代基础上的，指向一条通往革命的历史之路，革命不仅作为历史发展的动力，而且成为历史发展的规律及目的。

而相生的“五德终始”则反之，历史发展的规律表现为生成法则，历史发展的动力表现为生生不息，五行相生，从东方木开始，木能生火，火生土，土生金，金生水，水生木。用这相生的历史观来看历史的进程，就不会把历史看作革命的改朝换代。因而，看淡王朝里的那些事，将目光转向文明的传承与发展，从王朝史观向文明史观转变。

从相克转到相生，刘歆成为“告别革命”的第一人。相克导致革命，相生需要传承，刘歆虽然没像李泽厚那样喊“告别革命”的口号，但他却从历史观上真正告别了革命，而李则一边待在革命的唯物史观里，一边高喊“告别革命”，难免历史的局限性。

换了相生的历史观，对改朝换代的看法就变了。不以革命视之，而用传承的眼光来看，搁在王朝中国里，我们就看到了禅让，那是家天下的转让；回到文化中国的立场，我们看到了尚贤，那有着远古民主气质的公天下的全民信托，尧传舜，并非家国禅让，而是全民信托。刘歆两条腿走路，一脚还在王朝中国的门槛内，一脚已迈向文化中国了。

文化中国是刘歆的诗与远方，但远水不解近渴。近渴是什么？是王莽。

王莽奉刘歆为国师，欲改立新朝，而刘歆则急于实践其历史观的主张。他想看看，若用相生取代相克，从思想到现实究竟会怎样？这与其说是王莽请他用古文经学对权力转换进行包装，毋宁说是刘歆想通过王莽来检验其正统主张。

何谓“正统”？他在新历史观里，把历史分成正统和闰统，但凡由五行相生而具五德之一德的王朝都属于正统，由相克而成的王朝不在五德之列，只能作为闰统，秦朝就被他从五德终始的序列里提了出来，扔到闰统里去了，他认为，被革命纠缠不清的今文经学，终于被他用古文经给终结了。可王莽的举止却令他沮丧——并未如其所愿通往相生的正统，而是适得其反走向相克的闰统，更何况率先克死的，竟然是他的两个儿子。

据说，他向哀帝刘欣奏呈《山海经注》时，因欣与歆同音，为避讳，故改名刘秀。当王莽克其二子时，有术士来访，示以图谶，曰：“刘秀当为天子。”他自以为是，故反莽，亦被诛。本期以相生，果报以相克，何其不幸也！唯新朝之为闰统，则不幸而言中。

于乱世之中，刘歆死于非命，由此牵连到古文经，亦被人一疑再疑。宋司马光、洪迈等人就怀疑刘歆伪造《周礼》，清末康有为撰《新学伪经考》，则断定刘歆取左丘明《国语》，分附于《春秋》各条，造成《左传》，民国学者，如钱玄同、顾颉刚等，从疑古出发，亦多认同此说。然自钱穆发表《刘向歆父子年谱》，纠康氏之谬，竟有二十八处，指出刘歆一无作伪时间，二无同时及前后学者指证其伪，何言其伪？更何况当其争立古文经时，莽已去职，又何来造伪经助莽篡汉一说？

康称刘歆造伪经，首造《周礼》，然其晚出，奏立诸经时，当不在内。钱文指出，尊莽助篡，符命为先。而符命之流皆源出今文学家，至于周公居摄称王一说，已有今文《尚书》所言在先，非刘歆伪造，莽以《周官》改制，亦非出自刘歆，其所据者，如井田见于《孟子》，分州见于《尚书》，爵位见于《王制》《公羊》。

既然莽朝改制皆有所本，刘歆何必再造伪经“以启天下之疑”呢？若说刘歆伪造古文经以媚王莽，何以王莽代汉以后，未见其独尊古文，而是如宣帝古今兼收？

何以一切帝王都倾向于厚今薄古，都主张古为今用？就因为“试看今日之域中，竟是自家之天下”，即便要复古，他也不能不站在“自家”的立场上来复。对他来说，复古不是为了非今，而是为了重申“自家”天下权力来源的正当性及其合法性。

不但宣帝如此，王莽也如此，后来明、章二帝亦如是。至于刘歆，他原本就通今文经，又发现了古文经，已将古与今兼收并蓄于一身。但他不像帝王，不必屁股决定脑袋，立场左右思想，他可以跟着自己的思想行走，从今往古去，回到孔子那里。

他以孔子为先师，以六经为古史，跟孔子一样“吾从周”。那时，王莽也来跟他同路，一道寻求《周礼》，那是开启理想国大门的钥匙，是历史正统道路的奠基石。

但是，古文经的理想宜于文化中国生长，在王朝中国里，只能做个古为今用的偏房。刘歆未察觉王莽称帝后之反转，仍以古文经争正统，这就撞在了王莽篡汉的枪口上，结果，不仅二子殒命，其本人亦以自杀捐躯。如此当为汉家烈士，何以竟以媚莽视之？

谶曰“刘秀为天子”，乃文武二刘秀也，文刘秀即刘歆，武刘秀者，光武帝也。诛新莽之举，始于文刘秀之杀身，终于武刘秀之光复，非尽文武之道而不能成也。刘歆一死，儒家文艺复兴运动因之受挫，然其文脉已传，古文经已立，人虽死而文无憾矣。

其古文源流，一脉入官学，融会于《白虎通义》，与今文并立“三纲六纪”，其目录学《七略》所代表的国家图书工程则由班固继承，其成果被纳入《汉书·艺文志》中，其思想方法从《七略》到《四库全书总目》可谓一脉相承；另一脉入私学，经由桓谭《新论》，影响王充《论衡》，做了儒学思想解放运动的先驱；还有科技一脉，由张衡接续。

一如恩格斯所言，文艺复兴需要巨人并产生巨人，刘歆就是这样的巨人，他一个人的文艺复兴，影响了一个时代的命运，连章太炎都说他是孔子以后最伟大的人。

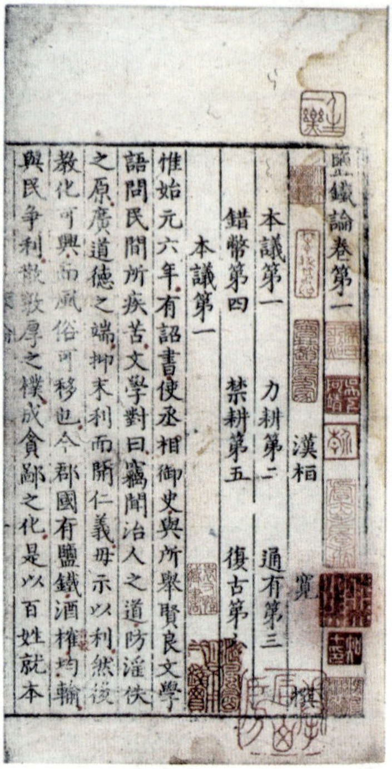
鹽鐵論卷第一
漢桓寬 撰
本議第一　力耕第二　通有第三
錯幣第四　禁耕第五　復古第
本議第一
惟始元六年有詔書使丞相御史與所舉賢良文學
語問民間所疾苦文學對曰竊聞治人之道防淫佚
之原廣道德之端抑末利而開仁義毋示以利然後
教化可興而風俗可移也今郡國有鹽鐵酒榷均輸
與民爭利散敦厚之樸成貪鄙之化是以百姓就本

桓宽著《盐铁论》，明弘治十四年（1501 年）涂帧刻本

盐铁会议

汉昭帝即位时年仅八岁，汉武帝榻前遗嘱霍光、桑弘羊等为顾命大臣，辅佐幼帝。财政大臣桑弘羊继续武帝时期的财政方针，盐铁酒官营专卖，利出一孔，充实府库，富国强兵。权臣霍光则坚持与民休息的政策，他认为这是汉武帝晚年轮台罪己诏的遗命，并借此赢得民心，削弱桑弘羊的财政大权。公元前 81 年，汉昭帝即位的第六年，中央决定召开盐铁会议，讨论今后的财政方向。霍光召集贤良文学诸太学生六十多人，与桑弘羊辩论。激辩从 2 月开始，一直到 7 月才结束，桑弘羊辩论取胜，结果只罢黜了酒类专卖。第二年桑以谋反罪被杀，霍光独揽大权，俨然摄政王，外戚势力抬头。汉昭帝依赖霍光还是做了一些改革，诸如减轻赋税，罢不急之官等。事出桓宽所著《盐铁论》。

石渠阁会议

汉宣帝刘询（原名刘病已），汉武帝刘彻曾孙，戾太子刘据之孙。受“蛊祸”牵连，襁褓中即陷囹圄，幼年失孤。汉武帝临终前醒悟，遗诏将刘病已收养于掖庭，由宫女们照抚，并命将刘病已录入皇家宗谱，承认他皇孙的合法地位。其间，刘病已热衷游历民间，目睹了民生之苦、吏治之失。此番经历奠定了他作为一名王朝政治家的底蕴，而曾祖父的遗传基因又给予他作为一代帝王的格局，他既有励精图治、开疆拓土的胸襟，又有统一学术的抱负。

元平元年（公元前 74 年）六月，汉昭帝逝，享年二十一岁，无子嗣。大将军霍光迎立昌邑王刘贺为帝。刘贺是汉武帝之孙，是武帝第五子刘髆之子，生于公元前 92 年，逝于前 59 年。刘髆为武帝宠妃李夫人所生，协律都尉李延年、贰师将军李广利，皆为刘髆舅舅。刘贺五岁，父亲去世，继昌邑王位。十八岁即皇帝位，仅当了 27 天的皇帝，便因荒淫无行、“失帝王礼谊”、乱汉家制度而被霍光作废，贬为庶人，史称汉废帝，回故地昌邑，赐汤沐邑二千户，后昌邑王国被废除，降为山阳郡。公元前 63 年，汉宣帝封刘贺为海昏侯，得以前往豫章郡海昏县就国。

刘贺为汉武帝嫡裔，出身高贵。奶奶李夫人、将军舅爷李广利、音乐家舅爷李延年，武帝时皆荣宠有加。霍光倒不计较皇家宫斗的输

青铜错金银当卢，车马器，出土于海昏侯墓车马坑

嬴，迎立刘贺继汉统为帝，也完全符合程序。只是刘贺纨绔完全可与爷爷有一拼，的确有龙种的习性，其余则皆失之于跳蚤轻浮。当然刘贺没有一个像窦太后那样的老奶奶把持，所以任性、天真，缺乏矜持以及在宫斗中对于自身所处之势的判断。不过，从侯爵到他去世仅四年，他的地下财富之惊人，可见考古发掘海昏侯墓。

一番曲折后，那位失落在民间的传奇皇孙走到历史的光亮处。霍光迎立戾太子之孙刘病已为帝，是为汉宣帝，时年十九岁，后因民间避讳麻烦而更名刘询。

即位伊始，宣帝乘马车，权臣霍光坐在马车后座，他"如芒在背"。审时度势，宣帝决定首先稳定自己的合法地位，于是，议定汉武帝庙号为"世宗庙"，"庙乐"演奏《盛德》《文始》《五行》，霍光不便反对，宣帝则因此而宣喻他是汉武帝的嫡系合法继承人，汉昭帝不过庶出。时，大臣们皆欲立霍光女霍成君为宣帝皇后，宣帝以"故剑情深"为由，立自己的发妻许平君为后。许皇后被霍光妻设计毒死，宣帝悲痛不已，等霍光死后，他将霍家势力一举扫平，开始他自己

青铜错金银衡饰件顶部纹饰，车马器，出土于海昏侯墓车马坑

青铜错金银衡饰件轴面纹饰，车马器，出土于海昏侯墓车马坑

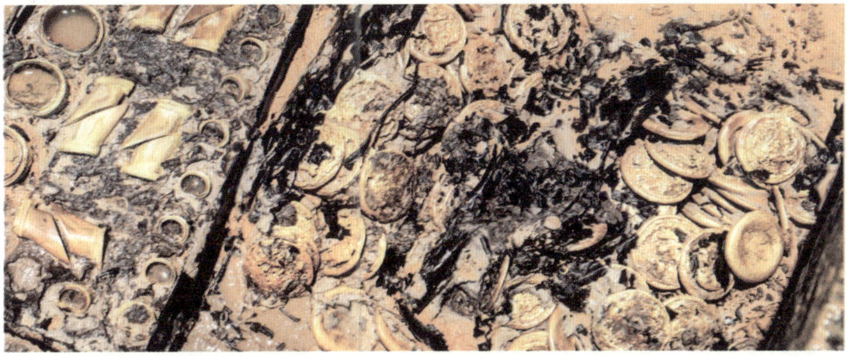

海昏侯墓，位于主椁室西室北部出土金器现场

的政治作为。对内，整饬吏治，为政宽简，轻徭薄税，改革痼弊。对外，降服匈奴呼韩邪单于，派郑吉统一天山南北，设置西域都护府，实现了汉兴以来开辟丝绸之路的汉家夙愿。

圣王都有统一思想的抱负。公元前51年（甘露三年），宣帝亲自召集并主持石渠阁会议。石渠阁位于未央宫之北，是皇家图书馆和学术中心，始建于刘邦初进咸阳时，丞相萧何主持修建，用于收藏秦朝档案旧典，周围以磨制石块砌筑一圈水渠，引水入渠以防火。汉武帝后发展为皇家藏书兼学术讨论中心。宣帝时，石渠阁更受尊崇，是石渠阁最隆盛的时期。

汉昭帝并未继承汉武帝“霸王道杂之”的汉家传统，而且盐铁会议上，霍光的理念明显占上风，儒家主张民本之利，显然比法家盐铁专卖的“利出一孔”更容易赢得民心。自汉武帝“独尊儒术”以来，五经博士们分化出七十多家门派，各持一说，纷纷然莫衷一是，昭帝还来不及统一。宣帝对儒术本身没太大兴趣，他倒是记住了李斯对秦始皇说过的一句话：“天下无异议，则安定之术也”，他要将纷杂各家定于一说，这才是他召开石渠阁会议的目的。

汉宣帝钦点公卿大夫、博士诸生二十三人，讲论“五经”之异同。萧望之主持评议，刘向、韦玄成、薛广德、施雠、梁丘临、林尊、周堪、张山拊等参与辩论，最终汉宣帝点评裁定。

石渠讲论的奏疏辑成《石渠议奏》一书，又名《石渠论》。所辑奏议

子母虎纹玉剑璏，出土于海昏侯墓西藏椁武器库

共一百五十五篇，今已俱佚，唐杜佑的《通典》中保存若干片段。经过这次会议，博士员中又增立“梁丘易学”（后又分化为三支派系，以占卜术为核心），增立“大小夏侯”今文《尚书》学，增立“穀梁”《春秋》学，此外，又增设经学博士十四人。

汉武帝时“独尊儒术”，设五经博士。“五经”指诗经、尚书经、礼经、易经、春秋经。每一经又有各自的学脉。其中，汉武帝尤尊“公羊春秋”，命太子刘据学之，刘据私下喜读“穀梁”。宣帝即位时，听说祖父好“穀梁”，便问丞相。韦贤、夏侯胜等，皆鲁人也，故均推“穀梁”。“穀梁”本鲁学，“公羊”为齐学。石渠阁会上，先辩“公羊”与“穀梁”之异同，再论是非。萧望之等十一人赞“穀梁”，宣帝审定。再立梁丘“易”，大小夏侯“尚书”。“穀梁”《春秋》，从此大兴。

石渠阁会议并非一次单纯的学术会议，而是继续盐铁会议以来的国家主义学术风格。由皇帝钦定国家之学，作为意识形态的主流风向标，统一学术、统一思想于“霸王道杂之”，即儒法兼容，秦汉一体，以此裁定历史上的重大问题。因此，石渠阁会议不仅是汉代学术史，更是中国学术史上的枢纽。

公元前 48 年 1 月 10 日，汉宣帝病亡，葬于杜陵，庙号中宗。生前为政清明，国力强盛，有“孝宣中兴”之称，成为西汉有庙号的四位皇帝之一，可见历史对他的评价不菲。不仅如此，杜陵承袭前代规制，又进一步完善，成汉代陵寝制度的范式，为后代帝王所追仿。考古学者从杜陵的陵寝及从葬宫殿等发现，汉家帝王陵基本是长安城的缩影。

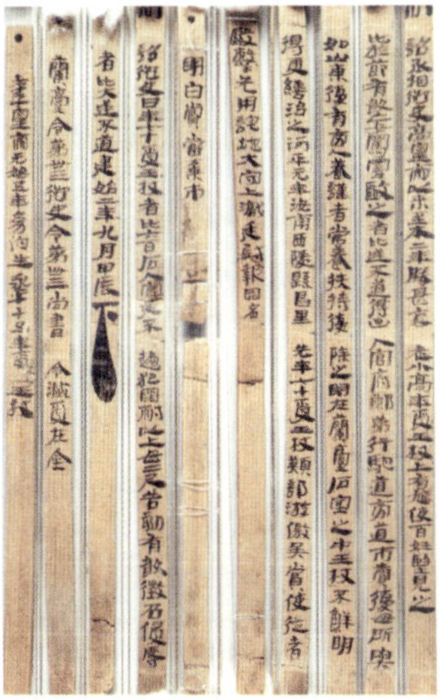

王杖简，约西汉末年，甘肃省武威市磨嘴子汉墓出土。松木削制，简长 23 厘米左右，宽 1 厘米，两道编绳。先书写后编结，字迹保存完好。内容为赏赐七十岁以上老人王杖的有关诏令规则，记载了汉代尊老、养老政策以及实施情况

医药简牍，约西汉末年，甘肃省武威市旱滩坡出土。简牍共有 92 枚，记录药方三十多个，近一百味草药，并详细记载了病名、病状、药物、剂量，以及制药的方法、服药时间等，还涉及临床医学、药物学、针灸学等

白虎观会议

从盐铁会议到白虎观会议，前后近一百年，统治者们都在致力于改造并统一儒学，以确立王朝国家需要的国教。石渠阁会议以后，儒家内部又发生今古文之争，门户之见愈演愈烈，王莽重新钦定古文经为正统，引起更大纷争。至东汉初年，汉光武帝刘秀援谶纬神学入儒，用神灵启示来解释儒家经典章句，作为统治思想。其义昭昭，莫衷昏昏。到刘秀的孙子汉章帝时，章帝决定仿石渠阁会议，重新统一思想。东汉建初四年（公元 79 年），在洛阳白虎观召开全国性的统一儒学讨论会，章帝亲自召集。辩论持续四个月左右，班固撰成一本会议纪要，叫《白虎通义》。这本会议纪要虽有争议，但自汉武帝开始，儒学意识形态化的地位是不可动摇的，一系列国家级别的会议只是儒学内部之争，也是学术走上利禄之途的王道吧。

“熹平石经”残石，
东汉，高 45 厘米

东汉熹平四年，灵帝命蔡邕等人用汉隶写定《诗》《书》《易》《仪礼》《春秋》《公羊传》《论语》七经，刻成四十六碑，立于洛阳太学。石碑始立之日，各地儒生乘车前来观摩抄写，据说每日有千余辆之多。从此，历朝历代都有将儒学经典刻石经之惯例，作为官定儒学教材的范本。

从公元 79 年白虎观会议到公元 175 年，即熹平四年石经之立，终于统一七经作为官学，近一百年的儒学内部的争吵暂时平息。其实，那位末世之帝汉灵帝本是位文艺青年，酷爱辞赋，在太学之外还设置了一个鸿都门学，虽挂满了孔子及七十二门徒像，但主要探讨辞赋一科。不过，灵帝毕竟是汉章帝刘炟的子孙，总算兑现了先辈亲自主持召开“白虎观会议”教化天下的目的。

刘歆（约公元前50年—公元23年）

刘邦异母弟楚王刘交之裔，西汉末年百科全书式的人物，学统继古文经学派，博精儒学、天文历法学、校勘学、诗学、史学等，翘楚一代。

刘歆编著《三统历谱》被认为是世界最早的天文年历的雏形，计算圆周率3.15471，微差0.01312。

刘歆一生主要的学术贡献在梳理古文经学典籍，确立古文经学体系及地位，削弱了今文经学对儒学的垄断；汉成帝时，他与父亲刘向在皇家图书馆广搜先秦亡佚之书，对卷帙浩繁的皇家藏书进行分类、校雠、纠错、勘定、誊清、编目，撰述目录学《七略》；与父亲重新编订《山海经》，发掘《山海经》在中国文化发展史上的意义，并引进皇家藏书。原本儒学排斥《山海经》，出于孔子不语"怪力乱神"，几乎掩盖了《山海经》文本的神话学的中国样式，以及《山海经》里反映的早期中国的舆地、矿藏等史地学的价值。此后，《山海经》才引起学者们的重视，得以流传下来。别具慧眼与学术宽容，是为学者的基本素质。在中国学术史发展到汉末需要空前的梳理与备案时，幸遇刘歆这样一位了不起的学者，正如章太炎公评之"孔子之后最大人物"。

刘歆素与王莽交好。公元9年，王莽接受孺子婴禅让，取代刘姓汉家，自建王氏"新"王朝，重用刘歆。对于王莽的这一最后举动，刘歆有自己的看法，他酝酿谋诛王莽，事发被执诛杀。其实，不管谁家的天下都是家天下，但学者有学者的底线和坚持。再伟大的学者，亦并时代而诞生，有那一时代的价值取舍。

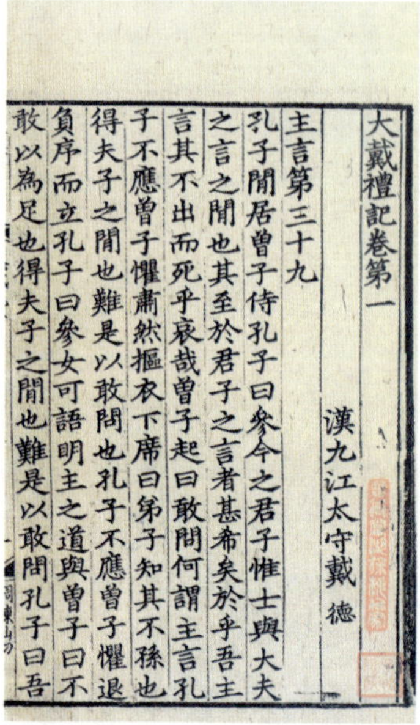
大戴禮記卷第一
漢九江太守戴德
主言第三十九
孔子閒居曾子侍孔子曰參今之君子惟士與大夫
之言之聞也其至於君子之言者甚希矣於乎吾主
言其不出而死乎哀哉曾子起曰敢問何謂主言孔
子不應曾子懼肅然摳衣下席曰弟子知其不孫也
得夫子之閒也難是以敢問也孔子不應曾子懼退
負序而立孔子曰參女可語明主之道與曾子曰不
敢以為足也得夫子之閒也難是以敢問孔子曰吾

戴德撰《大戴礼记》十三卷，元刻本。戴德，河南商丘人，活跃于汉元帝时代，出身显赫，是春秋时期宋国国君宋戴公二十二世孙，今文经礼学“大戴礼学”的开创者，被尊为儒宗

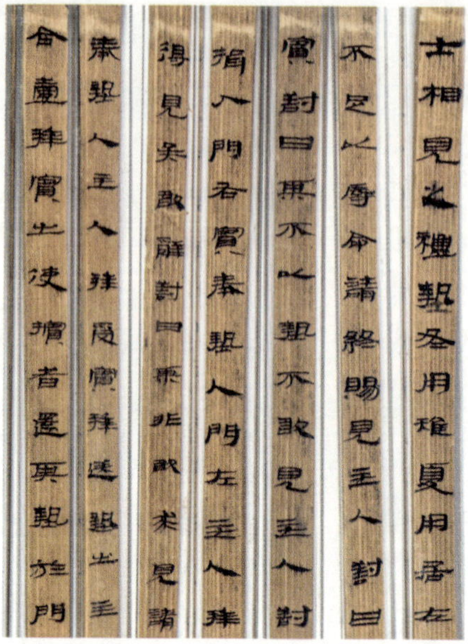

《仪礼》简，约西汉末年，甘肃省武威市磨嘴子汉墓出土

《仪礼》简

简长 51 ～ 56 厘米，宽 0.5 ～ 0.8 厘米。分木质与竹质两种，共 496 枚，为甲、乙、丙三种版本，共九篇。甲本有七篇，并有经、记、传，共有简 398 枚；乙本仅存“服传”一篇和经、记、传，共有简 36 枚；丙本仅存“丧服”一篇和经、记，共有简 34 枚。甲、乙本四道编纶，丙本五道编纶。简长相当于汉制 2.4 尺和 2.1 尺，是古籍记载抄写儒家经典的标准简长。甲本每简 60 字左右，乙本每简百余字，丙本为竹简，每简 20 字至 60 字。这是目前所见《仪礼》最古的写本，在文献资料、版本学以及书法上都有极高的文化价值。

王莽新朝铸造的铜货币，有契刀五百、布泉、货泉、幼泉二十、中泉三十、壮泉四十、大泉五十等

王莽新朝货币

公元 9 年，王莽接受孺子婴禅让称帝，改国号“新”，公元 23 年死。王莽在位期间，严禁民间私藏黄金，从列侯到庶民均不得挟带黄金，为此铸造“国宝金匮直万”铜钱，以代替金饼，并与一枚金饼等值。此币铸造精良，文字俊秀，是中国古钱币的珍品，藏于中国国家博物馆。

“国宝金匮直万”铜钱，王莽新朝，长 6.2 厘米，重 41.7 克

绿釉三层陶望楼，东汉，通高130厘米，池边长44.5厘米，河南省灵宝市张湾汉墓出土，基座是一个方形池塘，塘内有龟六只，鱼四尾，鸭一只，池塘边沿站有九个陶俑。每一层都有各色陶俑和持弩机陶俑，最顶上立一朱雀

绿釉陶楼，东汉，高144厘米，山东省高唐县固河出土

陶楼反映的东汉庄园经济

陶楼是东汉墓葬最具特征的地下楼阁风景。陶楼是陪葬明器，在东汉墓葬文化中很流行，一般依据墓主人生前居所的样式仿制，皆为精致的建筑模型。陶楼内部功能齐全，有起居室、卧室，还有望楼或哨棚，展示了当时官绅和新贵的生活状态，表明了东汉私有经济的发展，以及庄园经济的兴盛。

绿釉陶楼院，东汉，院高105厘米，长67.7厘米，宽54.4厘米，甘肃省武威市雷台汉墓出土，由可拆卸的23个部件组装成5层楼，每层四面出檐，围墙大院，两层门楼、坞壁四隅为两层角楼，门楼与角楼之间有飞栈相连，每层以及坞壁都设有透窗，是东汉坞壁庄园建筑的典型

03

儒家思想解放的惊蛰

自称幼有“臣人之志”的那人，除了他还有谁？唯有王充！

一上来就给他一个惊叹号，因为他是圣人身上的虱子，让圣人浑身不舒服，他是思想界的牛虻，咬得正人君子们体无完肤，为了真理，他竟然不肯放过先祖。

“臣人”，并非驯服好了的政治臣民，而是指思想成熟的成人，王充以之自谓，乃自负其年幼老成。“臣”是一只眼睛，竖着眼睛看人，有时出于低眉顺眼，有时因为忧愤。少年王充，读书自律，是个顺眼小子，待其涉世稍深，便长成怒目之人。愤怒出诗人，也出哲人，王充竖起眼睛怒目看世界，对这个世界连连发问。在他笔下，他连祖宗都没放过。《论衡·自纪篇》里，他谈到了自家的来历，原籍魏郡元城（河北大名），元城王氏出了一个大人物，那就是王莽，曾废汉自立。同为元城王氏，王充先祖与王莽一系是否同出一宗，或有过交集？对此，从《自纪篇》里，我们未见王充提起。不过，王充谈到自家姓氏时，说了一句又姓孙，可能由王孙一姓衍化而来。王莽祖先本姓田，田氏代齐后称齐王，后来王国不再，但齐人仍称田家为“王家”，遂改姓王，由原籍济南郡迁至魏郡元城。

王充谓其先祖以军功封会稽阳亭侯，遂举家从河北迁至江南。才一年，就因变乱失了爵位与封地，故就地安家，改以农桑为业。曾祖王勇豪门习气，与人不合，多霸凌之，“岁凶，横道伤杀”，故“怨仇众多”。为避仇，祖父王汎往郡城去，途中，留钱唐，转经商。汎生二子，长子曰蒙，少曰诵，诵即王充之父。蒙、诵二人，任气更甚，恃勇凌人，与土豪结仇，徙居上虞。

本来“子为父隐”，可王充一点也不隐，将父祖罪行和盘托出。同他的行为相比，他父祖之罪实在算不得什么，因为那种罪行还可以诉诸律刑，而他破坏的则是“三纲六纪”，影响到了国之所以为国和人之所以为人，还不知道该怎么来给他定罪。

对此，唐人刘知几于《史通·序传》中说道：王充《论衡》之《自纪》也，述其父祖不肖，是用来表明“瞽顽舜神，鲧恶禹圣”，其中就含有舜、禹自居之意。刘知几因之而特别强调了“夫自叙而言家世”的原则：当以扬名显亲为主，若无其人，可缺也，而不能像王充那样“盛矜于己，而厚辱其先”，必以名教责王充，“实三千之罪人也”！

何谓“三千之罪人”？正所谓“五刑之属三千，而罪莫大于不孝”，也就是说，可将针对一切罪行的三千条刑律，都用来审判王充，因其非孝无亲，乱天伦也。

话说到这份儿上，那就该把他打翻在地，再踏上三千脚——定三千罪。

难道王充会不知道“罪莫大于不孝”？他当然知道。何以还要这样做呢？刘知几认为，他是以贬低父祖来突出自己。多数人也都这么认为。此正所谓俗见也。问题在于，王充并不认为他这么做是不孝，也不认为陈述事实就是贬低父祖，因为，他并未认定父祖那些事都是丑行、暴行、罪行，他展示了父祖的血性。《自纪篇》里，他只叙述，未寓褒贬，无一字言是非对错，便勾勒了一个军功家族的转化，在此期间，曾务农桑，行商贾，几经迁徙，终未脱其军人本色，不离军功底蕴而归于任侠，虽寥寥数语，却道出燕赵之士元城王氏在乱世江南的寻觅与挣扎。

钱塘江边，山阴道上，元城王氏先于晋人王谢好几百年便已到达。若论“人与山川相映发”，元城王氏当为第一家。王充父祖虽无王谢月白风清之风流，但其任性使气，于月黑风高时“横道伤杀”，亦足以为王谢风流之先驱。此乃太史公笔法，王充为其父祖作新《刺客列传》也，刘知几未见于此，可知其于史未通，差王充远矣。

王充曾随班彪读史，深谙史笔，当其赞美老师著史甲于太史公时，便可见他知太史公为历史写作的一个标准——“史衡”。显然，他在《自纪篇》里，也用了太史公那样的史笔，若以太史公的《刺客列传》来“衡”一下，他会不会觉得自己也甲于太史公呢？最起码，太史公不敢这样写自己的父祖，而他却写了，写出了一个军宦之家在民间社会转型的艰难以及中原人士在江南立足的凶险，这虽然是常见的现象，但只有王充敢写。

不著褒贬一字，便得史家风流，舍王充其谁也？王充言其父祖，不以“德衡”，而以“史衡”。“德衡”是以伦理尺度，属于道德范畴，“史衡”用了历史尺度，超越道德范畴，故其所作《论衡》，立论在“衡”——“折衷以圣道，析理于通材，如衡之平，如鉴之开”。

“衡”者，即国家度量衡，而“论衡”，就是对言论的度量衡。衡量言论的度——“论衡”，究竟是什么呢？王充认为，是真理。在《论衡·对作篇》里他指出，“故《论衡》者，所以铨轻重之言，立真伪之平”，又说“《诗》三百，一言以蔽之，曰：思无邪。《论衡》篇以十数，亦一言也，曰：疾虚妄”。如果说“思无邪”是求善，那么“疾虚妄”便是求真，亦即追求真理了。

若以求真来度量，那就连圣人也不能放过。说“孔子为汉家立法”，这话是真的还是假的？当然是假的。但涉及了汉家权力来源的合法性问题，同时也涉及了经学的神学化和孔子的神化问题，他没有从正面问孔子这样的大问题，而是拐了一个弯，跑到《论语》里去提问。在《问孔篇》里，他一连提了十五个问题，证明孔子说的并非句句都是真理，最终难免一问：孔子如何能为汉家权力来源的合法性提供依据？

为了汉家天下的需要，汉儒要制造一个代表汉家的孔子，不光以经学营造一个圣化的孔子，还以纬学造一个神化的孔子。它当然不是两个孔子，而是孔子的两面——神圣合一，这便是今文经学“孔家店”里因“古为今用”而难免“虚妄”的孔子。

古文经学的兴起，就冲着“孔家店”里的那位孔子，它不反对以经学圣化孔子，但它圣化的路径不是经由“古为今用”的素王大道，而是通过历史传承的先师之路。先师之路上的孔子是个“吾从周”的孔子，在孔子的前面还有个周公，按照刘歆五德相生的历史观，汉承周统，犹如孔子“梦见周公”，与周汉相生匹配的，便是周孔之教。

那“经”是什么？并非孔子“为汉家立法”才有“六经”，而是孔子以前就有。“六经”是历史文献，所以说“六经皆史”，其内容形成于殷周之际，周公亦为始作者之一，故可谓历史行动之代表。“六经”之集成与发扬则在孔子时，故其当为历史传承之代表。

古文经学之于“六经”，非以其为汉家立法，而以之为历史教科书。王充“问孔”，实际上就反映了古文经学的运动方向，其所问者，虽无关宏旨，皆为小节，但提问本身，已将孔子从素王问到先师上去了，表明了他的古文经学的立场。可他本人之于古文经学，实无门无派，非经学中人，其与古文经学儒者的关系，也非同门之人，实乃同道之人。

若论王充师门，所知者仅为班彪一人。然班彪亦非以经学闻名，而以史学名世，故于治学之道一如其续《史记》，亦究天人，通古今，成一家，王充随之，径往马、班去处。若谓班固治史，已得父之形肖，那么王充问学，能传师之神妙。神妙何在？妙在能“成一家之言”——为自我立言。两汉四百年间，能“成一家之言”者，除了太史公作《史记》，恐怕就是王充著《论衡》了。太史公之《今上本纪》与王充之《自纪篇》，两者一前一后，皆为中国传统之“不忠”与“不孝”奇文。

或曰王充“颂汉”似有鼓吹“今上”之嫌。实则不然，其《须颂篇》乃接着《问孔篇》而言，盖因子曰“吾从周”也，故王充“问孔”之后又来“问周”了。

周有那么好，值得后世一“从”再“从”吗？显然，他不这样认为。在《刺孟篇》里，他以八条“刺孟”，其中一条“五百年必有王者兴”，就涉及周、孔。按照孟子的说法，历史运行以五百年为一个大周期，从周公到孔子刚好五百年，孔子以后又开启了一个新的历史周期，在这个新的历史周期里，孟子自诩“如欲平治天下，当今之世，舍我其谁也”！如此当仁不让，被王充狠狠一刺，便成俗儒的妄想。此举虽为“刺孟”，但其下手处一如“问孔”，亦隐约指向周公，此由孔孟之道发问，非以“吾从周”，而以“我问周”。可“问周”何以还要“颂汉”呢?

这就要回到刘歆五德相生的历史观上来说了。在相生中，周生汉，汉承周，这是历史的正统，中间有个秦，秦克周，汉克秦，属于相克的闰统。在今文经学里，汉承秦制，同时，汉又是秦的革命者和掘墓人，这就导致了体制性的革命与反革命的纠结。而古文经学则从根本上彻底解决了这一问题，不是汉承秦制，而是汉承周制——《周礼》。但汉承周制就意味着要改制，从秦制改为周制，而改制的纲领当然就是《周礼》。对这一历史道路的探索，虽由刘歆发起，以古文经学运动响应之，结果却导致了王莽篡汉。

王充的立场，既未立于汉承秦制，也未立于汉承周制，而是主张汉家自有天命，应当自立。秦祚短命，秦制已不足论，那么周制又如何呢? 他认为周不如汉。为此，他作《须颂篇》，曰：“俗儒不实论也。”周的好处多为传说，难于考证，而“汉有实事，儒者不称；古有虚美，诚心然之；信久远之伪，忽近今之实”。故以“三增”“九虚”批评儒者。“增”者，或无中生有，或夸大其词；“虚”者，虚妄虚美，“称圣过实”，故作《宣汉》诸篇，指出“实商优劣，周不如汉”。《宣汉》对比古今，曰：古之戎狄，今为诸侯；古之裸人，今穿朝服；古之光头，今戴帽子；古之赤足，今穿鞋而行；古之沙地，今为良田；古之蛮子，今为良民，此“非太平而何”？此以进化言之，乃据实而言，言虽在理，但仅言进化所得，未言其失，所失者何? 并没有提及。

比较之后，他总结了三条：“夫实德化则周不能过汉，论符瑞则汉盛于周，度土境则周狭于汉。”故反问：“汉何以不如周？”这显然是沿着老师班彪的《王命论》的思路发展而来的一套主张，认为汉人立国当以汉家天下为本，而不必追随周秦。但此三条之中，于今看来，仅“土境”即版图一条能成立，余者，“德化”一条，孰优孰劣难下定论，而“符瑞”也被拿来当作国运的标志，则似乎有些离谱。他本来不是反对以“符瑞”而知天命的吗，何以还要把“符瑞”拿来作为评价历史的尺度呢？

这当然是接着老师的《王命论》来说的。《王命论》里一再提到汉家符瑞从高祖开创到汉家复兴的盛况，看来他“疾虚妄”还未“疾”到老师头上。

其“疾虚妄”思想另有一条来路，即桓谭的《新论》。这一路强调立论宜以当下为依据，思想勿以经学为前提。王充《论衡》中有《超奇篇》《佚文篇》《定贤篇》《案书篇》《对作篇》提到桓谭，都极为推崇，认为“子长、子云论说之徒，君山为甲”。“子长”即司马迁，“子云”为扬雄，“君山”乃桓谭字，诸子之中，他以桓谭为最。

桓谭是前辈，与刘歆、扬雄同时。刘歆作《七略》曾征引其《琴道篇》；扬雄作盖天图，则因其反唇而毁之；班固于《汉书》中多纳其言；近人钱钟书在《管锥编》里称赞其书《新论》，谓之堪与王充《论衡》相伯仲，却未提起《论衡》是由《新论》发展而来。可惜《新论》早佚，后世虽有辑佚本，也已支离破碎，难见其思想全貌，但其价值之高，实由王充定调。王充衡学论文，以太史公为标杆，其最高目标就是“甲于太史公”。他认为只有两人能达到此标准，一是他问学的老师班彪，一是他思想的先驱桓谭。

汉之前后“两论”，桓子《新论》开了儒家思想解放运动的先声，王充继起于经学思维的大一统氛围中，发出“疾虚妄”——追求真理的最强音，其真理之标准不是经学，亦非圣人，不在于古，而在于今，不是今文经学的“今”，而是能实事求是的“今”。王充“颂汉”，实为“颂今”，他颂的，就是那个当下就在的“当今”，那个可以实事求是的今。

周朝离得太远了，留下的文字都被汉人当成了“经”，再无“实事”可以“求是”。可汉却不同，还在“实事”之中，可供今人开展“求是”的思想活动。故其宁可“颂汉”也不“颂经”，就因为“经”是周人的历史遗产，其中已无“实事”可以寻求。以此来看检验真理的标准，就不再是古之圣人留下的那些“经”，也不是由“今上”钦定的像《白虎通义》那样的为统一经学而确立的王圣纲领，而是“实事求是”的思想活动本身，亦即思想者本人的希望：我有我的主张，我是我自己的“今上”！所以，当其老友山阴人谢夷吾向“今上”——章帝举荐他时，他便以老病为由谢绝了。能为“今上”征召，对于儒者那是何等荣耀！可他为什么一口就拒绝了？

其时，他只有六十二岁，虽不年轻，但也谈不上有多老，在被朝廷征召的人当中，他确实不算老，就其身体状况而言，他直到约七十岁才去世，应该也不会太差。可他为什么就是不应召？有人说他“颂汉”就是为了取悦“今上”。若如此，应召岂不就是个大好机会？加之他身居下吏，困乏一生，何不以应召来改变？可见他不是一个要取悦“今上”的人。他之所以未应召，或曰《论衡》尚未定稿，或以《论衡》之思想与当时尊经思潮多有抵触，而章帝则热衷于搞统一思想的《白虎通义》，若是应召，便正好撞上了经学的枪口，落入《白虎通义》的“虎口”，不光自己难受，还会连累好友。

谢夷吾举荐他时，荐的是他的才学，而非思想。以才学论，谢称赞王充曰：“充之天才，非学所加，虽前世孟轲、孙卿，近汉扬雄、刘向、司马迁，不能过也。”其时，谢在任荆州刺史，适逢章帝南巡，亲眼见谢“决正一县三百余事”，件件都称其心意，遂以谢为百官楷模，乘此机会，谢遂越级，直接向章帝举荐了王充。显然，谢未读过《论衡》；若读过，他就不会举荐了吗？也不见得。观其后来，因奉俭约，被人责以有损官风而被逐出官场，由此可见，他也是个独行之人。

同一时期，中国出了两本书：一本是《白虎通义》，代表官学，为经学定标准，代圣人立言；一本是《论衡》，代表私学，自成一家之言，也为思想言论建立了一套自我的标准——“衡”。对此，《四库全书总目提要》云：“攻之者众，而好之者终不绝。”

近人章太炎也说，汉得王充一人就足够了，今天都很少有人能赶上他。而胡适则说，中国的思想，若不经过王充“论衡”一番，就绝不能有汉末与魏晋的大解放。

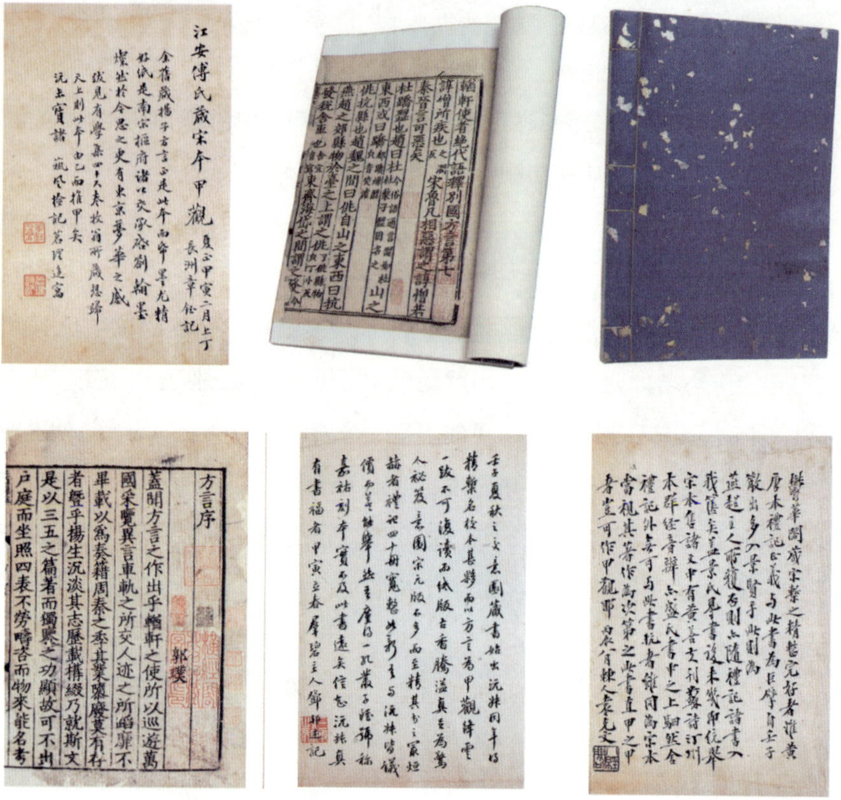

《輶轩使者绝代语释别国方言解》十三卷，扬雄撰，南宋庆元六年（公元 1200 年）浔阳郡斋刻本

西汉末年，出场了一批大儒，如刘歆、扬雄、桓谭等，皆为王充前辈。王充以其逆向思维超越前辈，亦得益于前辈思想如炬的光芒。

扬雄（公元前 53 年—公元 18 年），西汉哲学家、文学家，这位身兼哲学与文学的大家，对语言学中的方言也没放过。《輶轩使者绝代语释别国方言解》十三卷，便是扬雄的一部方言著作。宋庆元六年浔阳郡斋刻本，晋郭璞解，有缪荃孙、沈曾植、袁克文等藏印。

“輶轩”指轻车，秦以前，每年八月，朝廷会派使者乘轻车到各地采集方言，并记录整理，故谓“輶轩使者”。秦以后，因战乱散佚。扬雄的老师严君平收集并整理了1000多个字，扬雄继续搜集整理，用了将近27年的时间，成此一书，撰写了669条词汇，11900多个字，按内容分类，释词先例举不同方言的同义词，然后借通用词语解释。

十三卷之卷一、二、三、六、七、十，是语词部分，有动词、形容词、名词；卷四，释衣物；卷五，释器皿、家具、农具；卷八，释动物名；卷九，释车船兵器；卷十一，释昆虫；卷十二、十三，基本为名词解释。依据的文献资料主要采自《列子》、《庄子》或《吕氏春秋》。这部“方言解”是中国第一部研究汉语方言的比较词汇集，为中国古代训诂学一部重要的学术著作及学术工具书。

大约100年后，东汉古文经学家、文字学家汝南许慎费时近30年，编著了一部世界上最早的字典《说文解字》。

许慎著《说文解字》初衷，是要从文字发展的历史中阐释文字，反对今文经学借汉隶“微言大义”，以随意解释文字而标新立异。他在《说文解字》中引用的古文献资料全部来自古文经学著作。他的老师是东汉著名的古文经学家、扶风通儒贾逵。贾逵给予《说文解字》很多指导性的意见。

许慎在书中收入汉字9593个，重文（异体字）1163个，总共10516个字，开创了形、音、义三个维度的析疑解字与部首检字的先河，建构了比较系统的文字学分析理论框架，保存了战国古文、秦小篆到汉隶的古汉语的字体与训诂的面貌。

04

从统一性里产生的巨人

文艺复兴运动的标配，是要在历史的转折关头产生巨人。不仅要产生思想解放的巨人，还要产生艺术与科学的巨人。思想上的巨人，刘歆和王充可为代表，一是经学范式革命的开创者，一为思想解放运动的先驱，而达·芬奇式的艺术与科学的巨人，当时也有一位，叫张衡。

用史官文化为科学家写史有很大的局限性，一是史官本人对科学事物的认识，在知识构成和思维方式上就有局限性，二是历史本身为政治量身打造，政治家在其中如鱼得水，科学家就难免捉襟见肘。好在张衡是个巨人，具有多面性。

《后汉书·张衡列传》开篇就写张衡“少善属文”，有一段“游于三辅，因入京师，观太学”的游学经历，谓其“不好交接俗人”，亦无意仕途，“举孝廉，不行，连辟公府，不就”，以至于“大将军邓骘奇其才，累召不应”，却以个人身份游学京畿，在洛阳与长安两京之间往来，走读江山之余，“乃拟班固《两都》作《二京赋》”，虽说花了十年才写成，但从此被列入汉赋四大家之一，以后生小子与司马相如、扬雄、班固同列。

不过，待到安帝以公车来特召，他就不能不去了。对皇帝的征召，王充尚能以老病辞，张衡正当年，只能去。这一时期他读了一本书，便是扬雄的《太玄》。

扬雄虽为汉赋名家，但中年以后就认为，作赋乃雕虫小技，“壮夫不为”。

故仿《论语》，本于《论语·子罕篇》“法语之言，能无从乎”和《孝经·卿大夫章》“非先王之法言，不敢道”而作《法言》；又仿《易经》，从《老子》“玄之又玄”出发，以“玄”为中心，用天地人三道取代“一阴一阳之谓道”而作《太玄》，形成所谓“另类易经”。

张衡“观太学”时，已观《玄经》。《后汉书·张衡传》中，录有他对同学崔瑗说的一段话，他说“吾观《太玄》，方知子云妙极道数”。请注意，未言术数而称“道数”，是因为它“与‘五经’相拟”，可见扬雄在此非代圣人立言，乃仿圣人立言，其仿《周易》而立“汉玄”之心昭然，故其所著“非徒传记之属”，而欲自成一家之言。

其言也，与《周易》迥异。易以阴阳言之，分为两仪、四象、八卦、六十四重卦、三百八十四爻，玄以天、地、人论之，分为一玄、三方、九州、二十七部、八十一家、七百二十九赞；另有玄首、玄测、玄冲、玄摛、玄错、玄莹、玄数、玄文、玄倪、玄图、玄告十一篇说明。一阴一阳之谓道，那是周人的思维，一贯三为王，三即天、地、人，是汉人的思想，而《太玄》则是汉人思想的哲学表达，被张衡称为“汉家得天下二百岁之书也”，而且预言再过二百年，“汉四百岁，《玄》其兴矣”，这是不是预告了魏晋玄学的到来呢？

历史证明，张衡的预言被应验了。虽然都从“玄”出发，但汉玄与魏晋玄学路数不同。汉玄通往“道数”，产生了一部道家化的“另类易经”——《太玄》，到了魏晋时期，再加上老、庄，就形成了以“三玄”为代表的魏晋玄学。可魏晋玄学并未接着“道数”一路往下走，而是转向“道理”一路。这两条路的差别在于，沿着“道数”一路往前走，就走向科学，这一路，须步人文的云岭，攀工艺的天梯，迈开天工开物的步伐，贯通天、地、人，所以数百年间，只有张衡一人能走下去，张衡之后，便已绝迹。转向“道理”一路，则行于艺术，以对独立人格的审美，觉醒了人的自我意识，开出道家文艺复兴的大道。

从儒家文艺复兴转向道家文艺复兴，扬雄本人就是个转折点。如果说仿《论语》作《法言》的扬雄还是儒家文艺复兴中的“汉代的孔子”，那么仿《周易》而作《太玄》的扬雄用道家思想作“另类易经”，则开始了汉代文艺复兴从儒家向道家的转型。

儒家“文艺复兴”的旗手，当然是发起古文经学的刘歆，可道家文艺复兴的旗手，则不能说是扬雄。因为扬雄身上虽然冒出了突破经学的苗头，但毕竟还带有汉人的习气，未能超越经学樊篱，其思想的亮点如孤星晨启，初照寂宇，并非思想界的日出，而是预告日出——魏晋玄学到来，其意义，承前二百年，启后二百年，唯张衡知。张衡以为《太玄》“类似‘五经’”，故奉之为《玄经》，其学术范式便由《玄经》“道数”开显而来。其言“道”者，有《灵宪》一篇，言“数”则有《算罔论》。

有人说，《灵宪》为历法。此言差矣。我们可以说《灵宪》是指导制定历法的纲领性文件，但不能简单地将其归结为历法，若就其名言之，可谓以“灵”立“宪”。

古希腊哲人说“人的理性为自然立法”，而“理性”则表现为概念思维和形式逻辑。对照这说法，我们是否也可以说《灵宪》是“人的灵性为自然立法”呢？

“灵性”思维是建立在人为万物之灵和万物一体基础上的。灵性世界观与理性世界观不同，用理性之眼看自然，自然是与人对立的外在，作为人的认识对象和征服对象而存在，而用灵性之眼来看，自然就是人在其中活动的“参天地，化万物”的所在，自然不是外在于人的客观世界，而是内在于人与人感应的主观世界，自然规律不以概念和逻辑来表达——“为自然立法”，而以“参”，即用灵性的生命来体认——“以自然为法”。

从《灵宪》中，我们可以看到，张衡的思想不同于亚里士多德的“科学”主张。亚氏将对外在于人的宇宙的认识分科表述，形成所谓“科学”，而张衡则从“究天人之际”出发，以神话思维、历史思维和科学思维交错的方式，对宇宙做总体性表述，如此，便很难形成亚氏那样的“科学”化的知识体系，却宜于造就一个无所不包的思想巨人。

《灵宪》开篇就说：“昔在先王，将步天路，用之定灵轨，寻绪本元。”战国时，屈原曾作《天问》，充满了神话思维与历史思维的冲突。张衡已从这冲突中走出来，走向科学思维的“道数”，像先王那样，从容地迈开了“步天路”。

有意味的是那个“步”，欲“步天路”，当以“道数”，须“用之定灵轨”。

何谓“灵轨”？即以运思的方式与路径，为“道数”之开显也，或以《太玄》天地人的运思路径及其运算符号——“⚊”“⚋”“𝌀”为其“步天路”之“灵轨”。天“⚊”地“⚋”人“𝌀”，此三者乃“道数”之开显，即“道生一，一生二，二生三，三生万物”之谓也，此亦即“灵轨”之起步。由此“灵轨”，“寻绪本元”，开启“万物之母”的“众妙之门”，抵达“天地之始”，至于“玄之又玄”的“本元”。由此“本元”，为天立极，而有浑天仪，此即《灵宪》所谓“先准之于浑体，是为正仪立度”，“浑体”即天体，“正仪立度”即作浑天仪，此乃“灵轨”之实体。

张衡因之以“步天路”，由之而立“皇极”，而运天枢，而立“灵宪”。若将“皇极”人格化以拟上帝，便可见张衡之《灵宪》有如柏拉图的灵魂起居的宇宙图式，其“道数”亦如柏拉图的理念与数学相结合，故“灵轨”之于柏拉图，乃其灵魂开启的几何样式。柏拉图说上帝用几何学创造世界，而张衡则以“道数”自然开显之。

浑天仪之作，非自张衡始，始作者乃西汉落下闳，张衡做了改进。浑天仪，分浑仪和浑象两部分，浑仪是测量天体球面坐标的仪器，浑象是用来演示天体运动的仪器，它们都是“浑天说”的物化形式，是模拟天体运行的机械装置。

汉人论天有三说：盖天、宣夜和浑天说。盖天说认为，天如盖，盖心为北极，天盖左旋，日月星辰右转；宣夜说认为，天无定形，日月星辰皆浮于虚空，无附于天体之上；而浑天说则认为，天体如蛋壳，地形如蛋黄，天地乘气而立，载水而行。后来宣夜说失传，盖天、浑天两说并行。西汉时，落下闳、耿寿昌做浑天仪，东汉时，贾逵、张衡又做浑天仪，使浑天说逐渐占了上风，张衡可为浑天说代表。

张衡任太史令期间，“研核阴阳，妙尽璇玑之正”，用铜铸浑天仪演示天体运行。浑体分层，每层都能转动，中有铁轴，贯穿球心，轴转方向与地球自转方向相同，与球体有两交点，为浑天南、北极，球体一半隐于地平圈下，另一半露于地平圈上，球体各层表面分别刻有内、外规，南、北极，黄道与赤道，二十四节气，二十八列宿等。

古人计时常以滴漏法，将滴漏壶之水滴，滴入有时间刻度的漏壶里，观水深浅，便知时刻，故张衡亦以此法使壶与浑体配合，利用滴漏水推动齿轮，再以齿轮运转浑体，设定齿轮个数，使浑体周转，能尽昼夜变化。铜仪两侧，有玉龙各一，吐水入壶，左为夜，右为昼，壶上别立一仙人、胥徒，“皆以左手抱箭，右手指刻，以别天时早晚”。铜仪制成后，置于密室，以流水驱动，命一人于室内，向观象台传话，报告浑仪运行中星辰起落的情况，其运转情况同从观象台上观察的结果相符，可见浑仪与天体同步。

至顺帝时，张衡又制浑象。因受“冥荚”启发，故做一机械日历——“瑞轮冥荚”。“冥荚”乃传说之树，日生一荚，生至第十五个，又日掉一荚，掉完之后再生。以此，做“瑞轮冥荚”，于立轴上装十五个凸轮式拨板，使之分别作用于十五个冥荚，随月盈虚，依历开落，从月初起，每日转出木叶一片，十五日，转出十五片后，每日转入一片，亦十五日，故此仪器不但可示日期，还能显示月之朔、望、弦、晦。

从浑天说到浑天仪，以机械运动模拟天体运行，以天体运行阐明浑天说，这也算是行天道吧，亦即“步天路”之“灵轨”，乃“参天地，化万物”之“灵宪”也。“灵宪”之本元是为道根，道根自在，自无生有，非以物存，当以“数”运，而为“象帝之先”，亦“道数”之谓也。太素始萌，乃“有物浑成，先天地生”，“道数”化为气运，气虽未形，而道干已成，开物成体，斯谓太元，天地始分，乃道之实也。

从无到有，张衡一分为三，分成道根、道干、道实。道根是无，根源于“数”，有如古希腊毕达哥拉斯所谓“万物起源于数”。“数”以气运，而成道干，或说是“气数”，气以“数”运，由“数”而形，道实乃成，在天成象，在地成形，在天地之间成人。

那么天地究竟是个怎样的格局呢？张衡说“天有九位，地有九域；天有三辰，地有三形”，虽然“有象可效，有形可度”，但都是自然相生，无任何标记，“于是人之精者作圣，实始纪纲而经纬之”，也就是以“道数”来度量天地万物，定以“八极之维”，其周长“径二亿三万二千三百里”，形似椭圆，“南北则短减千里，东西则广增千里”，从地到天，为八极之半，地之深亦一半，他说“用重差钩股”，按比例“皆移千里而差一寸得之”。

这一套算法到底怎样？我们不得而知。不过张衡很自信，他说八极之内他都能算，“过此而往者，未之或知也”，那“未之或知”的，当然就是“宇宙”，因为“宇之表无极，宙之端无穷”，那就非他用浑天仪所能度量，亦非“重差钩股”所能运算了。

由此看来，张衡在浑天说之外还有一个宇宙，那是个从有回到“无”的宇宙——宇无极、宙无穷的无限性宇宙，而浑天说的宇宙则是个有限性的天地之间，是用浑天仪可以度量的时间和空间，是在八极之内圣人可参可化的知与行的具体存在。而《灵宪》述之，仍在天人感应中。如以“紫宫为皇极之居”，天帝宅之，乃“太一之居也”，故拟紫宫以筑王宫，法天帝而立皇帝；又以“太微为五帝之廷”对应政府，星座亦以王官名，五帝座为中枢，众星环列，皆臣文武，不啻一汉家天官书。

凡此种种，涉猎甚多，表现了史官文化历史与神话的交错。更有甚者，《灵宪》言及日月，还出现了神话乌、兔，以及“羿请无死之药于西王母，姮娥窃之以奔月……遂托身于月，是为蟾蜍”，若以科学论之，此类神话因素本应排除，可张衡却未免于巫，其以众星列布，言人祸福，拟以北斗居中央而司王命，以日月运行，历示吉凶，用告祸福。

不过，这些神话因素又与科学观察结合，他在琢磨日月吉凶的同时，发现“日譬犹火……火则外光”，日生光，而月无之，月如水，映日而光，即“生于日之所照”。在对吉凶、祸福的追问中，月食应属于祸、凶，他却对月食发生的原因做了科学的解释，他称地影为“暗虚”，将月入地影，称之为“月过则食”，也就是月食。

对行星运动，他虽强调“天道贵顺”，却对行星运行的顺逆、速迟也一并做了细致的观察，发现“近天则迟，远天则速”“顺行则速，逆行则迟”的变化。在《灵宪》中，他统计星之“常明者百又二十四，可名者三百二十，为星二千五百”，这些都是他在陆地上能观测到的，“海人之占未存焉”，而“微星之数，盖万一千五百二十”。他相信，天上那些星星对人间和自然界的万物都会产生影响，此正所谓“庶物蠢蠢，咸得系命”，若无天命，“何以总而理诸！”明乎此，“然后吉凶宣周，其详可尽”。

读完《灵宪》，我们发现它虽然不是一篇科学文献，却包含了许多科学思想。或曰，何以其未能发展出科学的知识体系？对此，我们的回答是：科学，需要在一个分化的文化背景中，才能被分化出来形成独立的知识体系，而张衡处于一个统一性的文化背景中，他的科学思想与神话思维、历史思维错综交织，在统一性的运思格局和思维方式中，尽可能地与之同化，而呈现灵性化的趋势，故《灵宪》即以人的灵性为天立宪，由灵轨而达天命。

从统一性的文化背景中，虽难以发展出具有独立性的科学的知识体系，却能产生文化上的巨人。张衡就是这样一位“上知天文，下知地理，中通经史”的文化巨人。他“上知天文”，不仅制作了浑天仪，还为浑天仪著《灵宪》，配《浑天仪图注》和《灵宪图》，更有与天文相应的历算之作《算罔论》，此论至唐已失传，以至章怀太子李贤疑其为《灵宪》“网络天地而算之”，故称之为《灵宪算罔论》。不过，《九章算术·少广章》第二十四题刘徽注提出“张衡算”，可知张衡以“质”为立方体、“浑”为球体，算过球的外切立方体积和内接立方体积以及球的体积，他还算过圆周率，若以钱宝琮对《灵宪》“（日、月）其径当天周七百三十分之一，地广二百三十二分之一”的勘算，则 π 值为 730/232=3.1466。

他“下知地理”的杰作，便是制作了地动仪。据说，地动仪发明后，接着就发生了地震，龙珠朝着地震方向应声而落，宣告了他的天才，同时也宣告了天谴和灾异的到来，每次应验，都少不了要有官员背锅，次数多了，就令人怀疑：此为国之利器，抑或国之尤物？若以利器论之，何以不报祥瑞，专告灾异？那分明就是国家的不祥之器，不吉利，没有任何一个朝廷会真正喜欢这样一具专门表达天谴的批判的武器，它失传了，不足为奇。

对于“中通经史”，张衡也很有抱负，有过宏伟的计划，惜未竟。在经学方面，他曾作《周官训诂》，可见其古文经学来路，崔瑗为之叹服，且欲继孔子《易传》补《彖》《象》之缺，则未如愿。在史学方面，他也有一套自己的史观，欲为自我立言，曾多次上书，或指出，马、班著史，有与汉记不合者十余事，或曰，更始帝居位，民无异议，光武帝之初，乃其将领，后来才即位，故应将更始年号放在光武之前。这些建议，也都未被朝廷采纳。

他在史学领域未能成为班固那样的史家，在文学领域，他却跟上了班固的步伐，大赋仿班固《两都》作《二京赋》，骚赋亦仿班固《幽通》作《思玄赋》，卓然亦成一代诗赋名家，尤以《归田赋》，超越汉赋铺采摛文，转而抒写自我性情，开了陶渊明的先声。

据说他还是位画家，唐张彦远《历代名画记》称他“善画”，所作《地形图》，至唐犹存。当然，他更是一位巨匠型机械工艺家，葛洪《抱朴子》称他为“木圣”，《太平御览·工艺部九》引《文士传》说：“张衡尝作木鸟，假以羽翮，腹中施机，能飞数里。”还有一种三个轮子可以自转的机械装置，后来有人称“记里鼓车”或“指南车”，说来也都跟他有关。不过，这两方面都有先驱，木鸟的先驱是墨子，指南车的先驱是周公。

关于张衡的成就，我们就说到这里，若欲一言以蔽之，还是他的老友崔瑗那句“数术穷天地，制作侔造化”最合适。我们认为，他最伟大的地方，就是他能将这一切都统一在一起，也正是这统一性造就了他本人，而最能表达他统一性思想的，就是从《太玄》“道数”通往《灵宪》的“灵轨”宇宙观，以及基于《算罔论》原理的“灵宪”天命论。

文艺复兴运动的标配，是要在历史的转折关头产生巨人。不仅要产生思想解放的巨人，还要产生艺术与科学的巨人。

张衡就是一位达·芬奇式的艺术兼科学的巨人，他代表了一个时代人的理性与精神成长。

在东汉，艺术已经获得了一种超越性的自我表达，提升了整个时代的审美水准。达·芬奇式的艺术在东汉并没有特别在巨人身上燃烧，而是在各色人群中开花，以雕塑的艺术成就最为突出。雕塑题材大部分是以舞蹈为中心的表演艺术，以及建筑，在社会生活中都得到了充分的艺术呈现。在中国，士人们从来不缺乏生活艺术化的能力。

东汉雕刻艺术主要分两大类，即画像砖或画像石浮雕人像与陶塑人像，其中以浮雕人物和陶塑人物艺术水准最高。它们并非要塑造一

南阳新野宴饮奏乐画像砖，东汉，河南博物院藏

盘鼓舞画像砖，东汉，河南博物院藏

观伎画像砖，东汉，长 46 厘米，宽 40 厘米，厚 5.3 厘米，四川省成都市扬子山出土

抚琴俑，东汉，故宫博物院藏

陶击鼓说唱俑，东汉，通高 55 厘米，四川省成都市天回山出土，中国国家博物馆藏

个“概念”人所应具备的精神形态，而是展现人的情绪以及情感在极致状态下的生动与美姿。

东汉乐舞画像砖，画像砖为装饰墓壁之用，画面可以模印量产。不过，从画像砖的整体构图与铺陈叙事、人物线条的流畅与飞扬、人物姿态的生动与优雅，可知雕刻范模的匠人对艺术的敏感。反映一个时代艺术水准平均值的，往往不是大师，而是社会生活对艺术的普遍追求。大师是时代的制高点，甚至超前，大师会提升时代的艺术氛围。

画像石与画像砖一样，用来装饰墓壁，画像石多半彩绘，汉人称作“画”。画像石与画像砖反映了东汉人生活的多面性，不仅有艺术价值，还有史料价值。

汉人的画像砖、画像石以及陶塑人物等，大部分描绘或表现的是生活艺术化的场景，也是张衡《西京赋》所描绘的场景。

神兽纹玉樽，东汉，高 10.5 厘米，湖南省安乡西晋荆州刺史刘弘墓出土。汉代有一种上等美酒，需反复酿制，味道酽冽，色泽清醇，此等美酒在宴会中要用筒形的樽来盛放，此玉樽以整块玉制成，樽体形较小，容量有限，因此更加名贵

制车轮画像石，东汉，高 57 厘米，宽 94 厘米，山东省嘉祥县洪山村出土，中国国家博物馆藏

东汉人生活日用非常精致和讲究。

制车轮画像石非常珍贵。在东汉的画像砖石中，很少有手工业生产题材的刻画。凹面线刻，画面分三层，上层西王母，下层格斗与跪拜，中层右格三人跽坐，左格制车轮，一人执斧，凿制轮辋，面对将要做成的车轮，对面一人背负婴儿，手持轮辋，一人操作，一人配刀而立。

绿釉陶戏楼，东汉，高 99 厘米，安徽省涡阳县大王店出土，陶戏楼上层是鼓楼，第二层是舞台，舞台又分前台和后台，有上、下场门

十三盏铜连枝灯，东汉，高 146 厘米，宽 66 厘米，甘肃省武威市雷台汉墓出土

05

太学生运动始末

汉人就像他们的前辈楚人那样，喜欢那个“太”字。战国楚简里就有“大一生水”，那“大一”，就是“太一”。汉人跟着《楚辞》的叫法，把最高神和宇宙本体都叫“太一”；把最高的思想和宇宙基本规律叫作“太玄”；把最高的学问和学府叫作“太学”。虽说太学之名始见于周，却是汉人叫出来的，《大戴记》曰：“帝入太学，承师问道。”

周太学又名大学，其于天子，曰辟雍，于诸侯，则曰泮宫。然辟雍和泮宫非纯教育机构，亦为国家议事机关，如议会，但凡祭祀、宴庆、选士、议战、赏功等国事活动，皆行于其中，贵族子弟都在此学习政治。

或曰，古人宫室无多，故天子坐明堂，将太庙、太学、太史放在一起，此乃因陋之举。这样说来，虽不无道理，但未免消极，如此安排，当自有其深意。

太庙代表礼制文明，太史代表史官文化，把太学放在它们之间，反映了教育方针——向祖宗学习，向历史学习，也指明了教育方向，为王朝培养接班人。

周太学是一种政治文化的规划，是个颇具理想色彩的制度安排，其实，它只在汉人的说法里存在，而未见真有什么太学传承下来，连个遗址遗物都未留下。

说是汉从周，其实从的都是汉人自家说法，周太学以及更早的太学是个什么样子？我们都是通过汉人的说法才知道的，董仲舒怎么说的，郑玄怎么说的，从他们的说法里，我们才知道了“五帝名大学曰成均”“上庠为大学”，才知道夏商周有大学。

汉初唯有私学，未有官学，武帝罢黜百家，始立太学于京师。初起时，只设五经博士，置弟子五十名；元帝时，博士弟子已达千人；汉成帝时，增至三千人；至新莽时，于长安城南兴辟雍，建明堂，筑学舍区，博士弟子扩张到万余人；东汉顺帝时，扩建洛阳太学，扩招太学生达三万，成了一支文化大军。

洛阳太学，历时五百多年，历经东汉、魏晋、北魏，于王朝兴亡之际，政权更迭时，即便三国分争、永嘉之乱、南北朝立，它也自始至终昂昂然立于河洛之地，虽在乱世中动荡起伏不已，但依然做了文化中国的标志，守住了中华文明的本体。

洛阳太学始建于光武帝刘秀，初建时如旭日东升，颇具开国气象，明、章二帝继起而发扬之，已有如日中天之势。东汉末年，国运虽衰，国学未衰，非仅以落日晚照令人惜取，更以群星丽天、月白风清来迎接新的日出——学生运动作为历史的华表而次第耸立。

须知先秦政治本以贵族为主体，因政治下行至士，而称士人政治；西汉加以农民起义，故转向平民政治；东汉又加以学生运动，开了学生政治的历史新趋势。

贵族政治与平民政治原本有鸿沟，经由学生身份转化，使鸿沟得以弥合，使对立的阶级可以流动，不至于固化，学生是个熔炉，将贵族与平民的子弟融合，于是，学历取代等级，才华掩盖身世，终于在贵族与平民之间找到了学而优的平衡点。

洛阳太学生又称诸生，来自全国各地，初期多为官宦子弟，后来太学规模扩大，不断扩招，平民子弟也可入学，入学方式或为考试录取，或由推荐保送。招生时，既论德才，亦观仪表。初以年龄限，限于十八岁，后因神童至，幼能通经，为童子郎，遂取消限制。诸生之中，有官奉，也有自费，有住校，也有居校外，多富者，亦有贫者半工半读。诸生学风，重自学，多研讨，以养成自由思想和独立精神。

学成后，朝廷以德才标准安排诸生从政，从此开了学生新政。虽说“小荷才露尖尖角”，却是一代又一代政治新人对旧体制的不断刷新——赋能旧邦，其命维新，其于学术与政治两面，都具有“接天莲叶无穷碧”的天下观的理想性，使国家有了“学运”。

“学运”兴邦，给日渐式微的东汉末年注入了新希望。明、章二帝以后，汉运由兴转衰，外戚与宦官分别主导官场，国家政治已不复有昔日的辉煌。好在“学运”方兴，在王朝沉沦的黑暗处，有了一种新的青春力量的担当，迸发出了文化中国的理想之光。

“学运”，始于盐铁会议。东汉时，此风益甚。不光讨论真理标准用来统一思想的石渠阁会议和白虎观会议有他们参与，他们还成为制约国朝腐败的清议群体。

清议带有价值偏好，以风谣和品题形式臧否人物，讥议时政。据《后汉书·党锢列传》所言，汉末，国命委于宦官，士子羞与为伍，太学成为“品核公卿，裁量执政”的论坛，故“清议”称“学中之语”，又称“公议”。

以清议为公议，可见清议具有全民性质。盖因太学所聚乃天下之士，诸生来自全国各地，故诸生所言又称“乡里之音”，为诸生认可的言论即为公议。

太学是个公议场所，却非公权力机关。天子坐明堂，就是看重公议的力量，要定期坐在这里听取公议，以公议定国策。一代王朝开国之初尚有此气象，如汉光武至明、章二帝，都来太学坐明堂，或当场做指示，以示关怀，或亲自讲经学，以传道解惑。

可末世就不同了，权力的收缩与公议的扩张适成反比，当太学不断扩招之时，权力却从外朝收缩到内廷，在内廷又分化转移，先从诸王即皇室兄弟亦皇位竞争者转向其娘家外戚，再从外戚转移到宦官，而宦官背后，只有一个自称“寡人”的皇帝。

对皇帝来说，通往君主专制的道路要分步走。第一步，要依靠外戚，争做皇帝，把自家兄弟当政敌；第二步，用外戚把持朝政，排挤同宗皇室；第三步，用宦官对付外戚，把外戚也当政敌；第四步，用阉人监管政府，以宦官政治实现君主专制。

君主专制是一种权力收缩的政治，不光把权力从外朝收缩到内廷，还将一切权力都集中于君主一人之身，将国事和天下事都变成皇帝的家事。在通往专制的道路上，兄弟反目，亲戚成仇，只有宦官，因其与皇帝朝夕相处，形影不离，而成为超越血缘关系的家人，所以，皇帝的家务事就变成了宦官政治，身旁若无宦官环侍，皇帝便无枝可依。

帝与宦官，名为主奴，此乃制度安排。但制度会异化，主奴多错位。儿时，皇权握于太后，以外戚行之，待帝亲政，朝廷内外已由外戚把持，其时，宅男皇帝已不知天下有何事，国家为何物，唯宦官在侧，故其欲专制，必自宦官始，行宦官政治。由此看来，君主专制，“专”亦不易，为之外戚以“专”之，反为外戚所“专”也，为之宦官以“专”之，亦为宦官所“专”也。天子称“万岁”，实则多夭折，帝者，高危行业也！试以汉末诸帝言之，儿皇帝中，有两岁就病死者，有九岁被毒死者，亲政以后，帝之命数，也不过二三十，若将两者平均下来，寿命只有十几岁，还不到二十岁。

何以越称“万岁”越短命，越搞专制越没权？这是因为在制度安排里缺乏制衡机制，只有核心，谁居于或掌握此核心，谁就能专政。名义上皇帝为核心，可实际上充满了不确定性——若为儿皇帝，太后就成为核心，外戚就来专政；若儿皇帝能长大成人（这在普通人家，本来是很平常的事情，可搁在儿皇帝身上却充满了艰辛，汉质帝刘缵怎么死的？还不就是因为当着群臣的面说了外戚梁冀一句“此跋扈将军也”，就被梁冀毒死），可想而知，皇帝长大了会发生怎样的事，头等大事，便是对付外戚。质帝被毒死后，梁冀又立刘志为帝，十五岁的儿童天子又熬了十来年，终于熬到了出头之日。皇帝一出头，梁冀就得死。其时，能助皇帝出头者，舍宦官其谁也？宦官，唯有宦官，才能成为皇帝的权伴！可宦官岂能保险？一旦皇帝跟宦官起了冲突，那祸患就藏于卧榻边。

对付外戚，或可用宦官，可到了要对付宦官的时候，一代王朝也就到头了，此为家国政治周期，古代称之为“气数”，它由君主专制和王朝世袭的制度安排所决定。

一国气数，首先取决于开国时的立国规模和制度安排，同时也取决于文化中国的因素在其中的成长，还要看制度安排能否给文化中国的因素留有发展的空间。

秦以绝对君主专制立国，不光在制度安排上一竿子插到底实行郡县制，而且在文化教育上“以法为教，以吏为师”，将文化中国的因素同封建制一起排除出去，所有权力一概集中于始皇帝，使秦朝政治过早内倾，进入宦官时期，故秦二世而亡矣。

汉朝开国，以农民起义与儒者革命相结合，具有全民性。汉初无为而治，放权于社会，让利于民生，其政治架构使一代王朝兼容了文化中国与王朝中国的基本面，从马上得天下与诗书治天下相结合开始，经由前汉《货殖列传》里的自由主义经济，发展到后汉政治自由化的太学生运动，文化中国的因素在一代王朝里成长起来，使得汉家国运延续四百余年。

宦官政治是君主专制的最后一道防线，而且是一道拿不上政治台面的幽暗而脆弱的防线。皇帝在宦官政治的围城里似乎可以绝对专制了，同时又感到极不安全——当宦官集团形成之时，通常也就到了一代王朝的末日，文化中国的因素便要来抗争了。东汉末年兴起的太学生运动，就从王朝政治的末日里放出来自文化中国清议的光芒。政治黑暗了，还有文化，只要守住文化的江山，就能用清议再造新的中国。

清议的理想，不仅超越了同宦官的政治斗争，还超越了对王朝中国的道德批判，它要缔造一个理想国。那是一个怎样的国？那是个政治美学化的君子人格共同体。

在清议的评价体系里，有“三君”，指窦武、刘淑、陈蕃三人，为“一世之所宗”；有“八俊”，指李膺、荀昱、杜密、王畅、刘佑、魏朗、赵典、朱寓八人，为“人之英”；有“八顾”，指郭泰、宗慈、巴肃、夏馥、范滂、尹勋、蔡衍、羊陟八人，为“能以德行引人者”；有“八及”，指张俭、岑晊、刘表、陈翔、孔昱、苑康、檀敷、翟超八人，为“能导人追宗者”；有“八厨”，指度尚、张邈、王考、刘儒、胡毋班、秦周、蕃向、王章八人，为“能以财救人者”。时人以他们为君子，促使朝中大臣，自公卿以下皆以他们为榜样。

国体不行了，还有个体，政治不行了，还有文化。宦官把持了国体，把持不了个体，把持了政治，把持不了文化。是君子，就要以道德立国，以个体人格救国，这是最后的斗争！而清议就是对个体人格做政治的拷问，要求个体人格对政治立场做出抉择。

可君主专制却难以容忍君子，尤其是那些要以个体人格救国的君子，宦官把他们叫作“党人”，把他们向往的君子国——君子人格共同体叫作“党人之国”，由此而以专制手段对他们进行无情打击，不断制造“党锢之祸”，汉家天下三百多年儒林正义，遭到了君主专制和宦官政治的致命一击，丧了元气，毁了国体，从此，书生清议向名士清谈转移。

第2章

文艺复兴的人格与山川

01

从清议到清谈的审美风潮

清议，是以个体人格谈政治，表达儒林正义和经学宗旨。

清谈，则是对个体人格进行反思，从国家观念回到自我意识，不以经学为归依，而以玄学为旨趣，故于“五经”之外，又立“三玄”——《老子》、《庄子》和《周易》。

汉儒“文艺复兴”表现出复古的趋势，先以今文经回到孔子，言孔子作《春秋》，定“五经”，是为汉家立法，再以古文经回到周公，其经学主旨亦从孔子作《春秋》回到周公定《周礼》，从为汉家立法回到“六经”皆史，其于政治，亦从通经致用转向通史致用。

道家“文艺复兴”则未向黄老回归，而是告别黄老，另辟老庄一路。黄老一路，仍在古今关系中，还属于“通古今之变”的范围，而老庄一路，虽运思天人，却未止于“究天人之际”的地步，未落入天人感应的套路，总之，它没去复古，既没有回到周孔，也没有回归黄老，而是回归自然，回到自我，从国体回到个体。

回归自然，就是回到天地之间的那个自然。那个自然同历史相比，更趋于无限，更接近永恒，而历史，就是在自然的本体上划分出人的时间和空间。

回到自我，也就是回到具有自我意识的人自身。自身出于自然，以自然为本位，自我超越自然，以自由为本位。或曰，自我难道不是以自身为本体，为自身所具有的意识功能吗？何以它能不以自身为依归，而以自由为宿命呢？若据物质而言，自我当以自身为本体，若以精神言之，自身只是自我的载体，自我的灵性和理性，唯以自由为本位。

故文化不光表现为以自身为中心的文明的物化样式，更表现为以自我为导向的人的精神状态的灵性或理性开显，这两者之间要有制度安排，使之结合起来。

国家，就是这样一个制度安排，是二者结合的最高形态。在国家制度中，物化形式的人自身结成利益共同体，人的自我意识也在国家观念中得到集中反映。

人的自我意识从个体性发端，上升到普遍性，在普遍性中，个体性集合为国家意志。一旦个体性的上升受阻，遭国家制度拒绝，被国家观念否定，人的自我意识即处于痛苦之中，故国家常以教化训导人的自我意识，使之服从国家观念，接受制度安排。

然而，莫大之痛苦在于，当自我意识接受了国家观念的正当性训导，要全身心地投入国家政治中时，却发现王朝政治与国家观念往往两样，使之无所适从。

眼看着国家观念的正当性被国家政治的阴谋论取代了，是坚持理念还是听从实际？君子与小人之辨即由此而生。儒家政治认为，君子代表国家观念的正当性，小人代表王朝政治的阴谋论，因为正当性来自文化中国，所以，君子也就代表了文化中国的理想，而阴谋论则出自王朝中国的君主专制和家天下的企图，小人就代表了这一企图。

如此看来，君子与小人的斗争，就是文化中国与王朝中国的斗争，是天下观里国体冲突的个体性表现，是文化中国与王朝中国的国家意志的人格化表达。君子们在承认王朝世袭和君主专制的前提下“致君齐尧舜”，把来自文化中国传统的尧舜之道当作王朝中国的政治标准，用文化中国的理想改良王朝中国的现实，并且把现实的国朝当作君子人格共同体。

君子的价值偏好实在有点儿一厢情愿，只管描绘理想的政治蓝图，不管它符不符合现实政治的景观，这在小人政治的代表法家看来，便是别有用心，因为它要用理想来改变现实政治，用理念来改良实际权力，在王朝中国的体制内重启文化中国的本体。

小人只认一个中国，那就是王朝中国，他们对权力的正当性来源不感兴趣，但对掌握权力感兴趣。文化中国仅提供权力的正当性来源，而王朝中国却掌握王权，所以，他们反对一个王权之下文化中国与王朝中国共同存在，要把文化中国从王朝中撵出去，对于高扬文化中国的人格标志——君子，他们无情打击，对君子的政治文化——清议，则以“党锢”禁之。

君子政治文化被小人政治一而再地打压，使得君子政治人格也不断产生自我怀疑：为什么高尚的行动反而被认为是叛国之举？为什么爱国的动机反而成为压垮一代王朝的最后一根稻草？这样一问，我们就开始转型，从两汉问向魏晋，从清议问出清谈。

如果说清议是君子政治文化挥发，是君子政治人格矗立，那么清谈则超越了君子政治文化的篱笆，推倒了君子政治人格的高墙，从君子人格转向了名士风范。

君子与名士，汉人与魏晋人，是两个时代的人，更是两种人格类型。君子趋于政治，为经学塑造人格范式，名士则反思，转入审美之域，为玄学引导人性风范。君子人格是政治挂帅，而名士风范则审美优先，先要淡化政治，不是轻描淡写的淡化，而是上纲上线的淡化。淡化到什么程度呢？“非汤武而薄周孔”。连“汤武”都被“非”了，“周孔”也被“薄”了，在政治文化中，还有什么比“汤武”和“周孔”更为重要的呢？当然，同样重要的还有“尧舜”和“黄老”，但也被他们“别提了”。

魏晋人就是不一样，他们的榜样是老庄。从汉人的“黄老”里面，他们提取了不那么讲政治的老子，将他与自由化的庄子相结合，这样，他们的思想历程就从无为而治的“黄老”走向回归自然的老庄了，从《老子》中，他们又发现了一个思想转变的关键词——“玄”，使他们的思想从政治正确的经学转入审美优先的玄学，从名教回到自然了。

关于清谈起源，或曰起于东汉。其时，士厌经生常谈，欲弃章句之学，四方学者走读江山，游学于京师，游谈于太学内，辩经学，正名教，此为清谈风气开端。

而其思想来源，则比开风气还早。有人认为，太学生出身的王充所作《论衡》是清谈的一个思想来源。还有人跑得更远，从东汉跑到西汉，一直跑到扬雄门下，发现《太玄》是清谈的思想来源，因为清谈要谈玄学，而最早的玄学应该就是《太玄》。

这样看来，似乎很有关联，但仔细一看，就有问题。《周易》虽为“三玄”之一，却与《太玄》迥异，扬雄仿《周易》而作《太玄》，故其所作仍未脱经学范式，还是汉人格局。更何况《太玄》之学趋于“道数”，而魏晋《易》学指向“道理”，各有各的领域，不要因为都有一个“玄”字就认为它们一致，就把它们放在一起，即便它们同出于《老子》，那也只能表明它们在玄上同根共底，而不能作为清谈的思想源头。

清谈的范围很广，谈玄是其中一项。陈寅恪说《世说新语》是“清谈全集”，其中三十六门，没有一门是谈玄的，都是些只言片语的荟萃，收集了灵光一闪的行思，既能出人意表，又能发人深思，或多或少都有那么一点儿玄味，使言行流彩溢翠，就如同烧菜，总要放些许味精，令人回味，但没有长篇大论的玄思，也没有你来我往的思辨，连自言自语的问答都放弃了，也许它把清谈的过程都省略了，只留了个结果，被拿来一言以蔽之。

我们在战国时期齐人的隐语中见过相似的言行，诸如“此鸟三年不鸣，一鸣惊人，三年不飞，一飞冲天”之类的语式，就被《世说新语》装进了新的历史内容，故对清谈语式探源，当可上溯至齐人隐语。但这只是清谈语式的来源之一，最正宗的来源当然就是《庄子》。《庄子》中的庄子与惠施之辩，应该就是最高级别的清谈，魏晋名士的清谈，无论思想还是语式，根本都在这里，可以说，魏晋名士清谈是对庄子的一次文艺复兴。

而此前，黄老也好，周孔也罢，都是王权在倡导，国家在行动，都被体制化和意识形态化了，可庄子的兴起，是在体制和意识形态的门外，显然是个人在行动，是自我意识的自由表达，是王朝中国解体以后，文化中国摆脱王朝负担开始了新的自由化。

文化中国根底于玉文化，本质里带有玉的审美属性，以文化认同立国。当其与王朝中国结合时，其存在往往被一代王朝的主体性所屏蔽，而当王朝瓦解时，文化中国的本体性就开显出来了。王朝中国虽然国已不国，但无损于文化中国的边疆，这也就是东汉虽亡中国仍在的原因。三国时期，魏、蜀、吴鼎立，但依然具有统一性，这统一性便是由文化中国提供的。南北朝时期，用王朝的观点看，南北两个朝廷并立，可站在文化中国的立场上，中国还是统一的，因为文化中国还在，无非两个朝廷在争正统，在武力未能解决问题之前，正统性来自文化中国，一旦王朝形成以后，国家的正统性就被王朝中国代表了。所以，我们在中国历史上，能看到一个极为独特的现象，那就是，越是乱世，文化越发展。先秦诸子的思想标识，魏晋名士的人格风范，都是在王朝解体的乱世中确立的，它们是中国思想史上和文化史上两件最重要的东西，一件标志着人性解放，一件述说着人格独立，如同欧洲历史上的悲剧，古希腊悲剧是人性的悲剧，而莎士比亚的悲剧则是人格悲剧，先秦诸子思想当可视为人性之悲剧，而魏晋名士风范，亦当以人格悲剧视之。

魏晋名士崇尚老庄，把老子当作玄学的源头，以庄子为清谈的源头。

老子的影响从先秦一直到魏晋，从来不曾断过。春秋时期，老子影响过孔子，以至于孔子不远千里跑到他那儿去问礼；战国时期，又影响了韩非子，在秦国形成了一套“君道同体”的老韩思想；至秦汉时，又将“君道同体”的老韩思想发展为“无为而治”的黄老之学；而魏晋人则把“无为而治”的黄老之学发展为回归自然的老庄玄学。

对于魏晋人来说，“三玄”之中，老子和《周易》都曾经兴过，唯有庄子才是他们的新发现。这一发现，不是基于国体的需要，而是从个体出发，自发地走向庄子。

老子本人原非清谈中人，他可以成为清谈的对象，却难为清谈时代的代表，因为他是主张无言的，故其思想多诗化，而非论辩。庄子则不同，不但善谈，还善辩，这大概是春秋之士与战国之士的不同，有一定的普遍性，不光老庄如此，连孔孟亦如此。

春秋时代的孔子，曾经感叹“天何言哉”，到了战国时期，孟子就说“予岂好辩哉”，他已不得不辩了。可孟子之辩同庄子又有所不同，孟子是站在道德的制高点上，作民本主义的政教之辩，而庄子则站在个体性立场，为其自由之思想和独立之精神辩。

当国体瓦解时，个体无所归依的同时也没了束缚，却要自有个去处，于是，自我意识便觉醒了，从周孔之教里跑出来，跑到庄子那里去，以自然主义的方式去追求自由。自然主义是与国家主义、王权主义相对而言的，它们既有可能相反，也有可能在一定的条件下相成，并非全然否定的。但不管怎么说，自然主义的新文化出现了，表现为清谈和玄学。

这一跑，就从清议跑向清谈，从东汉末年跑到魏晋了。中间有个过渡阶段，此一阶段，清议未歇，清谈方兴，道德英雄主义一而再地受挫于党锢之祸，致使高尚不举而卑鄙流行。当“高尚成为高尚者的墓志铭，卑鄙是卑鄙者的通行证”时，君子已难容于世，而英雄便转化为小人了，君子英雄主义式微，小人英雄主义兴起，代表人物是曹操。

02

乱世英雄美学的兴衰

《世说新语》里提到曹操，可以作为小人英雄主义的代表。

《识鉴》门中，说曹操年少时，太尉乔玄赏识他，对他说：天下就要乱了，群雄虎争之时，能拨乱反正的人就是你啊！据说，乔玄还让曹操去走许劭的门路，许劭对曹操的评价是“清平之奸贼，乱世之英雄”，跟乔玄差不多，从此曹操便知名于世了。

《容止》门中，有“魏武将见匈奴使”一节，曹操自以为形象欠佳，不足以服远国，便请了位美男来替，他握刀旁立。接待完毕，曹操派人私下去问，曰：“魏王何如？”匈奴使答曰：魏王高雅，望之非常，然身旁握刀人，才是真英雄啊！闻此言，曹操派人追杀了使者。

《假谲》门中有好几条，其中一条言曹操年少，性喜游侠，曾同袁绍一起窥人新婚，潜入人家中，夜呼“有偷儿贼”，待家人都跑出去捉贼，他们便趁机而入，拔刀劫持新娘，然后逃出。后两人迷路，陷入荆棘丛中，袁绍左右为难，进退不得，曹操没施援手，反而大叫“偷儿在此”，袁绍一听，大惊，不顾一切地跑出来，才得以幸免。

由此三条，我们可见东汉末年风气转变，清议的道德标准沉底沦陷。曹操不以“奸贼”为耻，反以为荣，滔滔君子小人之辩，至此告一段落，管他是君子英雄还是小人英雄，只要是个英雄就行。对英雄的评价，可以不问是非，不管对错，不辨善恶，不用道德标准，不搞政治挂帅，唯以审美优先。

但审美也有等级，形美不如神美。曹操接见匈奴使者，自以为形美有欠，便找个替身，但他还是那么英气逼人，王者之神美飞矣，压倒了俊男的形美，这种帝王气象的反差，连匈奴使者都下意识地感受到了。再说做贼，也同样可以不论做贼是好是坏，却要比做得好与坏，连做贼都要做出审美价值，不能像袁绍那样狼狈，而要像曹操那样洒脱。

稍有法治观念，就该知道做贼是犯罪，尤其盗劫新娘，更是罪上加罪。至于曹操本人是否真有其事，已很难说，但就大体而言，似乎就应该是这么个样子，拆了名教的篱笆，就把英雄主义的犯罪美学和暴力美学都释放出来了，做纯自然的欣赏和观照。

《世说新语》就是这么做的。它是展示时代风气的一面旗帜，上面飘扬着“自然”二字。名教当然要分是非、对错、善恶，而自然却无此分别，人之所为和人之所欲的一切，都是自然，只要回到自然中去，一切分别都可以忽略。可曹操却没有回归自然的想法，他那蓬勃的人欲，还表现为“宁可我负天下人”的英雄气概，尚未能以名士风流化解。

人性悲凉之雾起于魏武，当他从一挟持新娘的游侠少年走向“挟天子以令诸侯”的乱世英雄时，我们不仅看到了一种冲决网罗的权力意志，还看到了一种充满率性之美的诗意，当其北征乌桓之时，东临碣石，观沧海而放歌，真乃美的歌者，天命战士！

东临碣石，以观沧海。
水何澹澹，山岛竦峙。
树木丛生，百草丰茂。
秋风萧瑟，洪波涌起。
日月之行，若出其中。
星汉灿烂，若出其里。
幸甚至哉，歌以咏志。

钟嵘《诗品》曰“曹公古直”。“古直”二字，如参天古木，语甚悲凉。古今王者诗，未有过于此者，刘邦天然，汉武率性，都不如曹公古直。一千七百年后的某一天，诗人毛泽东也到此一游，遇大风雨而咏：

大雨落幽燕，白浪滔天。
秦皇岛外打鱼船。
一片汪洋都不见，
知向谁边？

往事越千年，魏武挥鞭，
东临碣石有遗篇。
萧瑟秋风今又是，
换了人间。

一比较，就懂得何谓“曹公古直”了。所谓“古”者，以四言诗，为《诗经》体，所谓“直”者，将眼前景直接取来，当下即是。当其取景时，由近而远，由小而大，没有让自我意识跑出来调度眼前景，而是退隐到景里面，任其自发地显现天命本色。眼前，沧海沉静，静观天体运行，大放光明。诗尾，他的自我意识从辽阔而深邃的静穆里咏叹：幸甚至哉，歌以咏志。我要歌唱啊，多么幸运，我承受了天命！只此一声，便震撼古今，至毛泽东时，犹有余音，而思接千古，自铸新词。

但毛词却与曹诗不同，它一直在说，让自我意识跑出来说，这就不是“古直”一路了。毛词走宋人豪放派路子，如苏轼“大江东去”，从头到尾都在述说情怀。

毛词也写景，但他不取眼前景，而是取他要述说的情景，“大雨落幽燕”看似写景，其实那是一声喟叹，“幽燕”二字既指出了当下所在，亦述说着古往今来。“幽燕”不仅为地名，更是文化中国的一部分，在“司马迁线”

上，自有其悲凉的美学意味，加一“落”字，顿生沉郁，又以“白浪滔天”提起，而具抑扬之姿。

毛词谈古今，“往事越千年”，而曰“魏武挥鞭”，以其战徐州，取黄淮，驰骋拿下秦岭淮河一线；战官渡，定幽燕，收拾龙门碣石一线……从碣石归来，魏武快马加鞭奔向江南。然而，这一鞭，他却鬼使神差地抽在了自己的马腿上，一代英雄在江南失足了。这应了他在《短歌行》里的诗谶：月明星稀，乌鹊南飞，绕树三匝，何枝可依？其来也，鞭指云外，何等豪迈！其去也，魂销江南，仓皇北归。

归来后，他给自己封王，将最后一鞭抽向匈奴。最后的单于——呼厨泉单于被他召来，留在身边。剩下的匈奴残余分为五部，每部设一都督，由中央直属，“单于”名位从此被取消，立国四百三十余年的匈奴火炬，就这样被他彻底熄灭了。

他还想挥鞭——“老骥伏枥，志在千里，烈士暮年，壮心不已”。可他毕竟老矣——“神龟虽寿，犹有竟时，螣蛇乘雾，终为土灰”。他将天命的鞭子传给了儿子曹丕。儿子接着挥鞭，却没有挥向江南岸，而是挥向了“建安”。“建安”是汉献帝年号，就在曹操死去的那一年，曹丕终于篡了汉。

篡汉而立，虽然美其名曰“禅让”，但其合法性又究竟在哪里呢？于是，曹丕想起了洛阳太学，那太学岂不就是个权力合法性的来源？这来源可不能中断。可惜的是，自董卓之乱，太学连同整个洛阳城被一把大火毁了。大雅不作，国运沉沦，百废待举，维此为大，他要重启洛阳太学，先把文化中国立定。故其称帝后，便清理太学废墟，补石碑之缺，备博士员，招收弟子。

曹操出身于太学生，参加过当年的太学生运动，可他为什么没有复兴太学，而要等到儿子曹丕来做这件事呢？曹操挟天子以令诸侯，其权力合法性出自天子授权，无须为自己建立正当性，而曹丕自己做了皇帝，就不能不考虑权力的合法性来源问题。要解决这一问题，就必须回到文化中国去。复兴太学，就是树立文化中国的标志。

其时，魏、蜀、吴三国分争，王朝解体，但中国还在，作为三国的一个共同基础仍然具有统一性，那统一性就来自文化中国，而其标志曾为洛阳太学。所以，复兴太学不光是获得权力合法性来源的手段，还是确立国家正统性的手段，在实现国家统一性的战争中，可以从政治上抢得先机，并占据主导地位。那曹丕原本就是建安文学中人，素有文化中国的抱负，他开口尧、舜，闭口舜、尧，虽然意在篡汉，却偏要行尧、舜之道，采取禅让的方式，本着文化中国的依据，以太学来宣示。

在他之前，王莽禅让过一次，搞了个新朝，很快就失败了。跟王莽相比，他算得上一位成功者，虽然汉室中还有个刘备，以宗亲的名义不停地折腾，但再也不能像光武那样复兴了。曹丕的成功刺激了司马氏家族，曹丕以之对付汉室者，司马氏也用来对付曹家，以禅让的方式篡魏，尧舜之道反倒为乱臣贼子所用，比汤武革命好用得多。

禅让之后，又来扩充太学，晋武帝“廓开太学，广延群生”，天下响应，地域之广，“东越于海，西及流沙”，人数之多，应召及时而来者“万有余人”。当然，这还是曹丕那一套，也可以说是以其人之道还治其人之身。但禅让如刍狗，用了一把就扔了，他们谁也不会在制度安排上给禅让留个位置，他们只想让别人禅让权力，不想将自己的权力禅让出去。

不以制度来确立禅让的正当性，却以禅让方式来获得合法性，让世袭制穿着禅让的外衣出场，这就好比挂着羊头卖狗肉，那羊头就是禅让，而狗肉则为世袭。

这也许就是禅让的异化吧。异化的王朝寿命多不长久，王莽的新朝就不用说了，曹魏政权禅让自汉，可没过多久就被司马炎禅让了，晋代建立了统一王朝，为了防止被他人禅让，晋武帝分封了许多王，结果呢？武帝一死，就起了八王之乱，接着便是“永嘉之乱”，很快，西晋就亡了，它们都未能度过异化导致的合法性危机时期。

正是在异化中，英雄主义的建安风骨转化为名士风流的魏晋风度。

“建安”是汉献帝的年号，那个时期都是曹操在主导。在政权建设上，曹操搞了个与名教无关的实用主义的刑名政治，拆了名教的包装，将国家的本质——刑名拿出来用，使政治少不了血性，又充满了血腥；在文化建设上，则搞了个建安文学。

曹操本人虽是一代文豪，有些诗篇传世，但他留下的文章并不多，影响大的有《让县自明本志令》和《求才令》，前者为其辩解，其中提到，这天下若无他，还不知有多少人要称帝呢！所以，治国平天下还得靠他。后者有三篇，即求才三令。

第一令，即“唯才是举”令。他说，能与贤人君子共治天下，那当然是幸事，但那是可遇不可求的啊，可求者唯才，“若必廉士而后可用，则齐桓其何以霸世？”

第二令，他强调了“夫有行之士，未必能进取，进取之士，未必能有行”，而乱世则以进取优先，为此，他还举了陈平、苏秦两个例子，说陈平行为不端，却能定汉业，苏秦不守信用，但能济弱燕，求才不分君子小人，有用就行，使“士无遗滞，官无废业”。

第三令，他列举了历史上许多“负污辱之名，有见笑之耻”但都“能成就王业，声著千载”者，指出：求才，哪怕“不仁不孝”，只要“有治国用兵之术”就行。

求才三令虽未否定君子，但放了小人出来，大行其道，不管有德无德，只问有才无才，不过小人也要有英雄成色，要能治国用兵，替他打天下。

其实，对照曹操本人，他就是《求才令》的一个样本，他以自我为标志，为一个时代制定了人才标准，他要超越君子小人之辨，开辟出一个属于自己的英雄时代。

那样一个时代的兴起，非他一人之力。在他之前，已有王充《问孔》《刺孟》做了他思想解放的先驱，《论衡》里更有一篇《自纪》，早已发了“不仁不孝”的先声。不过，王充只是个思想者，充其量也只能影响其读者。可曹操就不同了，他以政令的方式将“不仁不孝”发布出来，并宣告天下，敢如此宣言者，唯曹操一人。

可那个时代，却随着他的逝去而逐渐消失了，“运去英雄不自由”啊！

接着上场的是他的接班人曹丕。曹丕一步步迈向帝位，就像玩麻将牌一样，他得盯着上家防着下家。上家是谁？当然是汉献帝，他得盯着。下家呢？便是他的弟弟曹植，他也得防着。在这样的盯防格局里，英雄难免气短，损了驰骋的马蹄，折了奋飞的鹰翅。

《白马篇》是曹植追随父亲征战的战记，是英雄时代的诗性标志，那英雄气概中洋溢着一个美少年的青春气息："白马饰金羁，连翩西北驰。借问谁家子，幽并游侠儿。"那游侠少年已脱了绿林刀客的习气和江湖浪子的率意，一出场就是一名驰骋疆场的国士，"长驱蹈匈奴，左顾凌鲜卑"，就像当年霍去病那样，战如电掣，征似风驰。

可就是这样一位"捐躯赴国难，视死忽如归"的少年战士，在兄曹丕的非难下，写出了绝望的《七步诗》。《世说新语·文学》里有这样一个故事，说曹丕要曹植七步之内作诗，且以刑法督之，曹植应声便为诗曰："煮豆持作羹，漉菽以为汁。萁在釜下燃，豆在釜中泣。本自同根生，相煎何太急？"当年白马游侠儿，诗酒风流美少年，竟落寞至此，那不仅是英雄在凋零，更是一个时代在落幕。阮籍喟然而叹曰"时无英雄，使竖子成名"。

那时，欧亚帝国俱往矣，丝绸之路上，罗马、安息、贵霜、汉朝四大帝国相继衰亡。然而，汉朝亡了，中国未亡，王朝中国解体了，文化中国高扬，四国中，唯有中国还在，如同当年四大文明古国的古埃及、古巴比伦、古印度都已消亡，而中国还在一样。文化中国有着很大的回旋余地，它不会随着一代王朝和一个国家的消亡而消亡，历史进入三国时期，但中国依然统一，那是在文化中国基础上的统一，显示着统一性的历史大趋势。

乱世英雄美学在历史的统一性中得到充分表达。曹操以官渡之战统一华北和中原，又以赤壁之战败退江南，其一进一退，一胜一败，都别具一副英雄情怀，都是对历史统一性的自我意识的表白。其子曹丕虽自称为帝，却无英雄主义与历史的统一性相契，其政治从战场转向宫廷，从指点江山转向玩弄权力，令英雄气馁，让小人得志。

这一时期，历史的焦点转向文化中国最美丽的名字——江南。

龙首石构件及局部，三国时期，高 49 厘米，全长 191 厘米，宽 33 厘米，河北省邯郸市临漳县邺城遗址铜雀台出土

曹操的邺城

公元 196 年，曹操迎汉献帝迁都许昌，汉献帝封曹操为司空，行车骑将军事，百官皆听之，为汉献帝建安元年。曹操开始为统一大业逐鹿中原，向东汉末年拥兵自重的豪强军阀们开战。建安九年（公元 204 年），曹操大败袁军，攻下冀州邺城，把自己的据点由许昌迁移至此，开始精心营建邺城，政令军务皆从此出，邺城成为曹操一路走向胜利的福地。

建安二十五年（公元 220 年），曹操还军洛阳，病逝在洛阳，遗令归葬邺城西郊高地，尊武皇帝，庙号太祖。

历史上关于曹操墓葬的传说很多，流传最广的是“七十二疑塚”，说曹操担心死后墓塚被盗，遂布谜塚七十二座。“七十二”并非确数，指代多数而已。多多少？有人夸大为 140 多座，反正都是传说，多少也就无所谓了。还有传说曹操本人就是盗墓者的祖师爷，说他为筹集军饷，设摸金校尉、发丘中郎将等官职，专门盗墓。据说芒砀山西汉梁孝王墓就是被曹操所盗。梁孝王刘

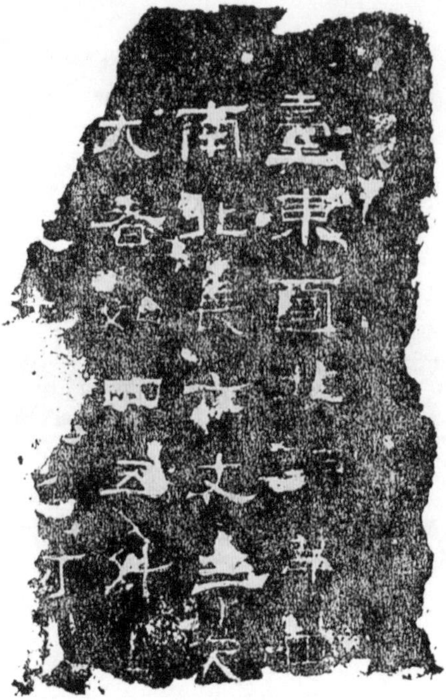

石刻残块，河北省邯郸市临漳县
邺城遗址金虎台出土

武是汉景帝的弟弟，生逢文景之治，富可敌国，生前没能坐上龙椅，死后葬制可比帝王。但是，传说终归是传说，据《三国志》载，曹操遗嘱薄葬，“无藏金玉珍宝”，并归葬他的邺城西郊高台。陈寿的这一记载比较符合曹操的人格。只是到了宋代，人们给曹操定性为奸雄，一纸盖棺论定，各种骂名纷沓。加上曹操墓不挖山造坟，亦不封树建陵，高陵渐趋荒凉，时间久了，人们只关注曹操在历史上的奸雄扮相，不再关注他的墓塚。直到2009年考古学界发现并发掘位于邺城西门豹寺以西的丘陵中的曹操墓，据邺城12公里，即今天河南省安阳市西高穴村。该大墓除了与文献记载接近外，还出土了将近200件陪葬品，其中“魏武王常所用”石碑与“魏武王常所用格虎大戟”是两件最有说服力的物证，还有墓室构造的级别亦与王者身份颇为匹配。当然，这些犹不能完全消弭考古界与历史学界的争议，我们期待更多的研究成果，使曹操墓谜团越来越清晰。

银缕玉衣（附玉枕），东汉，玉衣高 12 厘米，长 188 厘米，玉枕长 33 厘米，
安徽省亳州市董园村二号墓出土，亳州市博物馆藏

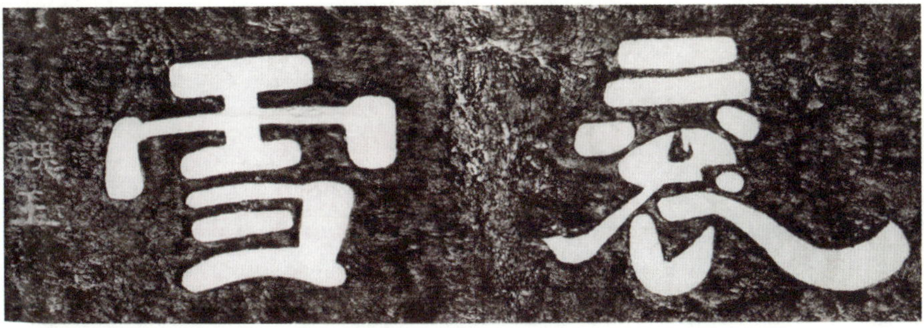

“衮雪”拓片，三国时期，高 70 厘米，长 181 厘米，
陕西省汉中市褒河出土，汉中市博物馆藏

银缕玉衣

银缕玉衣出土于安徽省亳州市董园村二号汉墓，玉衣共用 2464 块玉片，头部附玉枕。汉墓据考证为曹操之父曹嵩之墓。汉制皇帝用金缕玉衣，王侯公主用银缕玉衣。公元 193 年，曹嵩死于投奔曹操的路上，那时曹操还未挟汉献帝，还未定居邺城。其父穿银缕玉衣符合汉制。

玉杯，三国时期，高 13 厘米，口径 5 厘米，足径 4 厘米，河南省洛阳市出土，洛阳博物馆藏

陶耳杯，三国时期，长 11 厘米，山东省聊城市东阿县曹植墓出土

本色之美

本色之美，美于无声处。这只玉杯，和田玉琢磨而成，为三国魏器，出土于洛阳魏墓，据说是曹魏正始八年的器物。正始八年是曹魏第三任皇帝曹芳的年号。在曹氏父子中，这只洁白无瑕的玉杯，更像是美少年曹植的灵魂附体。那件陶耳杯出土于山东聊城东阿县鱼山镇鱼山村，与墓主人的气质颇为相配。对，这里是曹植墓。在中国文化中，曹植作为一名才华横溢的文艺青年，天真、纯粹、唯美，已经成为青春中国美少年的象征符号，尽管他死于王权阴谋，但青春总要成长。“衮雪”拓片原石刻在陕西省石门南褒河水中的一块巨石上，巨石俯瞰水中大小不等的石头错落，水浪冲击，如若“衮雪”。据传曹操过此地，触景而书“衮雪”二字。清代罗秀收进《褒谷古迹辑略》中，对“衮雪”二字评价道：“昔人比魏武为狮子，言其性之好动也。今见其书如此，如见其人矣。”关于曹操书法，史料多有记载，如《唐人书评》称“曹操书金花细落，遍地玲珑，荆玉分辉，瑶岩璀璨”。这是一种怎样的书境？不似一位征战沙场的君王，倒像一名身怀绝技的隐名士。

魏武诗都是眼前景，直接取来，原汁原味。曹植性情一如父诗，更如父书，率真不羁，瑶岩璀璨。

魏率善胡仟长驼钮铜印，三国时期，高 2.5 厘米，印面边长 2.2 厘米，故宫博物院藏

“魏归义氐侯”金印，三国时期，高 2.5 厘米，印面边长 2.25 厘米，黄金铸成

倭奴王金印，日本北九州博多志贺岛出土

曹操收编南匈奴以及与各属国恢复交通

中国一半儿的历史都写在大漠上。

东汉时，匈奴分裂，北匈奴西迁，南匈奴开始汉化。

呼厨泉单于想起祖母是汉家公主，匈奴贵族先世也多为汉朝外孙，便以匈奴皆刘姓而听命于曹操。他自己则在邺城里享乐，不思大漠。曹操将他所属分为五部，各立其帅，以汉人为司马监之。南匈奴被纳入曹魏政权体系，入籍所在郡县，被编户齐民了。

“有倭人”铭文砖，东汉，残长16厘米，宽9.5厘米，安徽省亳州市元玉坑一号墓出土，安徽省亳州市文物管理所藏

魏率善胡仟长驼钮铜印是曹魏赐给匈奴的官印，印文“魏率善胡仟长”，“率善”，嘉美之词，“胡”指匈奴，“仟长”为武官，以示安抚。大概以骆驼能行于大漠，开辟商旅，而在官印上制驼钮。驼钮印是东汉以后中原政权赐给西北少数民族官印的统一钮式，而南方少数民族则为蛇钮。

“魏归义氐侯”，阳文篆书，金质驼钮。氐族在三国时期生活在甘肃、四川一带，曹魏以怀柔政策羁縻氐族，颁发金印，承认该氐族首领为魏国王侯，附属魏国，该印现藏于甘肃省博物馆。

倭奴王金印出土于日本北九州博多的志贺岛。

“有倭人”铭文砖出土于安徽亳州市曹魏墓葬之元玉坑一号墓。据考证墓主人应该是会稽郡曹君，会稽郡是通往中国内地的港口。《三国志·魏书·乌桓鲜卑东夷倭人》条，记载了邪马台国女王卑弥呼向魏国派遣使者一事，这应该是东汉末年之事。

03

江南六朝开了头

中国有两条大河，一条是黄河，一条是长江。自西向东贯穿了黄土高原和华北大平原的便是黄河。而另一条，自西向东穿越巴蜀，形成江湖，至吴越而入海的是长江。

世界历史上，四大文明古国除了古埃及依托一条尼罗河及其流域，古巴比伦和古印度都在两河流域，古巴比伦居于幼发拉底河与底格里斯河流域，古印度居于印度河与恒河流域。而最大的两河流域莫过于中国的长江流域与黄河流域，唯有中国，用一条大运河把两大流域连接起来，将河北与江南连成一体，在两河流域之间的中原，形成了统一性的中国。

运河是中华文明统一性的伟大标志，其标记从吴太伯开始。吴越春秋时期，吴以运河攻天下，形成运河王国，同齐、晋争霸，结果被越人偷袭，半途而废。运河王国消失了，可运河的格局还在，还可以卷土重来。

运河之魂，由南而北，从江南漫游中原，在中原化作鸿沟。鸿沟凿于战国，是一条连结黄河与淮河两大流域的运河。有了鸿沟，黄淮流域水系就都能沟通了。这鸿沟可以说是运河王国的余音在中原地带的延伸，也可以说是中原王国跟着运河走，将大运河坐实了。

后来，几乎每一代王朝都要跟着运河走。至秦汉之际，刘邦和项羽在鸿沟对峙，相持不下时曾以鸿沟分楚河汉界，然后调转马头一起撤走。

可项羽一走，刘邦立马回头，又抢占了鸿沟，把握住中原枢纽。从此，刘邦以运河战，屡败屡战，却越战越强，而项羽则反之，虽百战百胜，却一败而亡。

汉初，中原水运仍以鸿沟为主。汉武帝时，黄河两次决口，河水漫流于鸿沟水系，并以泥沙湮塞之，黄淮水系交通遂为汴渠代替。汉代汴渠本是鸿沟水系北面的一条分支，因黄河泛滥，汴渠决坏，交通又断了。东汉明帝修汴渠，使河、汴分流，各归其道，东南漕运又经由淮水和泗水入汴渠，由汴渠转入黄河道，往洛阳去。

曹操与袁绍决战，率军出江淮故里，北上官渡，迎击袁绍大军，故先治睢阳渠，东起睢阳，疏浚古汴水和鸿沟水系，自浚仪（今开封市）凿新渠，引水西至官渡。此渠修成，曹军漕粮有济，以之战于官渡，而能大败袁军。

官渡之战，袁绍败亡，然袁氏一脉世居河北，源远流长，更何况其子尚在，其势犹强，曹操平定河北，仍以运河攻之。袁尚居邺城，曹操开白沟以攻之；袁尚投乌桓，奔辽西，曹操北征，又开平虏、泉州、新河三渠以攻之。曹操注《孙子》，知用兵如治水，开运河是“水因地而制流”，以运河战则“兵因敌而制胜”矣。

于河北地凿河攻敌，自曹操始。然曹操以运河战，不过“通渠积谷”而已，受制于地理条件，难以形成水师作战体系，更谈不上发展运河两岸与水战配套的生产和贸易，只是作为转运兵、粮之渠，其所以能出奇者，在于运河初凿不为人知。

后来曹操迁都邺城，又引漳水入白沟，开凿利漕渠。至此，诸渠纵横交错于山海之间，与原有河道相连，形成初具规模的海河水系。从治理鸿沟到开发海河水系，曹操以运河为纽带，将北方统一起来。

与此同时，江南也被运河统一起来，而统一者，据说就是孙武的后代。孙武伐楚以后就下落不明了，《史记》说是回了齐国。还有一说是孙武仍在吴隐居，因为《越绝书·吴地传》提到的“巫门外大冢”就是“齐孙武冢也”，连坟都在吴地，人还能跑哪儿去？他在齐、吴两地都留下了后裔，齐后裔是孙膑，吴后裔则一直到了三国时期才在刀枪林立的虎牢关下冒出头来，原来是江南那只虎——孙坚！

孙坚虎气，猛锐冠世，讨董卓，他迎头一击，却不容于中原政治，只好旋踵而去。过荆州时，他遇刘表伏击，遭了暗箭，死后留下四儿一女，虎儿孙策年方十七，孙权年方十四……当年吴越旧地重归孙策，曹操叹曰：“狮儿难与争锋也。”

官渡之战方起，孙策一度虎视眈眈，欲趁机取中原，曹操视袁绍如阿堵物，对此虎儿却不敢小觑。还是郭奉孝有主见：此儿太虎，必遭人暗算。果如是言。

孙策临终时一息尚存，于卧榻前叫来孙权说：“举江东之众，决机于两阵之间，与天下争衡，卿不如我；举贤任能，各尽其心，以保江东，我不如卿。”孙策死后，曹操才敢放手发动官渡之战，一举击破袁绍。而孙权则不再走“与天下争衡”的老路，而是退而求其次，经略吴越旧地，“以保江东”一隅。

孙氏一门，起于富春，东邻会稽，地属吴郡，自淮上归来就设治于吴。当时，吴郡治所在太湖流域，依旧还是苏州，为了便于与黄祖作战，迁至丹徒。丹徒即今镇江，春秋称朱方，战国称云阳，秦称丹徒，汉因之。据说始皇至云阳，望气者言，此地有天子气，故“使赭衣徒三千人凿长坑败其势，改云丹徒”。“赭”，丹也，“徒”，囚徒也，“长坑”，运河也。看来，秦始皇帝瞄准了整个宁镇山脉下手，于宁、镇两地分别凿穿了钟山和云阳山，在宁地以秣陵取代金陵，在镇地以丹徒取代云阳。

“长坑”之水北起丹徒，往南去，又“截直道使曲”，故称“曲阿”——今丹阳，然后，水向东南，与伯渎河相连，达于吴都，通百尺渎——《越绝书·吴地传》中记秦始皇“治陵水道，到钱唐、越地，通浙江”，这便是江南运河。顺着这条河道，孙权迁吴都至丹徒，于丹徒山上筑都城。

《尔雅》曰：“丘绝高曰京。”丹徒城凭山临江，故号“京城”。诸葛亮使吴，过金陵，曾夸曰：“钟山龙蟠，石城虎踞，此帝王之宅。”不久，孙权便迁都于秣陵，于是“京城”改为“京口”，“秣陵”改为“建业”。

在风水学里，起名字很重要，有时改一个名字，亦相当于一次革命。金陵是生金的，有王气，秣是草料，喂马的，而秣陵，也就是长草的山，不再生金了。东吴迁都，哪能迁到只有草的地方去呢？免不了又要来一番革命，因而改名“建业”。

吴以建业为中心，经营东南王业，何焯《义门读书记》卷二八曰：“城石头以备陆，作濡须以备水，然后建康势壮。”突出了石头城和濡须水的战略地位。

吴倚长江之险，其屯兵据要虽在江南，而拒敌却在江北。建业往北有秦淮河入长江，至江北，有巢肥运河和邗沟，一左一右沟通江淮。由建业渡江，吴师多入濡须水，与曹军争夺巢肥运河。《史记·河渠书》提到的楚鸿沟即指巢肥运河，巢是巢湖，肥指肥水，在淮河以南，与淮北鸿沟迥异。

肥水两支皆源于鸡鸣山，一支向东南流入巢湖，再由巢湖经濡须水入长江；一支向西北经芍陂由寿春流入淮水。人言芍陂乃楚庄王时所开，当年楚师略吴即走此道。曹操再攻吴，也由此道下濡须水。濡须水，出于巢湖，往东流，过濡须山、七宝山，两山夹峙，有石梁横阻，凿石通流，其势至险乃东关口也，水出关口，入长江。

吕蒙守濡须口，欲立坞以备不虞之战，孙权曰：善。遂做濡须坞。其时，操军居七宝山，欲以十万之师寇大江，而孙权守濡须山，“武侯谓曹操四越巢湖不成者”，以“濡须正扼其冲”，而吕蒙筑坞以拒之也。曹操引军来时，瞧那孙郎，坐镇坞上，叹曰：“生子当如孙仲谋。”而孙郎却回复：“春水方生，公宜速去。足下不死，孤不得安。”曹操见了这十六字，觉得长江后浪推前浪，居然也就打道回府了。

除了用濡须坞控扼巢肥运河，拒敌于江北地带，孙权还开了一条新运河——破冈渎，用以沟通太湖和秦淮河流域，使三吴之地成为建业可依托的根据地。

破冈渎在茅山以北，宁镇山脉以南，两山之间连有一冈。冈上有两条小河，一条西向，流入秦淮水，另一条东向，流入丹阳运河，破了此冈，使二水相连，沟通秦淮和吴会，就是破冈渎。破冈渎，中间高，两头低，经沿途上下十四埭，才能行船至句容，再下航方山，经秦淮河入城，走运渎，入吴宫。

方山是破冈渎终点，山南筑埭，埭为河坝。过埭，七上七下，须以人畜牵引，层层提升，所以舟行不易。据说，秦泄金陵王气还有一手，即凿方山。有人以为凿方山开通了秦淮河，其实，那是想当然的一说，本为“南辕”——向南去，却做了“北辙”——秦淮河。向南去，开了破冈渎，《资治通鉴》梁中大同元年六月甲子条胡注曰：“破岭，……秦始皇所凿，即破冈也。”有人问，其时能否通船运？事实上，它只管泄王气，何来船运一说！老和尚打伞，无法无天地破，破了怎么着？有人接着来做。可不，孙郎来了！命校尉陈勋率“屯田及作士三万人”，凿穿句容中道，立十四埭，开了破冈渎，“通吴会船舰”，把苏州和会稽连接起来。

此渎一开，并非如《吴录》所言“故船行不复由京口”，而是两水并用，各行其道。破冈渎很可能是一条专用航线，除了军用和官差用，还要向吴会士族行方便，示以吴会为本，使建业政权在吴会之地生根。至于商旅航线，依旧还是走京口，溯江而上，至于建业都下，如走破冈渎，行程虽短，但以人、畜牵引，会增加很多成本。破冈渎这一线，其实是一条地缘政治线，有了这条航线，就方便了吴会士族支持建业政权。

后来，孙权跟刘备争荆州，建业距荆州水路遥遥，孙权为就近指挥，故常驻中游一带，甚至曾一度驻陆口，而赤壁就在附近，吕蒙袭取荆州后，刘备对吴宣战，促使孙权备战于鄂州，以“武而昌之”名之曰“武昌”。鄂州，古武昌，在江南岸，隔着樊川，对今武昌。吴水师居樊口，可经由樊川出入于长江和梁子湖，赤壁战时，孙、刘联军曾屯于此。

蜀汉以倾国之兵来争荆州，而孙权则以备战为由迁都于鄂州，迁徙建业豪族大户上千户，人口数万，充实鄂州，示以东吴全国之力抗战，与蜀汉对决。

陆逊率吴军拒蜀汉于夷陵，以前线兵力而言，吴为劣势，若加上鄂州后备，优劣之势就逆转了。战争结局，别说陆逊胜了，若败了，吴以鄂州战略后备队投入战斗，胜负亦可预料，更别说以建业战，还有京口、吴会了，其纵深战略非蜀汉所能穿透。因此，夷陵之战吴以必胜之势胜了刘备，巩固了荆州地盘。

随后，孙权又在鄂州经营数年，自觉天下无事，而他已大功告成——以赤壁一战“保有江东”，以夷陵一战彻底占有了荆州。连曹操和刘备都被他打败了，其功业已胜于魏之曹丕，遑论蜀之阿斗。他忍不住了，也想当皇帝，就在鄂州登基了。

可吴会士族们都不干了，他们对建一个王朝感兴趣，对定都鄂州则坚决反对，表示“宁饮建业水，不食武昌鱼；宁还建业死，不止武昌居”。这态度很坚决，因为东吴政权的基础毕竟还是吴会士族，把王朝建在鄂州，离他们的根据地太远了。为了争荆州，他们可以跟着来鄂州，荆州一旦搞定了，他们就要回到建业去。

孙权无奈，只好回到建业称帝，进行王朝建设。从此，东吴政权就陷入王朝政治的旋涡而蹉跎。王朝政治的核心是立太子，谁抓住了太子，谁就把握了王朝的命根子。因此，以太子为中心，以外戚为半径，在王朝里划圆，划出了许多政治集团。江东那一双碧眼忽然发现，争夺王朝比争夺天下还要凶险。未有王朝以前，东吴政权还可以向外发展，自从称帝以来都忙着窝里斗了，对外只好敷衍。

好在魏国也在敷衍，司马昭之心路人皆知，就等着禅让那一天。三国之中，只有诸葛亮在折腾，七出祁山，舍近求远，谁都知道，那不是战略，而是自了。

对外用兵，那是输毒于敌，泻了国家的火气，免了自相残杀。你想想看吧，让诸葛亮在朝廷上侍奉阿斗，两人都别扭，他带兵一走，两人都自由。他比我孙权的日子好过，最起码，他不用考虑立太子，可以鞠躬尽瘁，死了就算了，一了百了。而我的整个家族都被王朝化了，为王朝承担无限责任，王朝垮了，我的整个家族都要赔进去。

我现在不是在争天下，而是要保家。一保家，我就发现，祸在萧墙之内，不在萧墙之外。争天下时，大家一齐往外打，我很豁达；一旦要保家，我就不能不对内，一对内，就变得多疑了。我发现，人人都在围着太子转，争夺太子，都在打我家的主意，连陆逊也口口声声要保太子。太子是什么？是我的儿子！跟他比跟我还亲，那是什么意思？

为了整个家族的利益，我必须放下骨肉亲情，抛开君臣道义。

不管家族利益，只顾自己，这样的儿子，我不要了；不管我家利益，只顾自家利益，这样的臣子，我也不要了。想当年，我在鄂州登基，内心深处还充满了进取中原的壮志，可他们谁也不跟我去，怕离家远了，那还不是考虑他们自家的利益？

两个儿子你争我夺，结党营私，他们都受制于人，都得死！

陆逊是我逼死的，我让他眼睁睁地看着他身边的人一个接一个地离去，死去，因他们而着急，而焦虑，而无能为力，我想让他来求我，让他明白，他是我的臣子。可他没来，抑郁而死。死了就死了，反正人都得死，我早晚也要死，但决不抑郁。

放着襄阳不取，偏要在鄂州登基；放着武昌鱼不食，偏要回来饮建业水。建业水难道真的是祸水，泄了我身上的王气？我兄孙策，开创江东基业，我为什么不尊他为帝，偏要谥他个不伦不类的什么“长沙桓王”呢？除了对人多疑，我还会妒忌。

我兄孙策死时，那么美，才二十六岁，他是带着美去死呀！

可我还在活，活成老不死了，还想活，不为自己活，为王朝活。

我都搞不清楚自己为什么活了，总之我就想活，为了我的王朝，我活一万年都活不够，但我就要死了。

不久，他真的就死了，可怜江南六朝被他这样开了头。

三体石经《尚书》《春秋》残石，三国魏正始年间，高 112 厘米，厚 14.8 厘米，宽 46 厘米，每碑皆用古文、小篆、汉隶三种字体写刻，故名三体石经，河南省洛阳市出土，中国国家博物馆藏

三分天下竞自由

古往今来人道尽，三国权谋兵计，街头巷语，茶余饭后津津，堆垒如赤壁。如今未了犹意会，纸媒、网媒喋喋，商计、政计、战计……用计不问理由，甚至超越道德法律，杀伐酣畅淋漓。审美呢？英雄放达诗意，枭雄率性不羁，更有美少年纯真矣！自由呢？像神一样俯瞰，大地分裂，却有新力量的元素崛起；历史裂变，自由在驰骋中流动着美的韵律；割据在自治的原色中，必因竞力而带来多元的浓彩。悲悯呢？千里无鸡鸣，白骨露于野。敬诗意，悲天悯人方知史。历史除了用计，还有美善，所以历史更需要审美。三分天下竞自由，三国为江南六朝之美开了个好头。孙吴居江东，才有苏东坡笔下的千古风流人物，属“周郎赤壁”。三国中，曹魏在北方屯田发展经济，孙吴在江南经营鱼米之乡，唯独刘蜀诸葛只道用计，依赖天府之国供养，却无长远建设规划。

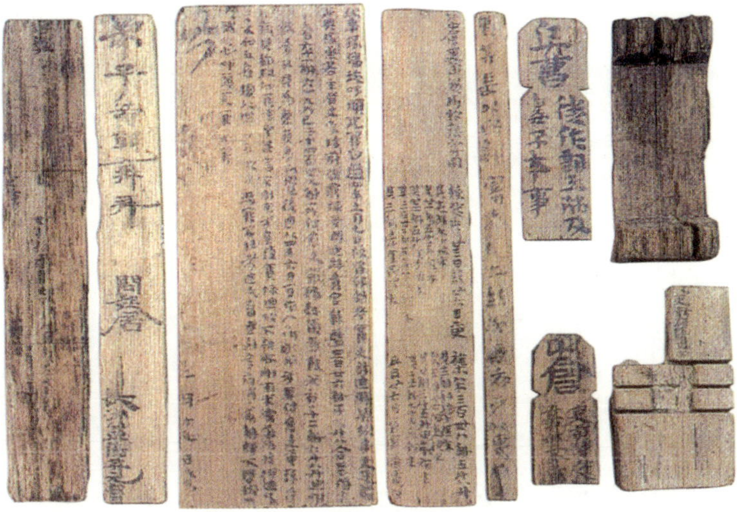

三国孙吴简牍，湖南省长沙市走马楼 22 号井出土

三国孙吴简牍

长沙市走马楼古井窖遗址，属于孙权占据荆州后，长沙郡府及其治所临湘县，也是吴国大将步骘的封地临湘侯国，该遗址出土了简牍档案 10 万多枚，约 150 多万字，超过《三国志》总字数，涉及赋税户籍、钱粮调拨、军民屯田，以及米、布、钱、皮、豆为缴纳赋税目等。还有一些高级将领的信函、礼单、名刺。字体漂亮，楷、隶、行、草俱全，是研究三国孙吴社会、经济的珍贵史料。这样一批“简牍贵族”，因战乱藏于井窖。

青瓷灯，三国·吴，高 11.5 厘米，灯盘底面刻有“甘露元年五月造”字样，江苏省南京市出土

04

天下英雄谁敌手

当年，辛弃疾寄寓江南，登上北固山。

那山不高，海拔才五十多米，却因长江而雄伟。

唐人刘禹锡之《陋室铭》曰“山不在高，有仙则名”，在此，也可以改为“有江则名”了，何况是长江，所以，不妨称它为“天下第一江山”。而另一句是“水不在深，有龙则灵”，若以“史”为“龙”，就可以改为“有史则灵”了。历史必附着于江山，其精神才得以开显，从而显出壮丽本色。子在川上曰“逝者如斯夫”，即喟叹于史也。大江日夜奔流，流的是历史的本质，而非遗迹。至于散落大地如星罗般的遗址，虽亦可观，却为史之余。

故读史当有江山之助，而知史者，亦自有其一段山河情怀。想当年，辛弃疾在北固山上那一声长叹，便将无边落寞的英雄情怀洒落江河，滔滔东去：

何处望神州？满眼风光北固楼。
千古兴亡多少事？悠悠。不尽长江滚滚流。
年少万兜鍪，坐断东南战未休。
天下英雄谁敌手？曹刘。生子当如孙仲谋。

千古兴亡，作江山一叹，三国往事如烟云，一言以尽：天下英雄谁敌手？

曹刘！生子当如孙仲谋。为此言者，当具史家眼力、词家笔力和英雄腕力。而这就是“醉里挑灯看剑”“可怜白发生”的伤心人辛弃疾。

天下英雄谁敌手？曹刘！“刘”是用来押韵的。作为韵脚，没有比“刘”更好的了；可作为曹操的敌手，刘备还不够格。虽然打着汉室的旗号，刘备其实更像是江湖中人，“桃园三结义”那一套便是江湖上的玩法，刘备更像是哥老会的祖师爷。

在《三国演义》里，刘、关、张都是草根，这三位没有一个是士林中人，不像曹操是太学生出身。他们的影响不在士林，而在江湖。刘备打草鞋卖，却自称是皇室血脉，这在政治上很重要，曹操“挟天子”抢了先手，他用皇室门票做流寇。

没有靠山，就拉山头；没有地盘，就挖墙脚，谁让他是刘皇叔呢。他曾在曹操门下挖了曹操墙脚——关键时刻拉走了一支曹军逃之夭夭，逃到声势浩大的袁绍那里，去鼓动袁绍击曹，见形势不妙，又逃，投奔刘表。

刘表也是皇室血统，把他安顿下来，让他屯兵新野，要他对付曹操。他思前想后，这才发现，自己之所以难成气候，是因为他的集团里没有读书人。他打草鞋出身，自己就不是读书人，“刘项原来不读书”，他也不读书。没有读书人怎能号召士林？没有士林支持，就难有立足之地。你看江东孙策，一个才二十来岁的毛头小子，拉了名士张纮、张昭入伙，很快就在江东立足了。曹操就更不用说了，他本来就是士林领袖，士林中人都跟他走。光有皇室门票显然还不够，刘备大半辈子都过去了，还在做流寇、挖墙脚、拉山头，格局越来越小，挂靠在别人屋檐下，难免矮一头。人有愧，天知否？

诸葛亮入伙其实跟落草差不多，但他看好刘备的皇室门票，有了这张皇室门票，就有机会夺取荆州和益州，这是天下最后一块大蛋糕了，要把它们都吃掉。他隐居隆中，就惦记着向这块大蛋糕下手，他也需要一个合作伙伴，刚好刘备来了。他已经知道，刘备虽然是个流寇，却也在觊觎荆州，于是乎，两人联手。

刘备三顾茅庐才见到了诸葛亮，请诸葛亮来入伙，诸葛亮拿出了一个方案——“隆中对”，劝说刘备从走江湖转向打天下，从机会主义的挖墙脚转向三分天下战略。

在诸葛亮看来，有皇室门票就能叫开荆、益大门，还有可能鸠占鹊巢，将它们都据为己有，一旦拥有荆、益二州，就不但能三分天下，还可以两路北伐。

刘备走哪儿吃哪儿，从未有过这么大的想法，他的习惯是在别人的地盘上拉山头，在别人的屋檐下挖墙脚，居一隅之地足矣，这也是他的江湖信誉——主人看家护院，从不觊觎东家内室。他从未想过做鸠，将鹊巢占了。

他流离，却还能混下去，就因为在江湖上讲义气，守规矩。

可这是走江湖，不是打天下，要打天下还真得转换一下策略。再说，你不打天下，让诸葛亮出来，一起走江湖，他干吗？

隆中对策其实是个意向，你接受了，他就来入伙，你不接受，他就去跟别人合作，若真想“躬耕于野，苟全性命于乱世”，他还号称“卧龙”干什么？

刘备对诸葛亮说的有兴趣，但他更着急的是要解决眼下的问题。

他要解决什么问题？刘表死了，荆州内乱又起，要想自立于荆襄之地，就要得到荆襄士族的支持。诸葛亮是士族代表，隆中对策代表了荆襄士人集团的共识。刘备要想立足荆襄，就得接受这共识，在此基础上结成共同体。因此，隆中对策就其后来影响而言，虽不失为一个伟大的地缘政治战略，但在当时却是一份刘备集团与荆襄士人集团合作的可行性方案，它要求刘备集团不仅要按照隆中对策制定发展战略，还要将政权的基础转到荆襄士人集团中来。

而与荆襄士族寻求合作的，不光有刘备集团，还有孙吴集团。

鲁肃和甘宁都向孙权谈了与隆中对策相似的观点，但他们说的，是基于东吴的地缘政治，非以荆襄为根本。荆襄士族东连孙吴，早在刘备三顾诸葛亮以前，而提出来，是在隆中对里。荆襄士族和吴会士族联手抗曹，使整个江南结成了统一战线。代表荆襄士族的是刘备政权，代表吴会士族的是孙吴政权，而孙、刘之代表，“一时瑜亮”也。

赤壁之战乃老英雄对决美少年。有周郎在，何惧魏武挥鞭？老英雄为统一中国而战，然老骥伏枥，月明星稀，已力不从心矣。而羽扇纶巾美少年，为自由战，谈笑间，春风又绿江南岸，千帆竞发，展开万顷江山画卷。

亮亦美少年，当其初出茅庐，指点江山，青春风采，堪与周郎比肩。“一时瑜亮”，本为美谈，后人附会，竟成恶言，“既生瑜，何生亮”乃小说家之戏言。我民族爱读三国故事，尚其智，而不知其美也。尚其智，则爱用计，“一时瑜亮”成了用计文化的代表，由此而演绎出瑜亮斗智，亮计胜而瑜计败，遂有“既生瑜，何生亮”那千古一叹。

古今善读《三国志》者，非罗贯中与苏东坡莫属。罗贯中之三国乃用计之三国，而坡老之三国则是审美之三国。审美之境界为史家形而上的法眼，坡老于此可谓独具法眼。此眼，非于江南得江山之助而读三国者不能开也，非有禅悦之心灵而具历史之美感者不能开也。以此言之，一曲《念奴娇》可抵一部《三国演义》，词曰：

大江东去，浪淘尽，千古风流人物。
故垒西边，人道是，三国周郎赤壁。
乱石穿空，惊涛拍岸，卷起千堆雪。
江山如画，一时多少豪杰。
遥想公瑾当年，小乔初嫁了，雄姿英发。
羽扇纶巾，谈笑间，樯橹灰飞烟灭。
故国神游，多情应笑我，早生华发。
人生如梦，一尊还酹江月。

江山如画，渐次展开，“一时瑜亮”登场。后来，罗贯中将“羽扇纶巾”的周郎换作了诸葛亮，使诸葛亮一出场，必是“羽扇纶巾”，模样、行头酷似周郎。

坡老读三国，知其美也，笔下遂有“羽扇纶巾”之周郎；罗氏读三国，尚其智也，在“且听下回分解”中，缔造了又一个“羽扇纶巾”之老谋深算的诸葛亮。有此一雅一俗之“羽扇纶巾”，“一时瑜亮”就变成了千古瑜亮。

然俗文化之弊，其弊在向下，有一种下行的价值取向。从雅文化里“羽扇纶巾”的周郎，下到俗文化中“羽扇纶巾”的诸葛亮，再往下去，“羽扇纶巾”的书生形象就变成“摇鹅毛扇子的狗头军师了”。鲁迅批评罗贯中“状诸葛多智而近妖”，过度炫智反而巫化了智慧的化身，倒不如有缺点的周郎，其智有限，其美无疆。

读《三国志》，先要读坡翁“大江东去”，放下智，去体会美。

坡翁以江山美人为背景，用“羽扇纶巾”为周郎造型，成一唯美范式；罗则“三气周瑜”，为三国确立了炫智模式，顺便取走“羽扇纶巾”，拿去做了诸葛亮的装饰。

坡翁读三国，唯美也，罗氏读三国，炫智也，笔者亦读三国，愿随坡翁“故国神游”，跟着美走去，走向江山美人，不带“羽扇纶巾”，只是作为原本的人去。

让我们到良渚去，去问一问丝和玉，至虎方处，摸一摸青铜器。

周郎那个美呀，美在丝玉气质，美在青铜体魄，美在那一身虎气。

曹操来了，旌旗蔽日，席卷荆襄之地，老英雄不可一世，可周郎却道他自来送死。曹操曾言“狮儿难与争锋也”，那“狮儿”孙策虽死，却有虎郎周瑜在此。

虎郎，虎踞柴桑，那柴桑啊，一直连着赤壁，都是原来的虎方。“一虎一鸟”醒了，它发现曹操——当年的武丁又来了，便化作周郎，横空出世。周郎就是虎郎，虎郎打败过武丁，周郎要打败曹操，天命如此啊，顺理成章。

周郎那一啸，还有项羽那一吼，人在锦绣江南，却被虎气激荡了。

曹操战无不胜，因为他是最伟大的兵法传人，而周郎却超越了兵法，以美用兵，如王羲之用笔，以美的理念和美的方式表现自由意志。天地之利，山河之势，四时之变，都被他拿来用，兵行于天地间，为自由而战，亦以自由战之，自由者天下无敌。

水因地而制流，故水之形势最自由，夫兵形似水，用兵也要自由。长江，大水也，一句“大江东去”，便将三国之魂吼出。曹操战于长江，故以长江为天堑，用兵为长江所限；周郎以长江战，所以长江如百万兵，站在周郎一边。

当年，吴王夫差曾以运河战，而周郎则今以长江战，皆为水战经典。古往今来，战于长江者，不可胜数，能以长江战者，唯有周郎而已。以长江战者，要能安居其水域，深知其水性，得其乘长风之水势。

所谓“水势”，不是一句“顺流而下”可以道出的，当知其远近、广狭、险易、深浅，以及江水与湖泊吞吐、主流与支流往来之复杂水系，乃至其与两岸山势相应、沿江港口分布、峡谷相连及出入处，皆能因地制流，将流域融会贯通，加以综合运用。

所谓知“水性”者，即水师行止，须知水量盈亏、水域增减、水流缓急；水师立营，当得其生源，避其死域，要汛期防洪，高温防疫……而曹操，不习江南水性，不懂长江水势，而贸然战于长江，故周郎曰：“北人不习水战。”对于胜负，早就做了宣判。

经此一战，老英雄时代告退，“一时瑜亮”并起，成为江南六朝先驱。

而刘备虽不能以长江战，亦知水主财也，乘机施展其挖墙脚之故技——借荆州不还，迈出“跨有荆益”第一步。这一步，得到了荆襄士族的认可，于是，刘备又要迈出第二步——取益州，这是“隆中对”里定好的，所以，刘备又得到了荆襄士族的支持。为此，荆襄士族集团又给刘备派来了一位军师——庞统，且对庞统大加吹捧，说庞统和诸葛亮，得一人就可以定天下，而他们居然为刘备集团贡献了两人。庞统随刘备入蜀，诸葛亮坐镇荆州，那是刘备最风光的时候。荆襄士族踌躇满志，就等着刘备给他们去摘“隆中对”里的果子。可没想到，刘备借机又挖了一手。

起初，刘备率军入蜀，路上很顺利，一如诸葛亮所料，皇室门票很重要，益州牧刘璋也是皇室，让刘备一路顺风进了益州。刘备以皇室门票入蜀，说是要助刘璋攻打张鲁，等刘璋给了他钱粮后，他却调转马头去打益州，这回他不再江湖，打天下就要登堂入室，把个鹊巢占了。

可益州不是任你随便打发的土豆，原以为马到成功的事情，却在半途中了埋伏，落凤坡前倒下了那位凤雏先生。死得蹊跷吗？没人问，谁叫他自号凤雏，却又来到落凤坡前？庞统是个高傲的人，死了，还眼高于顶，就那么稀里糊涂地死了。

刘备立马调来诸葛亮帮他取益州。从军事上来说，这是否真有必要？暂且不论。不过从政治上来说，他把诸葛亮从荆州挖走，这一手“挖”，却真的很重要。

庞统一死，荆襄士族措手不及，诸葛亮一走，他们在荆州就没了代表。关羽辖荆州，既不东连孙吴，也不依靠荆襄士族，两面宣战，一副吃独食的派头。

刘备要独吃荆州，这促成了荆襄士族与东吴再次联手。这回不是抗曹，而是讨刘。人言“关云长大意失荆州”，其实小心又如何呢？一样失荆州。“大意”二字总还有一番心情在，让后人凭吊出豪迈，沉痛之余，留那么一点儿痛快，让命运来做悬解。

为了与荆襄士族联手，孙权迁都鄂州，先以吕蒙袭取荆州，又以陆逊打败刘备，其间胜负之关键在于战场背后那只看不见的手——荆襄士族的取与舍。当年，孙刘争夺荆州，刘备得荆襄士族支持，连周瑜都不敢来硬取。可一旦失去荆襄士族支持，即便是“吴下阿蒙”略施小计，亦能一战而取之。想当年，曹刘战于荆州，刘战败，可荆州之民拖家带口跟他走，为什么？他本是刘表门下一走狗，能有这么大号召力？其实全靠荆襄士族那只看不见的手。本来，胜败乃兵家常事，而关羽当其所向无敌时却难以进取，可他一败，便有城难据，仓皇出逃时又有几人跟随？如此沉浮，也源于那只看不见的手。

正是那只手支配了荆州，刘备放下那只手，就已失了荆州。因此，失荆州的是刘备，而非关羽，不是关羽大意失荆州，而是刘备机关算尽失荆州。刘备行事，手腕长而见识短，能抓眼前利益，不顾长远安危。

刘备那一挖，挖走了诸葛亮，以权术论，似乎妙不可言，以战略论，却蠢到了极点。他以权术赢了荆襄士人集团，却在战略上把关羽推向死亡边缘，只好军事冒险。

关羽冒险还不够，他还接着冒险，不顾国力发动攻吴战争。此战，诸葛亮反对，赵云也反对，可刘备铁了心要战。他为什么要战，而且倾城倾国地战？明摆的理由大抵有两条，或为关羽复仇，或要夺取荆州。

有理由的战争是可以理解的，其结局多半也有限，如以理由为借口，那就另当别论了。最可怕的战争，是为战争而战争。以战争为目的，刘备就是如此。观其一生，一打草鞋，二打仗，后来草鞋不打了，专门打仗。

刘备集团从未有过像样的政权建设，在隆中对以前，甚至从未有过发展战略，“跨有荆益”以后，他也不去建设，却忙于用计，因为打仗需要用计。

用计，是刘备集团的核心竞争力，“跨有荆益”靠用计，统一天下也要靠用计，用计是单纯的军事观点，以用计代替综合实力竞争，会走向军事冒险。

用计本来是在人性幽暗处玩雕刻，把它拿出来放到光天化日下，让幽暗的玩意儿成为文化，应该说这是罗贯中的《三国演义》误导了中国文化。刘备用计，或以仁义为饰，难免于扭曲，而诸葛亮用计，或以忠义为本，使阴谋也会感人。《三国演义》崇尚用计，诸葛亮便成了中国用计文化的圣人。

然而，治国之本，究竟是用计还是建设？当然是建设。国家建设，包括国土建设、国防建设、制度建设、民生建设、文化建设，以建设增强综合国力。

在建设方面，刘备跟曹操没法比，曹操治理鸿沟水系，开发海河水系，以治水经营国土，以治水发展经济，以治水实现统一；跟孙权也没法比，江南六朝由孙权开了头，立京口，居建业，迁鄂州，东南半壁由此而连成一体，因之而“武昌”矣。

夷陵之战后，魏、蜀、吴三国已进入相持阶段，曹魏和孙吴都忙于建设小王朝，唯有诸葛亮还用兵不休，可怜他六出祁山，问天下英雄谁敌手？没有！

周瑜死了，曹操也死了，当年赤壁之战风云际会的英雄，就剩下他和那位“安得弯弓似满月，亲射虎”的孙郎，而孙郎的目光也早已从战场转向萧墙。连他唯一的对手司马懿也高挂免战牌，不跟他玩了，因为司马懿发现，他逃避于战场，不想回去呀！战胜他的最好手段就是不跟他战，让阿斗去对付他。

孙子曰：“不战而屈人之兵，善之善者也。”故司马懿抱定不战。

诸葛亮派人送来礼物，他打开一看，是一套女人首饰，笑他畏战，如弱女子。旁人看了生气，他反而欢喜，用计都用到这份儿上了，可见诸葛亮已无计可施。

于是，他放下了身段，亲问来使：你们丞相，他饭量如何？

哈哈，他吃得不多，那就让他多多保重自己的身体吧。

使者回去如此这般一说，诸葛亮听了，就吐了一口血。

司马懿不战，阿斗又来催他回去，他是宁肯马革裹尸，也不愿意回小朝廷去，陪那阿斗一起，在安乐窝里等死。英雄一世，何至于此，何至于此呀！

天下英雄谁敌手？没有！没有敌手，活着还有什么意思？求胜不成，求败也不成，可怜他呀，已是天涯一沦落人。

五丈原啊，秋风起，天地之杀气来矣。天地来与他战了，他随天地而去，在天地间，他留下了多少妙计？

05

英雄活得真难受

三国以后，司马懿的后代建立了晋朝。

这是一个缺少英雄气概的王朝，阴谋横流。

司马懿对付英雄很有一套，对付诸葛亮可以扮女人，对付曹操还装过孙子，他的遗传缺了点英雄基因，但并不缺暗算英雄的本领。所以，他的子孙能使英雄气馁，能把江山搞定。

这一朝，英雄都很难受，不是去吃药，就是去喝酒。大隐隐于酒，醉了才知奥妙，醉里有乾坤，有经纬度。名士阮籍喝了酒，醉眼看江山，越看越难受，突然一吼："时无英雄，使竖子成名！"一声吼出便又醉去。这一吼，吼在魏晋之际，吼出了魏晋风度。

其时，司马氏欲行禅让，以钟会为侦探，窥视名士。钟会来找阮籍喝酒，一边喝一边问时事，想抓他的小辫子。阮籍喝不醉，一问就醉，一醉就睡，一睡就睡上几个小时，或睡他个几天几夜，有一次竟然睡了六十天，这样的功夫在今天也算世界纪录。

睡时长短要看醉之深浅，而醉之深浅要看问题基本面。睡了足足六十天，就如同死而复生，宛如隔世，不管多大的问题，都被他一醉而休了。

阮籍这一套醉酒功夫，醉得天翻地覆，那嵇康很是佩服。可嵇康老弟却学不来，烂醉，醉得像一摊泥，如一堆土，这谁都会，酒入愁肠，谁人不醉？但要醉出个经纬度来，那就真是酒令如军令，醉法如兵法了，要知彼知己，才能一醉方休的。

论打铁，没人比嵇康更知火候，而饮酒，他却不甚解醉意。

“越名教而任自然”，是要有几分醉意才行的，可嵇康却拿出一副打铁的派头，看准了火候就一锤子砸下去，居然砸出个“非汤武而薄周孔”来。

钟会来看他，排场很大，而他摆的谱更大——在树下打铁。和他一起打铁的是向秀，就是那个给《庄子》作注的向秀。钟会来时，他理也不理，钟会去时，他看准了火候，问一句：“何所闻而来，何所见而去？”钟会答一声：“闻所闻而来，见所见而去。”一甩头就走了。

若是阮籍来面对此事，他肯定先翻一下白眼，然后便一醉不起，任他来去。嵇康“越名教”更大胆，而阮籍“任自然”则很随意，嵇康敢破，而阮籍不立。

若嵇康醉去，就他醉的那副“推金樽，倒玉柱”的样子，也令人生气、妒忌。山涛说：“叔夜之为人也，岩岩若孤松之独立。其醉也，傀俄若玉山之将崩。”

嵇康，字叔夜，山涛说他即便醉了也依然巍峨，如玉山将崩，就这样醉去还是一副“越名教”的样子。看来，那一番醉里乾坤功夫是难以学来的。

总之，他得罪钟会了，钟会向司马氏进言：“嵇康，卧龙也，不可起。公无忧天下，顾以康为虑耳。”天下都搞定了，已不必担忧，只有嵇康搞不定，大忧！

为什么嵇康搞不定？因为嵇康是“卧龙”，有“龙性”，是真英雄。三国时，诸葛亮号称“卧龙”，所以一提起“卧龙”，人们就想起怀揣一篇《隆中对》的草根野心家，这样的野心家即所谓英雄，往往志在天下。后来，南朝颜延之亦有诗云：“鸾翮有时铩，龙性谁能驯！”也说嵇康有“龙性”。有“龙性”的人如不可起用，就应当杀死，这是帝王学通例，不得有例外。

为了说明嵇康“不可起”，钟会还特别提到了两件事，其中一件就是嵇康与山涛绝交。为什么要跟老朋友绝交？那是因为嵇康“欲助毌丘俭，赖山涛不听”。

司马氏行禅让——篡魏，毌丘俭曾起兵声讨，虽然兵败被杀，但魏人多同情于他，此为司马氏所深忧者，所以，钟会把嵇康拽进去，是要将嵇康置于死地。

然钟会之言也不是毫无根据，因为嵇康娶了曹林的孙女，是曹操的曾孙女婿，捕风捉影也要把他捉进去，更何况他那根“鱼刺”还扎在司马氏的咽喉里。

那“鱼刺”，就是那篇《与山巨源绝交书》。山涛，字巨源，竹林七贤之一，他那么欣赏嵇康，嵇康为什么要跟他绝交呢？因为他在司马氏的王朝里升官了，而且他觉得升官是件好事，就推荐嵇康来接任自己，没想到惹恼了嵇康，招来一篇绝交书。

在嵇康看来，据乱世为官不过是鸱得腐鼠而已，而山涛那厮居然会因此而沾沾自喜，实在是没出息，还要让自己去接任留下的职位，太小瞧了自己。因此，他被愤怒驱使，在绝交书中很不客气地写道：

我原以为你是我的知己，现在发现，我们完全不一样。

我们不过是偶然相知，你不好意思独自去做官，要拉我陪你去充数，这等于让我手拿屠刀，也沾上一身腥臭，所以，要向你申明一下我拒绝的理由。

我喜欢睡懒觉，但做官以后，差役就要叫我起来，我哪能忍受？

我喜欢抱着琴一边走一边吟，或到郊外射鸟，或去河边钓鱼，做官以后，吏卒守在我身边，我哪能随意？我身上虱子多，总要搔痒，这样怎能穿官服？

还有一些其他的理由，例如，不喜欢写信，不喜欢吊丧，不喜欢俗人，不耐烦琐事，除了这些理由，他还特别强调两条：“非汤武而薄周孔”和疾恶如仇。

这两条，是他做人的原则，他死就死在这两条原则上了。

从历史上看，改朝换代几乎都要向“汤、武”看齐，都要以“革命”自居，而嵇康“非汤武”，当然就是“反革命”了。他不仅反革命，还反禅让，非了汤武还要“薄周孔”，孔子“祖述尧舜”，而尧舜行禅让；孔子从周，周公也摄政。

革命与禅让是权力合法性的两个来源，一个被他“非”了，一个被他“薄”了，王权的合法性基础就没处搁了。这使司马氏很难堪，也是他的死因。

司马氏两手，一手革命，伐蜀伐吴，效法汤武；一手禅让，以“祖述尧舜”篡魏，这两手都被那一句“非汤武而薄周孔”否了，所以嵇康非死不可。

据说，这篇绝交书一出现，立即传遍朝野，连司马氏也读了。既然是绝交书，理所当然要广而告之，宣示于众。因此，一种不合作的政治情绪被点燃了。

钟会进言还提到一人，那便是嵇康的朋友吕安。吕安被哥哥诬告，判了不孝，囚于死牢。哥哥何以非要他死呢？其原因嵇康也知道，故不能不说。

然而，嵇康能干什么呢？他思前想后，又写了一封信。文人嘛，只能诉诸文字。这回是《与吕长悌绝交书》。吕巽，字长悌，即吕安的哥哥。他在信中说道：

自与你相识，觉得你还诚实，就让你做了朋友，高兴的是，能与你弟弟阿都相识。去年，阿都对我说，他很生气，打算控告你，是我劝了他，为了你们吕家。

后来，你又以你们父子六人的名义，向我发誓不再伤害阿都。

我相信你，又去劝慰阿都，阿都也就不告你了。没想到你反而诬告阿都。阿都原谅你，是听了我的话，现在阿都获罪，是我对不起他，而你却对不起我。没能营救阿都，我无话可说。事已至此，我也不想和你做朋友了，从此别矣，临书恨恨。

阿都是吕安的小名。他们兄弟之间究竟发生了什么事情？

原来，吕巽逼奸了阿都妻子，阿都原谅了他，他反而诬告阿都对母不孝，欲灭此眼中钉、肉中刺，刚好碰上司马氏正提倡以孝治天下，就判了吕安死罪。

这封绝交书一出，又传遍了士林，那孝子吕巽岂不就是司马氏的缩影？

吕巽灭弟与司马氏篡魏何其相似！由此“孝子”嘴脸可以想见司马氏所谓孝治路线。

吕巽与钟会一党，吕巽要害吕安，钟会要害嵇康。嵇康营救吕安，没有走上层路线，而是发动民间，要让民间舆论把吕安救出来——这是最后的斗争！

《与山巨源绝交书》，并非真的要与老朋友绝交，否则他就不会在临刑前将儿子托付给山涛了，他是借用了老朋友的名字，宣告与司马氏集团绝交。

《与吕长悌绝交书》，他已懒得说什么了，只寥寥数语便将所谓“孝”揭露无遗，“孝子”吕巽以孝齐家，与司马氏以孝治天下，真的是如出一辙呀！

揭露了吕长悌，就等于揭露了司马氏，而危及司马氏就得死。

可嵇康这样做并非为了政治，而是为了友谊，他自责于朋友之死，愿以这样的方式陪朋友去死。后来，司马氏有见于此，“寻悟而恨焉”。恨谁？当然是钟会。

在钟会的引诱下，嵇康被捕入狱。他在狱中写了一首《幽愤诗》。在这首诗里，他对自己做了反思。少儿时，他在母兄之爱下自由自在，在一种“有慈无威”“不训不师”的环境里成长起来。成人后，就更加“自放”“托好老庄”，而有自由之思想；“贱物贵身”，而有独立之精神。他自由地发表言论，不知得罪了多少人。他随隐士孙登同游了三年，临别时请孙登赠言，孙登说他有独立之才，却不识时务，灾祸难免。他身陷囹圄，想起孙登留言，便在诗中写道：“昔惭柳惠，今愧孙登。”

尽管如此，他还是要自由。他表示，此次如能出狱，他会远离王朝，不再在王权脚下打铁，到山林去，“采薇山阿，散发岩岫，永啸长吟，颐神养寿”。

嵇康将刑于东市，有太学生三千人请以为师，司马氏弗许。

临刑时，嵇康“顾视日影，索琴而弹之”。如此从容赴死，真可谓绚烂之极归于平淡矣，它使日本武士道的看透生死显得小气，使带着美去死显出装饰意识。

这样的死，仿佛新生，如李白诗："清水出芙蓉，天然去雕饰。"

嵇康之死，乃我国人格独立之伟大悲剧，其崇高尤胜于哈姆雷特。王子复仇尚要借助幽灵的启示，而嵇康绝交纯出于自由之思想和独立之精神。

故嵇康之崇高可与《荷马史诗》相比，为友谊而死，如阿喀琉斯。阿喀琉斯以自由意志对抗阿伽门农的王权主义，此一举决定了西方文明的本质，当阿喀琉斯放弃财富，为友谊而战，在战斗中死去，连宙斯亦为之叹息，并从中看到了人类的本质。

友谊胜于爱情，是因为友谊不仅超越了金钱，还摆脱了性，表达了一种更为纯粹和深沉的人类之爱，作为人的最高本质而存在。嵇康孤身一人，为了友谊而与王权做斗争，其无量之勇气已不下于阿喀琉斯，其明知不可为而为之，但求以一死而无愧于友谊，那是纯粹的人类之爱，表达了人的最高本质，展示了人的最美存在。

夕阳下，一曲奏罢，嵇康叹曰："《广陵散》于今绝矣！"

于是，人头落地，得其所哉！他死于最高本质，死于最美存在。

“竹林七贤”砖画，列入《首批禁止出国（境）展览文物目录》，永久不准出国展出的国宝文物，砖画分为两幅，每面长 2.4 米，高 0.88 米，各由 300 余块青砖拼嵌而成，人物之间以银杏、松槐、垂柳相隔，这是在地下聚会了 1500 年以上的欢宴图，画面上 8 人均席地而坐，宽衣博带、孤傲高雅，但都有其最具个性的形象

中国式的酒神悲剧

“竹林七贤”砖画，南京市西善桥南朝墓葬出土，藏南京博物院。为东晋南朝人所刻，流线微醉，有一种酒韵之美。七贤的影子便在“流觞”中，镌刻在画像砖上。嵇康、阮籍、山涛、王戎、向秀、刘伶、阮咸七位酒友，在银杏和松树下，坐卧俯仰人生，打开了中国文化的审美范式。然而，王权势如破竹，竹林岂能屏蔽？

忧愤的嵇康，王权向他开刀时，年仅四十岁，那时他没有醉。

“牧畜图”壁画砖，魏晋，长34.5厘米，宽17厘米，厚4.8厘米，
甘肃省嘉峪关市魏晋1号墓出土

“宴居图”壁画砖，魏晋，长35.5厘米，宽16.7厘米，厚5厘米，
甘肃省嘉峪关市魏晋4号墓出土

“烤肉煮肉”壁画砖，魏晋，长35厘米，宽17厘米，
甘肃省嘉峪关市魏晋1号墓出土

“双驼图”壁画砖，魏晋，长35.5厘米，宽16.7厘米，厚5厘米，
甘肃省嘉峪关市魏晋5号墓出土

酒的世说

酒在魏晋是美的药引，发酵人生和人性。

挣脱“名教礼义”枷锁，醉里自有一番乾坤。

酒里乾坤之大，不仅在中原，在江南，还在甘肃嘉峪关。西晋王朝杀来杀去，阴谋横流。嘉峪关远离王朝，让我们去边关看西晋墓砖上的生活趣味，砖上有生产、生活、狩猎的场面，画得栩栩如生，线的自由奔放，仿佛酒神在歌唱，那样的欢乐颂，没有走向上帝，而是走向百姓日用。

06

人与山川相映发

世说新语时代，美属于个体，而非王朝。那时的王朝太丑陋，但美的理念却觉醒了。

美的理念从嵇康内心醒来，照亮了他的姿，他的态——“目送归鸿，手挥五弦；俯仰自得，游心太玄”。太玄，是最高的真理，是最美的存在。化作天外归鸿，目送之；化为悠悠琴韵，手挥之。

山水之美被发现了，人将远行，叹曰：“江山辽落，居然有万里之势！”这一句“江山辽落”比“江山如此多娇”如何？一声“辽落”，何其沉郁！

“虽有好音，谁与清歌。……乘流远遁，抱恨山阿。”与其在王朝作揖，何如于山水放歌，走向自然美。

司马太傅夜坐，其时长空月明，天净无云，故咏叹之。谢景重曰：“意谓乃不如微云点缀。”太傅一笑，曰：“卿居心不净，乃复强欲滓秽太清邪？”

内心里有阴云，就难以体会天空的纯净之美，人不清净，何言太清！因此啊，天地之美、山川之美还有人格的美是统一的，人与山川相映发，那才美。王羲之说：“从山阴道上行，如在镜中游。”好一个“镜中游”！山水透明，人以山水为镜，照见自我；人格透明，人行于山水间，山水因之而灵。

这就是人与山川相映发了。而他儿子王献之更是一往情深：“从山阴道上行，山川自相映发，使人应接不暇，着秋冬之际，尤难为怀。”

人与山川相映发，人却“应接不暇”，使“山川自相映发”。尤其那秋冬之际的江南，季节转换，原来郁郁葱葱、满目苍翠的青山，此时却色彩斑斓，那色彩也是透明的，映发起来流彩溢翠，恍若琉璃世界。太美了！美得让你要紧紧地拥抱它。可惜啊，你的怀抱还是太小了，因为美在泛滥，如月印万川，你怎么抱得过来？唯有一声长叹：尤难为怀！

人啊人，你要有怎样的怀抱，才能与这样的美相映发呢？

王羲之《兰亭序》诗云：“群籁虽参差，适我无非新。”此与嵇康之“俯仰自得，游心太玄”相似，不同之处在于，他将“游心”改为“适我”了。

“游心太玄”是对象化的认识活动，而“适我”则主体化了——我心即太玄。所以“适我无非新”，主体性的“我心”与宇宙之心相映发了。

一旦“适我”了，就不会“尤难为怀”。王献之所言乃情之所钟。由情上言，难免有局限，而王羲之的诗是从理上言——“寓目理自陈”也。

可他于理上并未深究，只是清谈而已，与诸子争鸣迥异。百家争鸣实为争霸，一定要有霸气，而清谈如同选美，首先要审美，争取美的胜利。

争鸣要“定于一”，而清谈媲美，美怎能“定于一”？

美，源于自我意识，桓温问殷浩：“卿何如我？”问得很有霸气，这在诸子定要争鸣一番，可殷浩答道：“我与我周旋久，宁作我。”桓温一问，欲起争鸣，可殷浩却一个转身，回到自我，使桓温一问落空，而自我之美凸显，这就是“清谈”。

清谈不以理胜，而以美胜。殷浩在当时是清谈名家，有人问他，为什么要升官就会梦见棺材，要发财就会梦见粪便？他回答，那是因为，当了官，人就会跟尸体一样腐臭，而财物本来就是粪土。此语一出，不胫而走，很快就流行了。

后来，因北伐失败，他连累了清谈，蒙受误国之冤。

桓温攻讦殷浩，却没有怪罪清谈。相反，他对殷浩的清谈功夫由衷佩服。殷浩跟王导清谈，他去作陪，两人来回辩难，一直谈到了三更。第二天，桓温对人言，听殷、王清谈，真妙不可言。

爱清谈的民族，爱美而又思想活跃，自由而又充满活力。诸子争鸣尚力，以其趋势力辟两汉大格局；名士清谈趋于美，流风所及，美成大唐盛世。

不是所有王朝都能像汉、唐那样成为古代中国的代表。秦和隋很伟大，但时间很短；宋和明很富有，却亡于他族之手；而魏、晋乱世，就更不用说了。

世说新语时代是个文化中国的世界，被士人担待了起来。永嘉之乱，乱了王朝，然而，文化中国却依然挺立，结果五胡都被汉化了。先是匈奴人改姓为刘，以汉朝正统自居，其后更有鲜卑人全盘汉化……那时，东西方帝国皆困于游牧民族。在西方，只有帝国在抵抗，而文明却没有投入战斗，其基础早已被基督教掏空，疲惫的罗马帝国终于崩溃了。而东方，晋朝亡了，但中国未亡，从文明的根底里调动出了民族赖以生存的最伟大的力量——“独立之精神，自由之思想”，又一次多难兴邦！

清谈，便是这一不可战胜的力量落在言论上，是言论自由的个体化形式，尽管还不是普遍的法权形式，但“独立之精神，自由之思想”得以释放。这力量不但救亡，还推动文明生长，生出伟大的盛唐气象。盛唐气象并非一蹴而就，而是从世说新语时代走来，在淝水之战时就已做了预告。

雷海宗指出，中国历史以淝水之战为界分为两周。第一周为“古典的中国”，经历了五个时代，至此已衰，按照文明古国老例，衰落以后，其历史形态便要终结，而中国却以淝水之战得了新生。第二周为“综合的中国”，其血统和文化都起了很大变化——“胡汉混合、梵华同化”，历史的重心亦从黄河流域转向长江流域了。

他的历史形态说着眼于王朝兴衰，有一种世界眼光。他说，古埃及文化由生到死不过三千年，先是被希腊征服而希腊化，后来又被阿拉伯化。今日世界上已没有古埃及文字和古埃及文化；今日所谓埃及的一切都是阿拉伯的一部分。巴比伦文化寿命与埃及相同，也被希腊征服，后来又被阿拉伯化了。希腊、罗马文化寿命更短，由生到死不过两千年；今日希腊不是古代希腊，今日意大利不是古代罗马。而中国，由夏商以至今日，历四千年仍然健在，就由于第二周的新生。此说一出，适逢抗日战争时期，雷氏遂以之为中国历史第三周开端。

此番见识打开了历史学的心胸，但其视野亦有不足。例如，他说中国历史第二周的大方向是向南发展，但处在第二周的唐朝，其历史贡献主要还是在西域，此后，中国历史在“龙门—碣石”一线的进展，以及新王朝的诞生，难道都不算历史发展的主线？这显然说不过去，因为中国版图就在这一线搞定，文化中国跨越这条农牧分界线，搞定游牧民族，形成了农牧混合型文明及其王朝。

在“兵的文化”视野里，“文化中国”被王朝遮蔽了，看不见它的存在，故雷氏历史形态说乃针对王朝中国而言，还没有深入到“文化中国”里面。而我们的观点是立于文化中国，用“士的文化”来看。这时我们就发现，淝水之战并非王朝抗战，而是文明抗战。

苻坚只看出王朝飘摇，却不知东晋文明依然风流，东晋文明下的战士已非旧王朝之兵，而是在世说新语时代成长起来的一代新人——美的战士，清谈之士。

这一代新人，正是在自由化的清谈中理解了文明的本质，确立了独立之精神的人格美的范式——温润如玉，但绝不脆弱，江山辽落，从容而不迫。

谢安携友行舟于江中，初时，风和日丽，放舟远去，忽遇风暴，骇浪骤起，诸友皆惧，惶惶矣，唯谢安若无其事，淡言道：“如此，将无归矣！”这伟大的定力便起于文明的根底，唯谢安能立之。

谢安是最伟大的清谈之士，与诸友谈庄子《渔父》篇，玄学和尚支道林一如既往，率先作七百语，一展华丽之思，诸友亦一一道来，各尽其妙。谢安问道：各位，还有要说的吗？诸友皆曰：言尽矣。谢安开讲了，其言滔滔，作万余语，似江山辽落，风云万里，如繁花应时，开落自由之思。四座闻之，莫不倾心。当时清谈成风，连王羲之都怕这样谈下去会误了国事，而谢安却依然坚持，他反问：秦任商鞅，二世而亡，难道是因为清谈吗？

“王与马，共天下”，破落的王朝早就衰败得只剩下招牌了。士人抵抗入侵要借助这块招牌，而这块招牌也要靠士人扶起来。然而，士人欲何求？除了“学而优则仕”，还要有自由！不自由，毋宁死，嵇康死了；不自由，就出走，陶渊明走了。而清谈便是言论自由的渊薮。

谢安很清楚这一点，不管清谈有多少缺陷，他都要捍卫这底线。美的战士本来就是为了自由而抗战，难道还要为了抗战而牺牲自由吗？

几乎所有王朝都会以抵抗入侵的名义取缔自由，这是惯例。可当时参战的并非那破落王朝，而是广大士族及其子弟兵，在某种意义上，也可以说是全民皆兵。淝水之战胜就胜在破落王朝无法集权，难以统战，只好依靠士族，上下一心，共同对抗敌人。因此，为自由战，“时来天地皆同力”，连“八公山上”都“草木皆兵”了，那是人与山川相映发，以山水游，亦以山水战。

都说淝水之战是以少胜多，以弱胜强，仅从淝水一线来看，可以这么说，但就整体而言，前秦南下，被围于江淮之间，而东晋战力大都来自民间。当苻坚哀叹“草木皆兵”时，他正是撞到了全民皆兵。正是民间起兵，各自为战，分散并拖垮了胡兵战线，使苻坚难以在淝水一线集中兵力作战。而东晋只要集中兵力突破一点，就刺穿了胡兵被拉长的战线。

大敌当前，朝野不安，前秦大军号称百万，能投鞭断流，可谢安却不动如山，他胸中自有胜算，胜算只有一条——王朝清静无为，让民众自发抗战。胜利的晋军——北府兵，就由民间抗战力量发展而来。

谢安理解了这场战争，才有了这样一条胜算。他要做的不是亲自指挥战争，而是一谋不发，一计不用，却牢牢地把握胜算，让战争的本质自动显现。

苻坚还以为这场战争是两个王朝的决战，他不知道自己是在同一个伟大的文明作战，更不知道这文明在乱世里开始了它的“第二周”发育。

不要以为野蛮人就是天生的战士，凭借蛮力就能所向无敌，那些爱美者在美的高峰体验中早已觉悟了生死，带着美去死，这样的战士雄强至极。

视死如归，何惧蛮力！淝水之战，几乎所有进入中原的民族都来会战了，这是“永嘉之乱”之后的一次大决战，是民族之王与美的战士的生死对决。此战胜负，不仅关系到东晋王朝的生死，东南半壁的安危，而且关系到华夏正统文明的盛衰。

孔子当年赞管仲，此时谢安尤胜于管仲当年，可惜后世史官皆无此法眼。

此战，谢安神定气闲，那是基于对一个伟大文明的信念，这文明在长江流域孕育了新生代——以谢玄为代表的美的战士，他们是北望中原虎啸江淮的美少年。谢玄从文明的高度驾驭这场战争，以审美的境界把握战局，用美的战士迎敌。可古往今来谁知之？苏东坡能“遥想公谨当年”，谁曾遥想过当年谢安？

淝水之战，没有计，只有美，战毕，他说：“小儿辈大破贼。”

呵呵，美者无敌！想想吧，那枕戈待旦的小儿，闻鸡起舞的男孩，还有横江击楫谁家子？此乃青春中国美少年，为美而战、为美而死的美的战士。

陶武士俑，东晋，高 52.8 厘米，江苏省南京市富贵山出土，南京博物院藏

灰陶女俑，东晋，高 37.5 厘米，似为东晋晚期贵族妇女形象，江苏省南京市出土，南京博物院藏

衣冠南渡

公元 266 年，曹魏皇帝曹奂禅让皇位于司马昭长子司马炎，是为西晋第一代皇帝晋武帝，开始了中国历史上又一个短命的王朝。不过，新朝毕竟有新气象，灭蜀攻吴后，西晋好景不长，自东汉以来的士族豪强阶层形成门阀政治，利益盘根错节，九品等级森严，世风斗富奢靡。他们的政治参与和社会影响远在王室之上。公元 279 年，晋武帝灭孙吴，统一中国。鉴于自家篡夺曹魏的切身体验，他想起了分封皇室子弟为王的老一套。可他一死，皇叔皇子们个个尾大彪悍，觊觎皇位。晋惠帝痴呆无能，皇后贾南风仰赖娘家专权，引起诸王子弟不满，爆发了为时十六年的“八王之

乱”。兄弟残杀，血雨腥风，诸王纷纷落马。公元306年，东海王司马越胜出，他率领诸侯以及鲜卑将领许扶历、驹次宿等，护送晋惠帝回洛阳。公元307年，晋惠帝暴亡，司马炽即位，是为晋怀帝，改元永嘉，东海王司马越辅政，结束八王之乱。

“八王之乱”，诸王相继被杀，民生凋敝，北方游牧族各势力内迁，主要有匈奴、羯、氐、羌、鲜卑之五族。公元308年，匈奴族首领刘渊称帝，公元316年，匈奴人攻陷洛阳，再陷长安，西晋灭亡。由此，匈奴几乎控制了中原，其他各族争建各国，北方出现了“五胡十六国”局面。

琅琊王司马睿属于东海王司马越一党，驻镇下邳。当时，江东较少受到战乱影响，相对稳定而富庶。琅琊大族“琅琊王氏”王导素与司马睿交好，给他建议，南迁建康（南京），养精蓄锐。江东吴人为孙吴“余孽”，当然不受晋室待见，也想趁此机会复国。江东世家有义兴周氏和吴兴沈氏并称江东二豪，吴郡朱、张、顾、陆四姓居次，共同经营江左。王导提出“镇之以静，群情自安”的策略，得到了江左“二豪四姓”的支持。王导又召唤大量北方望族衣冠南渡，支持司马睿，江南诸州亦次第归附，东晋也才能偏安。不过，北方望族与江左世家一直矛盾重重，也是最终导致东晋灭亡的根本原因。

公元317年，西晋灭亡，司马睿在南京称帝，为东晋元帝，开始东晋王朝，一个代表大士族利益的政权在江南建立。北方世代累积的名门望族、世家大族纷纷南迁，以一家一族式的精英移民团队，一路披荆斩棘南渡。能够到达江南的，必是体魄健壮、精神丰硕的优秀家族；能够跋山涉水避乱至此的，也一定是有见识和自治魄力的卓越宗族。迁徙而来的士人，多半是仕宦世家，食俸持禄，功名在籍。他们可以重建一个王朝，但并不忠于司马氏，而是有自己的文化抱负，他们要再造一座可耕可读的文化江山。

这就是中国历史上的第一次“衣冠南渡”，可以称之为“精英移民”。他们将积淀了一千多年的中原文化带到江南，来建设经营江南；同时带着整个家族的未来寄托以及解决家族生存方式的使命来开拓江南。一家一族的整体迁徙，首先要有富庶的山水托底。江南的山水，遗世独立，山高水长，气候宜人，土地肥沃，又有舟楫之利，是个殷实之地，足以支撑中原士人携家带眷的家族式的诗意山水间的生活方式。这里，穷则可独善其身，达亦可兼善天下，出世入世两方便。这里的山水有福，迎来了具有文化建设能力的、给予自然以人文关照的士人安居。正是这种精英宗族移民模式，除了政权建设，更重要的是给江南带来一次文化复兴的高潮，是士大夫精神对山水信念的一次践履。

从城市到乡村，他们在山间溪边开田筑屋，聚族而居，创谱牒，建宗祠，修私塾书院，将江南布置得诗意浓郁，文泽笃厚，再造一个士人的精神靠山。

雷海宗先生看到了公元四世纪精英移民的大历史意义。他提出了中国文化生长的第二周期，为“综合的中国”，血统与文化以及空间地理，都起了很大变化，历史的重心将从黄河流域转向长江流域。

南朝梁太守、骈赋大家丘迟，写江南“暮春三月，江南草长，杂花生树，群莺乱飞”。有这样肥沃的土地，什么奇花异草都能养得格外茂盛；有这样的好山好水，也才配得起那些星光灿烂的名宿：在《兰亭序》里与山川相映发的王羲之，为《三国志》作注的刘宋史家裴松之，山水诗派第一人谢灵运，刘宋玄言诗赋家孙绰，诗人、文论家颜延之……

魏晋之高逸，流风遗韵到南朝，也多亏了士人的精神呵护，才使得江南有一种桃花源般的自由空间。东晋之后，宋、齐、梁、陈四朝，将江南经营得风生水起，为隋朝的统一奠定了丰富的物质与精神基础。

东晋开启江南六朝文艺复兴之滥觞，王羲之、谢灵运、顾恺之、陶渊明等纷纷展示了士人所周旋的文化的江山。那件东晋陶俑武士，大概就是淝水之战大败前秦苻坚的勇士。他们比秦俑、汉俑武士，更放松优雅，比西晋武士更自由、飞扬。再看看东晋的贵妇，抑或女侍，皆因自足而放飞了乐感，皆因自觉而微笑有如佛陀。

《兰亭修褉图》卷，（明）文徵明绘，金笺地，设色，纵 24.2 厘米，横 60.1 厘米，故宫博物院藏

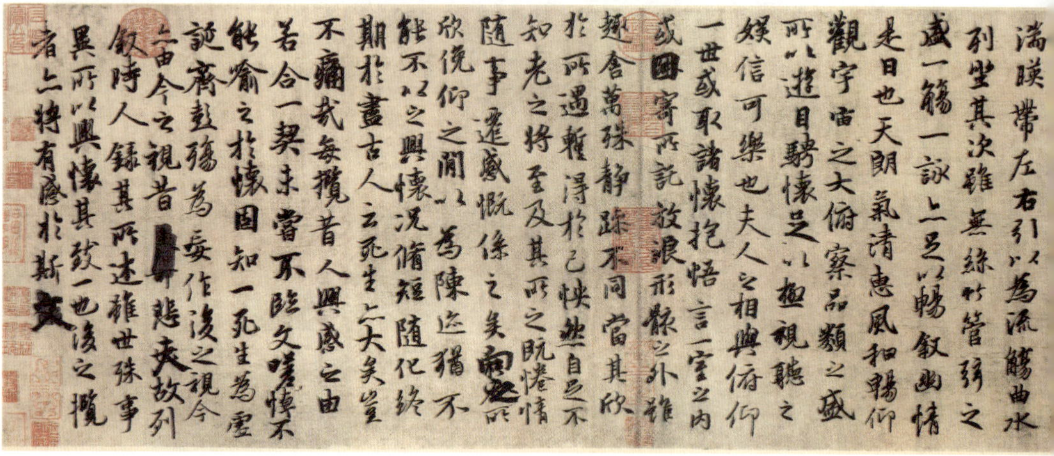

《兰亭序》神龙本，（唐）冯承素摹，纸本，行书，纵 24.5 厘米，横 69.9 厘米，故宫博物院藏

江南之春——《兰亭集序》

王羲之少从叔父王导，官至右军将军，人称王右军。

春，羲之邀谢安、孙绰一行四十多人相聚兰亭，在水滨行三月三“修禊”盛事。山风清朗，山泉激湍，群贤列坐“流杯亭”，曲水流觞，一觞一咏，成诗三十七首。然而诗无序不成集，羲之感发山川，清风盈袖，明月入怀，泼墨挥毫，成《兰亭集序》。嗟叹人生，俯仰一世，其文至妙，其墨更妙，幽奥穷极自然至美。唐太宗欲得《兰亭集序》，以状元名第饵齐鲁名士萧翼入彀，临摹《兰亭集序》，走访民间，诱真迹出世。据说萧翼是江南世家萧氏族裔，南朝梁武帝萧衍第七子梁元帝萧绎的曾孙。梁元帝还是画家，《职贡图》手卷便出自萧绎之手。一说，萧翼在九华山一寺中，寻到王羲之七世孙智永的弟子辩才；一说，萧翼在山阴永欣寺寻得辩才和尚。总之，智永逝前，将《兰亭集序》托付辩才。辩才虽书道高手，却不识萧翼骗术，引为知己，将《兰亭集序》拿出，终致真迹落入萧翼之手，辩才气急而死。李世民得之，爱不释手，死了也不放手，终于带进了昭陵，《兰亭集序》遂成绝笔。唐代多有摹本，“神龙本”原题《唐摹兰亭》，上有唐中宗神龙年号小印，故称“神龙本”，摹写精妙，非他本所及。王羲之有七个儿子，皆擅书法，唯小儿王献之的书法“宁作我”，而自成一家。《快雪时晴帖》是一件楷书短筒，大雪之后，问候友人。乾隆将此帖与王献之的《中秋帖》、王珣的《伯远帖》合称“三希”，宝藏“三希堂”中。

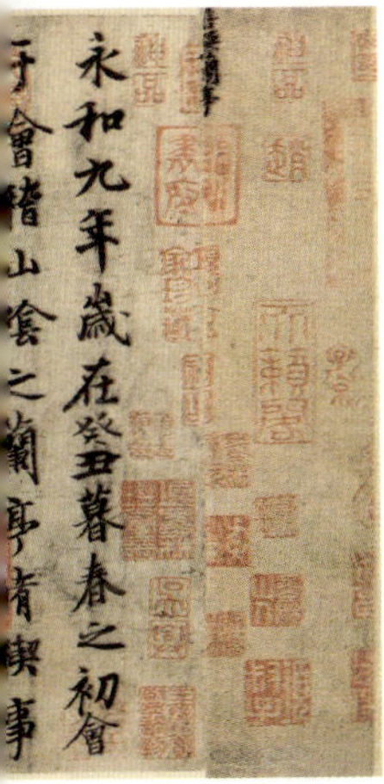

《洛神赋图》卷（宋摹本，局部），（东晋）顾恺之绘，绢本，设色，纵 27.1 厘米，横 572.8 厘米，故宫博物院藏

东晋画家顾恺之

从东晋开始，南朝人不再像东汉人那样倾注于画像砖，给死后世界一个极尽想象的审美安排，而是迷恋现世的审美。这一审美带有形而上的意趣，于是，产生了文人参与绘画艺术的画家艺术群体。东汉的画像砖以及北朝的壁画多为工匠或不知名的画匠所为，而南朝绘画就像王羲之书法一样，成为文人对审美的艺术性的个性表达。士人们纷纷参与到绘画中来，给绘画的介质、形式、技艺等带来一种审美的超越，从砖画、石画、壁画走下来，走上纸本绢本的柔软，以及慢慢展开的卷轴形式，将人的视觉带入时间的审美过程，从而渐入佳境。特别是绘画的内容，注入以人为主题的一种新人文精神，以及士人对审美的要求。

顾恺之，无锡人。与谢安、王羲之、陶渊明等南朝名宿同时代。作为画家、画论家、文学家，被时人盛誉为“画绝”“文绝”“痴绝”之“三绝”。

在绘画界，与曹不兴、陆探微、张僧繇并称六朝“四家”，尤擅人物画。流传后世的名画，有长卷《洛神赋》，长卷《女史箴图》等。《洛神赋》长卷根据曹植《洛神赋》诗文创作，描绘曹植与洛神的爱情故事。顾恺之以文人的画笔，也是史笔、诗笔，画出了一部文学艺术史诗，给予了曹植在历史上不朽的艺术魅力。王朝的阴谋宫斗随曹魏灭亡而灰飞烟灭了，最多不过是历史饭后的牙剔，而曹植的悲剧却升华为一种形而上的永恒的审美意象。画面逸兴遄飞，人物飘洒俊朗，仙韵道风，仙树与道山皆为衬托人物的背景，突出南朝人对人物理想化的审美标准。《女史箴图》是对西晋张华《女史箴》一文的图解，画上流社会贵族女子的仪态，宣教女范。张华的原文也被抄录在每一幅侧边，所谓“人咸知修其容，莫知饰其性”，而画面直接描绘女性的美丽容貌，因为德行美，容貌便美。当然，画面也

《女史箴图》卷（唐摹本，局部），（东晋）顾恺之绘，绢本，设色，纵 24.8 厘米，横 348.2 厘米，大英博物馆藏

有故事，如冯媛为汉元帝挡熊、班婕妤拒绝与汉成帝同辇的故事。矜持、娇柔、端庄、静淑，是南朝人对女性美的规范。

顾恺之在人生六十年之中，创造力丰盛，创作了大量的人物绘画作品，赋诗绘画是他生活痴绝的全部，向我们展示了南朝士人多元的生活样式。他的画与王羲之的字、陶渊明的田园诗、谢灵运的山水诗，甚至谢安指挥淝水之战，皆具有南朝人自由、灵性、自然、风雅、飘逸的审美风格，是南朝人的气质。

南朝人不仅有风姿之美，还深藏虎啸之霸气。顾恺之，小字“虎头”，他的内在风骨与他的虎头名实相符。他淡泊名利，以痴狂幽默的智慧赢得权力下的艺术空间，深得谢安器重。

据说，他从小丧母，一遍遍向父亲询问母亲的容貌，一遍遍画母亲，请父亲看像不像，父亲每每鼓励之后，总要留点还不到位的遗憾，直到有一天，父亲眼睛亮了，顾恺之便欣慰了，他也有了自己的母亲，让人泪目。

07

格律化的山水诗

谢家子弟聚会时，谢安问道：《诗经》里哪一句最好？谢玄说，“昔我往矣，杨柳依依；今我来思，雨雪霏霏”。但谢安却说“吁谟定命，远猷辰告”最好，有“雅人深致”。

两人对话仿佛又回到了那个“不学《诗》，无以言”的春秋时代，那时，连《老子》和《孙子》都被诗化了，《论语》里亦颇有诗性的气息。

两人说的各有其所出。谢玄所言出自《诗·小雅·采薇》，言士人戍边，无家无屋，非不安居，乃“猃狁之故”，而“忧心烈烈，载饥载渴”也。随君子战，“一月三捷”，战罢归去，念往日“杨柳依依”。人已归，可“莫知我哀”，唯“雨雪霏霏”，使“我心伤悲”！

谢玄战于淝水，凯旋却被王朝冷遇，故有感于《采薇》。而谢安所言出自《诗·大雅·抑》，以“抑”诗来劝慰之。“抑”乃自制，诗曰“抑抑威仪，维德之隅”，即“克己复礼”。“人亦有言：‘靡哲不愚’”，聪明人都有愚处，要看到自己的不足。庶人之愚“维疾”，只是带来毛病而已，而哲人之愚“维戾”，则有可能导致罪行。

所以，谢安说，《诗经》里最好的那一句，你要记取：

它要你有远虑，趁早拿定主意，还要你说服别人，让人理解你——“吁谟定命，远猷辰告”，当你这样做时，便是“温温恭人”，自立“维德之基”。

两人，一位居庙堂，一位戍边疆，于《诗》各有神往。居庙堂之高者贵《抑》，戍边疆之远者爱《采薇》。《采薇》有一种诗性美，很适合美的战士，而《抑》含有天下观，要以德者居之，以美德立根本。

人与山川相映发，以美还要以德，此乃诗——美的最高形式。

美的战士从世说新语时代走来，经由玄言诗、田园诗、山水诗，走向唐诗的江山——以美德为基础的江山，那是个在科举制里也会流淌诗意的江山。那是文化中国行进的美学路线，是文艺复兴的诗意表现。

我们知道，玄言诗以嵇康为代表，田园诗以陶渊明为代表，而山水诗则以谢灵运为代表，谢灵运乃谢玄之孙，是与陶渊明同时代的人，可未见他们往来。

当陶与王朝诀别，归根去做“老农”时，谢灵运却卷入了王权之争。看来，谢玄只是把爵位传给了他，忘了以《抑》来提醒他。他在王朝失败后便向山水倾诉，人在山水间不再是自然的感发，而是做刻意的追求，他不是跟着山水去发现美，而是以美的理念来经营山水，正如他以格律化的形式来写诗，他也以格律化的眼光来看山水。

他的山水诗是格律化的，后来山水画受他影响也格律化了。他在山水诗中拾起他在王朝激荡里失落的政治抱负，不能立法治国就用格律治诗。他用治国的手段写诗，尤其用来写山水诗，就像给马套上笼头和鞍子一样，他尝试着给诗套上格律，格律好比王制，他为诗立法。

他是怎样用格律来治诗的呢？我们来看他的《登池上楼》：

潜虬媚幽姿，飞鸿响远音。
薄霄愧云浮，栖川怍渊沉。
进德智所拙，退耕力不任。
徇禄反穷海，卧疴对空林。
衾枕昧节候，褰开暂窥临。
倾耳聆波澜，举目眺岖嵚。
初景革绪风，新阳改故阴。

池塘生春草，园柳变鸣禽。
祁祁伤豳歌，萋萋感楚吟。
索居易永久，离群难处心。
持操岂独古，无闷征在今。

在陶渊明的诗里，汉字跟着他的思想感情走，有节奏，有韵律，形式上大体整齐，但很自由，仿佛那就是汉字运动的自然属性，就该这么进行。而谢灵运之诗，汉字首先要满足格律化的要求，让思想进入格律中，使格律成为思维方式，不光为诗的形式立法，还为思想建立诗性的框架。

也亏了这位格律诗的开拓者，居然发现汉字像中国人一样经得起敲打，而易于格律化。在王朝，他是失败者，在诗的王国里，他要成为统治者。他要让汉字进入格律，列成仪仗队，向他行礼，形、音、义都要对仗，对得整整齐齐如刀切。这还不够，字还要雕琢，要琢得玲珑剔透。

还是来看这首诗吧。诗的前面两句，“潜虬”对“飞鸿”，“媚”对“响”，“幽姿”对“远音”，不仅琢的痕迹很重，而且在句法上也刻意同自然的语感拉开了距离。紧接着，“薄霄”对“栖川”，“愧”对“怍”，“云浮”对“渊沉”，也都一样。

词性可以变化了用，句式也不妨倒装，已经相当复杂了。

他的山水诗不是回归自然的诗，《易》曰“潜龙勿用”，可他偏要“媚幽姿”，招人嫉妒，“飞鸿”本应远去，可他偏要“响远音”，总想一鸣惊人。他想飞上天去，却不能像云彩一样飘浮起来，他想潜入水里，可又不能像鱼儿一样沉下去，他上天不行下水不能，活在世上，唯有惭愧而已。

而“进德智所拙，退耕力不任”这两句，则是对其当下状况的申明。可不，他刚从朝廷里被撵出来，撵到永嘉去当太守，抱病而去，行于途中。

人是政治动物，政治上一失意，生理上就会有反映。“徇禄反穷海，卧痾对空林”，他病了，卧在家中，“衾枕昧节候”，卧久生厌，转而思动，“褰开暂窥临”，倾耳听，波澜好音；登楼望，青山来迎。

只是远眺一下，心胸便开了，连天气都变得好起来，“初景革绪风，新阳改故阴”，青春之阳气上升，阴气渐已下沉，啊，冬天已经过去，春天已然来临！

“池塘生春草，园柳变鸣禽”，写到这里，出了神来之笔，没有了雕琢的痕迹，如果是在陶渊明的诗里，这不足为奇，可在谢灵运的诗里还是很少有的。

“池塘生春草”，连一点儿描写都没有，那就是存在本身。谢灵运说，此句从梦里来。看来是从潜意识里跑出来的。他的诗眼，从远方的山和海收回来，回到当下——池塘。隐隐远山，渺渺深海，都是远怀，可眼下，对他而言，那些都可望而不可即，他喜欢自己能把握的存在，而池塘就在楼下，完全属于他。海上生明月，那一定很美，可那个美在当下还是个“无”，而“池塘生春草”就在跟前，那是“有”，可以格律化。但它来得太快了，刚一出现，就在眼前，还来不及捉住它，就跑到梦里来了，好在梦是潜意识，不能被格律化，就这样入诗了。

而那句“园柳变鸣禽”稍稍迟了一步，就被他捉住了翅膀，由他雕琢了一下，意境虽好，但终非造化，寂寞了一冬天的孤寒柳，忽然听到鸟鸣声了！这春之声唤醒了他心灵深处的“祁祁豳歌”和“萋萋楚吟”，他不仅听到了池塘边上春草生长的声音、园柳枝头的鸟鸣，还听到了远山叫他归隐。

“索居易永久，离群难处心。持操岂独古，无闷征在今。”“索居”的时光会变长，“离群”的心往哪儿放？他表示，我不信只有古人才能如《易》所言“龙德而隐，遁世无闷”，今天让我也用归隐来做个证明。只一池春水荡漾，就让他起了归隐的遐想，更何况还有远山凝碧，这令他更加心往神驰。

他进山了，不是去游山玩水，而是去定居，不是在方便处定居，而是在险要处，在刺破青天的险要处定居。这样的居处，哪里像别墅，更像是山寨。

《资治通鉴》说他“好为山泽之游，穷幽极险，从者数百人，伐木开径，百姓惊扰，以为山贼”。这哪里是要隐居？他像山大王那样在山里搞开发呀。在山上结寨，聚族而居，真不愧为将门之子，以兵法安居，以格律写诗，确有乃祖遗风，这岂不又摆出了当年“谢与马，共天下”的架势？所以，他被人告了。

在山里，若论一边写诗一边打游击，毛泽东可谓登峰造极。千载以后，唯有毛泽东真正理解了谢灵运，以“无限风光在险峰”与他作通古今的共鸣。毛泽东喜读谢诗，《古诗源》里收录了谢诗二十四首，毛泽东圈读了二十二首，并在“一归自然”“匠心独运”“在新在俊”等评语处，画下了他的线和圈。尤于《登池上楼》诗旁，毛泽东写下了这样一段批语：“通篇矛盾。‘进德智所拙，退耕力不任’，见矛盾所在。此人一生矛盾着。想做大官而不能，‘进德智所拙’也。做林下封君，又不愿意。一辈子生活在这个矛盾之中。晚节造反，矛盾达于极点。‘韩亡子房奋，秦帝鲁连耻。本自江海人，忠义感君子。’是造反的檄文。”毛泽东发现，谢灵运有反骨，谢诗里露出了想造反的苗头。此说出自陈晋《毛泽东读评谢灵运》一文，陈晋指出，毛泽东对谢灵运的山水诗评价很高，说唐代山水诗从谢灵运发展而来，尤其喜欢他向造反诗的转变。

然而，谢诗里是否早就埋伏了造反的潜意识？毛泽东没有说。

不过，谢灵运的山水诗已不再是那种“俯仰自得，游心太玄”的诗，也不是回归自然的诗，他不仅在形式上拧紧了格律的发条，内容上也真的紧张起来了。让我们来看看他的冒险精神是如何在险峰上作秀的：

跻险筑幽居，披云卧石门。
苔滑谁能步，葛弱岂可扪。
袅袅秋风过，萋萋春草繁。
美人游不还，佳期何由敦。
芳尘凝瑶席，清醑满金樽。

洞庭空波澜，桂枝徒攀翻。
结念属霄汉，孤景莫与谖。
俯濯石下潭，仰看条上猿。
早闻夕飚急，晚见朝日暾。
崖倾光难留，林深响易奔。
感往虑有复，理来情无存。
庶持乘日车，得以慰营魂。
匪为众人说，冀与智者论。

在峰顶上，于险要处，安居下来，要有不顾一切挑战极限的勇气。驱动他的不是经济利益，而是身临绝顶睥睨天下的审美价值和占山为王的潜意识。

当他在山峰上披云而卧、餐风饮露时，那是怎样的感觉？

若非游仙，那也是要受命于天了——春来我已先开口！

山顶上生满了苔，“苔滑谁能步”？要扶藤而行，然而“葛弱岂可扪”？藤也靠不住。他在这样的地方约了美人来。可美人没来，只有他在山顶上独自在等待，美人来不来？

约定的时间到了，他将筵席摆开，替美人斟好了美酒，眼看着洞庭湖的波澜落了又起，他折了一枝又一枝桂花，等了又等，可美人还是没来，他依旧继续等待。

他在山顶上，能像殷浩那样“我与我周旋久，宁作我”吗？陶渊明“结庐在人境，而无车马喧”，因其能心远。谢之心难远，就往深山里去，攀到山顶上，以地远安身，在人迹罕至的险要处，缔造山水诗的王国。

“袅袅秋风过，萋萋春草繁”，这是美人要来的信号吧。他挂念天上，幽居山顶，像“等待戈多”一样等待美人。

西方流浪汉说，他们同戈多有约，戈多来了他们就得救了。东方诗人说，他们同美人有约，美人来了，他们就得救了，可美人却迟迟未来。于是，西方文明在街头问道：戈多是谁？这一问，就回到了西方文明的根底——古希腊神谕：认识你自己。等待戈多，终归就是认识你自己。而东方诗人与美人有约，也是相约自我。陶渊明“悠然见南山”，那“南山”就是自我，有了自我参与，李白才能“举杯邀明月，对影成三人”。

谢与美人有约，可美人却不曾光临，因此啊，他五心不定，立不住根本，忽儿“俯濯石下潭”，忽儿“仰看条上猿”，精神一飘浮，时光就游离。

还没到晚上，晚风就起来了，吹得那么急，本来山里的阳光来得就慢，而且“光难留”，被急风这么一吹，阳光就跑得快，而白天就更短了。

急风吹林，似万马奔，踏破山顶，踏出满天星，为美人吟。

见“南山”，陶渊明“悠然”；等“美人”，谢灵运“飏急”……

山水诗人谢灵运

唐代大诗人刘禹锡有一首诗流传甚广，诗名《乌衣巷》。乌衣巷是东晋时南京秦淮河南岸的高档社区，曾是三国东吴的禁军所在地，因禁军穿黑衣，被称为“乌衣巷”。东晋时，王导、谢安两大家族南迁之后，便居于此地，引来豪门争相置地建宅，巨室栉比，衡宇相望，成为富贵之区。那时，这一带，冠盖簪缨如云涌，子弟皆被称为“乌衣郎”，据说从乌衣巷跨越秦淮河的朱雀桥重楼里的朱雀，即为谢安所建。

刘禹锡对这首怀古诗颇为得意，时间之无情、历史之无常都结晶在这四句中了。“朱雀桥边野草花，乌衣巷口夕阳斜。旧时王谢堂前燕，飞入寻常百姓家。”不用说，唐朝时，这里已是寻常人家了。

而在东晋，谢家与王家可是望族中的望族，东晋江山的扛鼎，为众世家所仰望。谢家在东晋初年还是比较普通的士族，郡望为河南陈郡阳夏，谢安父亲谢裒是谢鲲的弟弟，文笔出众，西晋时在洛阳琅琊王司马睿王府中任掾吏。永嘉元年司马睿南迁建业，谢裒与哥哥谢鲲率领谢氏一门追随琅

陶男俑，南朝，高 35 厘米，江苏省南京市幕府山出土，南京博物院藏

琊王至南京。作为北方带来的亲信，谢裒先被拜为参军，后升任吏部尚书，封万寿子爵，阳夏谢氏至此发达为士族。但在门第出身为第一要义的东晋，由于谢家祖上地位不高，直到东晋中期谢安，谢家的名望才如日中天。谢安比王羲之小，与王羲之交友甚好，将侄女谢道韫许配于王羲之次子，王谢两家联姻，大概是南京乌衣巷一大风景。

谢安是谢玄的叔叔，谢玄是谢灵运的爷爷，为东晋名将，有经国才略，淝水之战时任前锋督导，遣部下刘牢之率精锐“北府兵”夜袭洛涧，首战告捷。再计诱数十倍于己的前秦部队，大败之。谢安一句“小儿破贼矣”，指的就是谢玄及其兄弟。

到了谢灵运时，王羲之已经逝了，淝水之战也打完了。太爷爷谢安、爷爷谢玄保卫下来的东晋江山，够他们的子孙安享一阵子了。承蒙祖荫，谢灵运袭封康乐公，他在东晋末世安帝和恭帝的王朝不得志，便开始游山玩水，写山水诗了。

中国士人的精神生活多在自然山水中徜徉，也只有在山水里，精神才可能自由高蹈。山水诗、山水画、高山流水之山水乐，将人的审美诉求寄情于山水，将人文的关怀隐逸在山水里。山水远离朝廷，远离官场，远离市井名利场，是隐逸者的家园。他们在这里观山阅水，吐胸中块垒，笔墨底端，别开生面，自成一座审美的文化江山。这就是谢灵运的追求，也是中国山水诗产生的肥沃土壤。

谢鲲墓志

刻于东晋太宁元年（公元323年），志文："晋故豫章内史陈国阳夏谢鲲幼舆……"4行67个字，笔势遒劲，结构严谨，是研究魏晋书法的珍贵资料。

谢鲲，字幼舆，出身陈郡阳夏谢氏，是谢安的伯父，"八王之乱"时，任东海王司马越参军，后避乱渡江，为谢家第一代南迁始祖，入琅琊王氏王敦幕为长史，又封咸宁侯。以儒学世家转道家玄学，从西晋到东晋，从江北到江南，如一道活下来的魏晋风度的风景，宠辱不惊，世事等闲，名列"江左八达"，谢家由此进入名士门第。王敦是王导的堂兄，早有不臣之心，王导劝之，不听。谢鲲更是屡屡相劝，王敦当然也不听，只是想借谢鲲之高名，才不杀之，任命他为豫章太守。谢鲲为政清明，深受百姓爱戴，病逝任上。

谢鲲墓志，东晋，高60厘米，宽16.5厘米，厚11厘米，南京博物院藏

08

不做英雄做老农

魏晋之人能写思辨的诗，是唐朝诗人所不及的。唐诗直观，形象大于思想，虽然好看，却少了思辨。思想力量弱了，就用气势来撑，宋人批评李白就是如此。宋诗好言理，留有格物致知痕迹，却未能“游心太玄”。

只有世说新语时代的诗人，从老庄出发写出了玄学的诗。老子本来就是大诗人，我们把他当作思想家时，总忘了他以诗运思的思维方式。

如果要给诗人的江山排座次，排第一位的就应该是老子。《老子》五千言，是一篇道的思辨之诗；排第二位的是孙子，那《孙子兵法》居然也是用诗写的；第三位才是屈原，但自觉的写诗是从他开始的，数他第一，根据“太上无为”原则，我们把他放在了老子和孙子后面，因为老子和孙子的诗都“无为”。

庄子的气质，自由散漫如诗，但他的运思方式却是散文式的，这也许是为了争鸣的需要。百家争鸣时，散文比诗歌合适，而诗意则流淌在散文里。后人爱读庄子，除了他讲的那些道理，还有汪洋恣肆的诗意的美。

将玄学思辨诗化是从嵇康和阮籍开始的，嵇康“游心太玄”就不用说了，阮籍咏怀，连“感彼墨子，怀此杨朱”都往诗里去，更别说还有“太上立德，其次立功”了。这样的句子都是诸子遗传，入诗太硬，到了陶渊明就化开了，如盐溶于水，触不到思辨的棱角，思与诗在美的领域统一。因此，先秦以下诗人，陶渊明可称第一，其价值被人发现是宋以后的事情。宋人有理癖，其理路上不光出现了理学，还以理入诗。

一个“理”字便是宋诗的特色，以此诗眼读古人，才发现了陶渊明。陶渊明其诗与人，在当时并不出名，刘义庆写《世说新语》没有将他写进去。而钟嵘《诗品》则把他的诗列在中品，这还是因为“每观其文，想其人德。世叹其质直”，言其诗之好处，也只是在为他辩解——“岂直为田家语耶？”然后给他戴了一顶“古今隐逸诗人之宗”的帽子，使他的诗域一下变窄，成了隐士诗。

陶诗的妙处在于，他的理完全诗化了，而他的诗却没有了说理的痕迹，只留下玄学底子。将玄学底子坐实于生活之中，理便有了着落，诗亦形而上了。

钟嵘未见于此，是因为他本来就不喜欢玄言诗，他批评玄言诗“理过其辞，淡乎寡味”，似《道德经》。他不懂得那《道德经》正是人间第一等思辨好诗。

陶诗虽然篇篇有酒，但其佳处不在此，而在田园诗。他以田园诗抒发玄学味，以花和酒起玄远之思。

结庐在人境，而无车马喧。
问君何能尔？心远地自偏。
采菊东篱下，悠然见南山。
山气日夕佳，飞鸟相与还。
此中有真意，欲辨已忘言。

此诗名为“饮酒”，而通篇却无“酒”字，不仅没有“酒”字，连一点儿醉意都没有。但这只是一组诗里的一首，别的诗，有的有酒，有的没酒。

酒是要发酵的，诗意如酒，也要发酵。在西方美学里，发酵的是酒神精神。酒神在个体生命里发酵，发酵出自由意志，涌动起冲决网罗之潮。而日神却在一旁观照。尼采认为，人类生来就有两种精神，除了酒神精神，还有日神精神。日神高踞奥林匹斯山上，万物因日之光而有形象。

酒神为了自由意志而行动，日神因其理性方式而观照。酒神是自由意志的代表，对世界充满了欲求，而日神则要你通过反思“认识你自己”，即认识自由意志的界限，使充满人欲的行为有节制——“毋过”。

自由意志必须以理性的方式来确认自己，使基于人欲的行动具有合法性。当两者高度统一时，即自由的个体实现了相应的法权形式，欢乐就已开始。否则就会痛苦，就需要艺术使人“从形象得解脱”。人在行动中苦恼重重，忽然跳出来，以日神的方式来观照一下，那时你会发现，酒神在其中痛苦挣扎的世界，是一件庄严的艺术品，有其完美形式。

人类之苦靠理性难以解脱，而审美，很可能是一条通路。

不过，东方诗学里另有一条路，向人的自由意志开放。这条路，在嵇康是“游心太玄”，在陶渊明则是回归自然，一个向往天空，一个扎根大地。在这条诗化之路上，精神没有两分，因为没有神参与，所以并非神的属性，其根本不离人文。好处在于，保留了完整性，并留有退路，不足在于，没有神的提升，精神发展的上升通道难以打开，更为广阔的普世性的信仰空间无从建立起来。

精神虽然没有两分，却指向两个维度，一个是英雄的维度，一个是隐士的维度。英雄的维度不断受阻，就选择隐士的维度。但隐士并非英雄的末路，因此，隐士多有英雄性格，隐士的深度取决于他的英雄元素。

陶渊明从《山海经》里汲取了悲剧性的英雄元素，如“精卫衔微木，将以填沧海，刑天舞干戚，猛志固常在”，还有“夸父诞宏志，乃与日竞走”等。他的英雄性格来源于神话，其隐士身份便是“羲皇上人”。这位“羲皇上人”可谓彻底归隐，不仅退出王朝，还退出士林，他没有像嵇康那样，作为最高存在的祭礼去当烈士，而是拿起锄头回归田园去刨地。

当年，孔子早就说过“吾不如老圃”“吾不如老农”，后人读《论语》，每每读到此处，便以为孔子眼里只有仕途，不屑于此。其实，这是误读了孔子。“老”为敬语，士人之尊者，他尊之为“老子”，而农人之尊者，他便称之为“老农”了。春秋时代便有农家学派，学派中人即孔子所谓“老农”。“老农”多为隐士，他们批评孔子“四体不勤，五谷不分”。孔子接受了批评，但他认为，士人退回去做农民只是一条路，还有别的路，“学而优则仕”就是另一条路，这条路由他千辛万苦开辟出来，他必须坚持。

如今，陶渊明从这条路上退出了，先于他退出的有嵇康和阮籍，但他们退到老庄那里就停止了，停留在玄学里，如云中鹤，高蹈于天，追求着玄之又玄。嵇康打铁如同庄子钓鱼，虽然没有经济上的意义，却有着政治文化的暗示。正是这种暗示使惠施怀疑过庄子，使嵇康不仅得罪了钟会，而且获罪于司马氏。若不求经济自立，还在等待政治时机，这样的玄学之士其实很容易被朝廷召回去。嵇康死后，那位注《庄子》的向秀就被司马氏召了回去。

因此，老庄之徒与孔孟之徒互补，是在同一条道路上两种不同的态度——非仕即隐，由隐转仕，而陶渊明则从仕与隐的结构退出，走上了“老农”之路。他退得那么彻底，所以才能“结庐在人境，而无车马喧”，才能“问君何能尔，心远地自偏”。王安石以为，自有诗人以来，没有人这样写诗。

不过，他这首诗还是以玄学为底子，有玄味的美散发，若说嵇康“目送归鸿，手挥五弦”有一种天人之际的美，那么“采菊东篱下，悠然见南山”则如海德格尔所言，乃诗意的栖居于大地。诗尾“此中有真意，欲辨已忘言”，分明有玄味。

陶诗将玄味的美写到了极致，但这并非他独到的贡献。他的独到之处是使玄学“老农”化、玄味田园化了。元好问诗云：“君看陶集中，饮酒与归田。此翁岂作诗，真写胸中天。”诗中提到“归田”，陶诗有《归园田居》，由玄味向农味转变：

少无适俗韵，性本爱丘山。
误落尘网中，一去三十年。
羁鸟恋旧林，池鱼思故渊。

开荒南野际，守拙归园田。
方宅十余亩，草屋八九间。
榆柳荫后檐，桃李罗堂前。
暧暧远人村，依依墟里烟。
狗吠深巷中，鸡鸣桑树颠。
户庭无尘杂，虚室有余闲。
久在樊笼里，复得返自然。

此诗玄味犹在，但农味更足，诗的主体性已非玄学之士，而是“老农”。“老农”出手，才能写出如此这般“朴素而天下莫能与之争美”的田园诗。

古今诗人，豪放如苏轼之“老夫聊发少年狂”，婉约如李清照之“人比黄花瘦”，多多少少，总还是有那么一点儿审美的矜持和做作的架势，难以自然写诗。唯有陶渊明能自然而然地写诗，所以宋人佩服他，称他第一。

唐人不谙于此道，例如，白居易就说：“先生去已久，纸墨有遗文。篇篇劝我饮，此外无所云。我从老大来，窃慕其为人。其他不可及，且效醉昏昏。”唐朝诗人佩服陶渊明，是佩服他能饮，而非佩服他的诗文，“老农”学不来，先学了“醉昏昏”。

唐诗率性，向外攫取，雄大而活泼的直观力将自然和历史之美都捉来，一齐放在了诗里。宋学究理，反求诸己，欲以此理趣翻越唐诗的江山。

以哲人而为诗人，当以先秦老子为第一人；以诗人而为哲人，先秦以下唯有陶渊明。宋人小瞧李白，就因为李白只是诗人，还算不上哲人。

欧阳修说，吾爱陶渊明，最爱《归去来兮辞》：“归去来兮，田园将芜胡不归！”那“田园”不是几间老屋，几亩旧土，而是陶渊明的老家，是他的根本呀！

眼看着“田园”就要荒芜了，陶渊明一再催促自己：赶快回去！回去，可以安顿好心灵，免得自己“心为形役”，老是“惆怅而独悲”。当下觉悟了还不迟——“实迷途其未远”，赶回去还来得及——“知来者之可追”。

故放舟一叶，欸乃归去，“舟遥遥以轻飏，风飘飘而吹衣”。

上岸了，他自问道，前面还有多少路程？连时间都这样慢啊——“恨晨光之熹微”。“熹微”中，他终于看清了，家就在前面，便“载欣载奔”回家去。

“僮仆欢迎，稚子候门”，这一刻啊，他是世上最幸福的人。

眼下，“三径就荒”，可“松菊犹存”，只要再打理一下，还会繁花似锦，“携幼入室，有酒盈樽”，美酒早就在那里恭候他，还有比美酒更醉人的亲情。

他拿起酒壶，自斟自饮，醉眄庭柯，足以“倚南窗以寄傲”。思如一片云，“无心以出岫”，神似一只鸟，“倦飞而知还”。归去来兮，息交而绝游，他以孤松为友，“抚孤松而盘桓”，或“悦亲戚之情话”，或“乐琴书以消忧”。就这样，春天来了，“木欣欣以向荣，泉涓涓而始流”，他往山青水碧中去，有时驱车远行，有时放舟漫游。“既窈窕以寻壑，亦崎岖而经丘”，登山临水，曲径通幽。

农人来告知，农时已开始。他要春耕去，就在那田西头。他脱离了王朝体制，再也不想回去。为了王朝里那一份收入，他要出卖自己。连自己都卖了，富贵还有什么意义呢？有邻人好心来劝他，说仕途的好处：

清晨闻叩门，倒裳往自开。
问子为谁欤，田父有好怀。
壶浆远见候，疑我与时乖。
褴缕茅檐下，未足为高栖。
一世皆尚同，愿君汩其泥。
深感父老言，禀气寡所谐。
纡辔诚可学，违己讵非迷。
且共欢此饮，吾驾不可回。

一大早，他就听见了敲门声，连衣服都没穿好就去开门，问一声：谁呀？

原来是邻人。邻人好心情，要与他共饮，早已备好了酒菜，就等他起来。

两人一边喝一边说，邻人劝他：何必待在乡下？回去算了。做官不要太认真，人家怎样做你就照样做。他说，我本性如此，何必要改变？回去不是不可以，但我何必扭曲自己？我们在这里喝喝酒多好，何必回去！

颜延之来看望他，跟他一起喝酒，临行留下两万钱，他也不推辞，都送到酒店去了，抵他每天的酒钱。他在自家菊丛里赏菊，有人带酒来，就在菊丛里喝，喝醉了便对客人说："我醉欲眠，卿可去。"每饮，自带一琴，那是无弦琴，边饮边抚琴。

人谓其不解音律，可谁知大音希声？大音如菊，灿放东篱；大音如云，逝彼南岭；大音如醉，心潮涌起；大音如雷，鸣于心底。"于无声处听惊雷"矣。嵇康手挥五弦，一死而大音绝矣，渊明抚无弦琴，大音起于无声。无听之以耳，听之以心，耳听无声，用心听，他听到了《山海经》。

《山海经》是自由意志的图腾化大合唱，唱出了中国式的酒神精神。刑天来了，他的头颅呢？飞向天空，化作雷吼，血溅宇宙。于是，他以乳为目，以脐为口，拿起斧头和盾牌，继续战斗，无死无休。还有夸父，与日竞走，有精卫鸟，向大海复仇……

醉翁之意不在酒，醉了，才能听到酒神吼，请来酒神，安放在心头。喝一杯酒，打开心中宇宙，向酒神敬酒，醉倒山和海，英雄流出来。

醒来，眼前是日神普照的世界，由日神的普世之光主宰，日神赋形于万物，使万物开显，于是，"众鸟欣有托，吾亦爱吾庐"，于是，"微雨从东来，好风与之俱"。而他，就在这样的天地之间耕读，"俯仰终宇宙，不乐复何如"？

这就是诗，西方美学里难以调和的对立在他的诗里统一了，而且原本就是统一的，没有经过精神分裂的异化就达到了高度自觉，此其所以素朴而伟大也。古今论家，论陶诗之美者，皆言其诗"淡泊"。"淡泊"二字是从风格上来说，而非从精神上来说，所以，还不足以见陶诗之伟大。其伟大在于精神上的高度自觉和统一，使其人格独立如原子，自由意志获得了一种美的形式——回归自然的诗，而非走向命运的悲剧。

他去世以后，江南有位王子，以忧郁的眼睛发现了他的价值，并收集他的诗文，编成《陶渊明集》，成为中国第一本文人专集。王子为该集作序曰：有疑陶渊明诗，篇篇有酒，吾观其意不在酒，亦寄酒为迹者也。其文章不群，辞彩精拔，跌宕昭彰，独超众类，抑扬爽朗，莫之与京。

这位王子就是编纂了《昭明文选》的昭明太子萧统，他说的话当然权威，可他出现时，世说新语时代已是尾声了，这样的评价来晚了，不久就没人听了。

宋人重新发现了陶渊明。欧阳修说，晋人文章，他佩服的只有一篇《归去来兮辞》。苏轼《与苏辙书》也这样说："吾于诗人无所甚好，独好渊明之诗。"他还说，渊明之诗，"质而实绮，癯而实腴，自曹、刘、鲍、谢、李、杜诸人，皆莫过也"。不仅魏晋以来的诗人，就连盛唐诗人李白、杜甫也不及渊明。

这样的评价当然是很高了，但他们谁也没有看出渊明的这一思想来自"老农"，谁也没有想到他归于平淡的诗歌形式，竟然蕴含了绚烂之极的自由意志——酒神精神。陶渊明的诗，已经超越了诗本身，而具有更高的思想史和文化史的意义。

春秋时代是思想运动的天下，造就了老子和孔子这对峙的理性两极，而世说新语时代是审美取向的世界，它孕育了嵇康和陶渊明这殊美的人格化两极。

一个民族，仅有伟大的思想是不够的，还要有伟大的人格来支撑。

《归去来图》卷（局部），（明）陈洪绶绘，绢本，设色，纵 30.3 厘米，横 308 厘米，火奴鲁鲁艺术学院藏

玄味田园化

陶渊明将玄味的美化为诗意，化到了极致，化在桑麻种田中。

晚明画家陈洪绶作《归去来图》，绘陶渊明高逸生活中的十一个情节，规劝老友周亮工大可不必折腰清朝，不如学陶翁挂印归去。用心良苦，画品绝顶。线条拙如古篆，线韵爽朗雄辩，有石之骨，风之韵，内蕴筋力，别有怀抱。画题更是幽玄通达，诸如“贳酒”题“有钱不守，吾媚吾口”，写得太好了！喝酒到此，高妙无以复加。“行乞”题：“辞禄之臣，乞食之人。”“解印”题：“糊口而来，折腰则去，乱世之出处。”画面古奇高远，却有一派农家轻风掠过。老莲（陈洪绶）的朴墨里，飘逸着陶翁的田园禾香。

《东篱高士图》轴，（南宋）梁楷绘，绢本，纵 71.5 厘米，横 36.7 厘米，台北故宫博物院藏

东篱高士图

江南六朝在人与山川相映发中开始了新的历史表现。从三国逐鹿到司马家统一，热衷于用计把人性的幽暗处雕琢得更幽暗了。人欲太累了，必须走出来，走进自然，走进太阳，以山川为镜子，重新发现人性的美，在具体的个体中表现出来美的姿态。首先是宋人发现了东晋高士陶渊明的归隐之美。

东晋一个山水，一个田园，一个谢灵运，一个陶渊明。名士风起，士林风靡，留下一道高士风景线。

陶渊明，采菊东篱，戴月荷锄，耕耘田园，植独立精神之苗，自由思想之树。宋代画家梁楷笔下的“东篱高士”，右手举禾，左手持杖，衣带巾帽飘逸，宋人，尤其苏东坡，惊为天人之美。

横吹画像砖，南朝，长38厘米，宽18.3厘米，厚6.2厘米，画面为徒步前进的军乐队，河南省邓州市出土，中国国家博物馆藏

王子乔吹笛引凤

贵妇出游画像砖，南朝，高19厘米，宽38厘米，厚6厘米，河南省邓州市出土，河南博物院藏

甲马画像砖，南朝，高19厘米，宽38厘米，厚6.3厘米，河南省邓州市出土，中国国家博物馆藏

时来天地皆同力

魏晋风度与江南烟雨共氤氲，沁润文明心脾，湿透了一砖一瓦，一什一器、一街一巷、一兵一卒，酣畅自由。虎头双人首蛇抑或凤凰画像砖皆欲飞翔；模印拼嵌砖画羽人戏虎，出土于丹阳金家村六朝大墓，墓主人有三种说法，或东昏侯萧宝卷，或齐明帝萧鸾，或惠文太子。无论谁，六朝人都会将虎想象成飞龙，弥漫着展翅欲飞的浪漫气氛；出土于江苏镇江隆安二年东晋大墓的白虎、青龙的飞姿，飞得脱俗；同墓的玄武飞扬，自信而自由，憨态可掬。贵妇出游的风姿，飞之绰约；美的战士，奏乐，有如列子御风而行，豪迈而自尊；高贵的甲马，高蹈而幽默。神话内容的王子乔吹笛引凤、历史内容的商山四皓、阮咸琵琶语，以音乐将人引入流畅自由的审美氛围。

南朝从王羲之、谢安、顾恺之、陶渊明、谢灵运等诗性的文学、艺术巨人，到民间生活的飞扬，反映了江南六朝一次伟大的文化转型和文艺复兴样式。

乐舞纹黄釉陶扁壶，北齐，高 19.5 厘米，口径 6.4 厘米，河南省安阳市北齐武平六年范粹墓出土，河南博物院藏

莲花纹银碗，东魏，高 3.4 厘米，口径 9.2 厘米，足径 3.5 厘米，河北省赞皇县邢郭村李希宗墓出土，正定县文物保管所藏

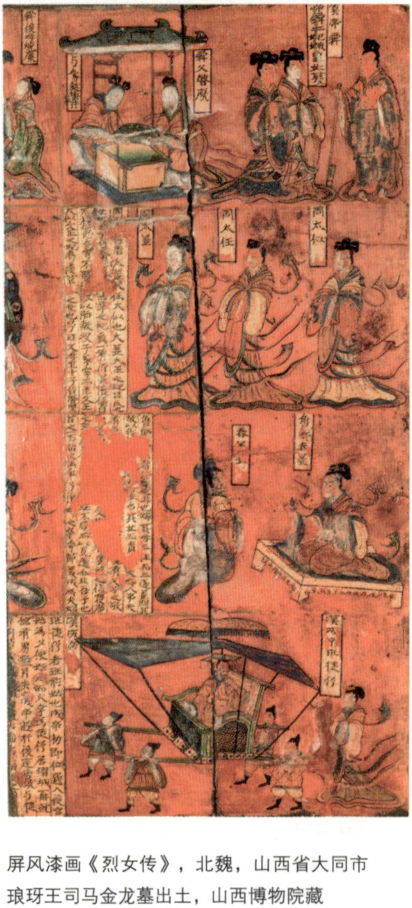

屏风漆画《烈女传》，北魏，山西省大同市琅琊王司马金龙墓出土，山西博物院藏

彩绘陶笼冠侍吏俑，北魏，高 32 厘米，宽 6.8 厘米，广袖长衣在上层社会中颇为流行，故宫博物院藏

世说新语时代

世说新语时代，一元破碎了，多元复兴，美属于个体，而非王朝。南朝刘宋宗室临川王刘义庆蓄聚文人学士，编撰《世说》，将东汉后期到晋、宋期间的名士轶事、清谈之风趣、优雅、玄智一一立此存照。梁刘孝标作注。为与汉刘向所著《世说》区别，宋以后改称《世说新语》。与王朝修史不同，“世说”散发着自由气息，恰是那个时代的士人群体的风采。

北朝“风景如画”

东晋实际所能控制的疆域很有限，仅有汉地的江南和荆楚地区，基本属于长江中下游，有风调雨顺的自然恩舍，有鱼米之乡的殷实，有舟楫之利的交通。衣冠南渡后，南北精英士族融合成一股建设的力量，合力经营这一富饶的流域，发展为中国经济最富庶、文化最发达的地区。同时的北方进入五胡十六国，一方面，各少数民族割据分治，战争不断；一方面因多元融合，形成了丰富多彩的文化样式。

陶俑头像（2件），北魏，高 5.0–7.8 厘米，河南省洛阳市永宁寺遗址塔基出土，中国社会科学院考古研究所洛阳工作队藏

《鞍马出行图》壁画，北齐，横长630厘米，山西省太原市王家峰北齐武平二年徐显秀墓出土

陶骑马武士俑，北魏，高约38厘米，陕西省西安市草厂坡出土

南北朝

公元420年，东晋权臣刘裕逼迫晋恭帝司马德文禅让帝位，建立刘宋王朝，开启了南朝新时代，司马家当年禅帝位的历史又重演了。刘宋之后，有萧齐、萧梁、南陈三朝经营江南。公元589年，隋朝灭南陈统一中国，宋、齐、梁、陈四朝共历169年的时间，皆建都建业（今南京），加上东晋、三国孙吴都城建业，南京被称为六朝古都。再加上东晋、孙吴的一百五十多年，三百多年的经营，以建业为中心的吴越荆楚之地，经济、文化以及艺术得到了空前的发展。有竞争就有自由创造的空间，因此，这一时期人的创造力也得到了空前的展示。这里是江南，生活富庶，精神丰满。

与南朝对应，是鲜卑人在北方建立的北魏、东魏、西魏、北齐、北周几个具有政治文化建设能力的政权，推动北方民族大融合以及汉化进程，浩浩荡荡，呼应江南，史称“南北朝”。南北朝在历史上是一个王朝割据

加彩陶武官俑、陶文官俑，西魏，高 40.2 厘米、38.9 厘米，陕西省汉中市崔家营西魏墓出土

陶武士俑，北魏，高 30.8 厘米，河南省洛阳市元邵墓出土

的“小时代”，却是一个丰富、精彩、活力四射的文化中国的大时代。历史的机遇不光恩惠士族，对于寒族及其个体都给予了机会。

洛阳永宁寺的两件北魏陶俑头像，应为供养人造像，精美细腻，代表了当时造型艺术的最高水准。

北齐《鞍马出行图》壁画，出土于山西太原北齐武安王徐显秀墓，墓室东西两壁分别绘有仆从簇拥的鞍马和牛车，以出行的方式表现主人的显

《北齐校书图》卷（宋摹本），（北齐）杨子华绘，绢本，设色，纵 27.6 厘米，横 144 厘米，美国波士顿美术馆藏

赫地位。马鞍上铺的联珠纹织锦两端，织的是戴花冠的头像，据说是菩萨头像，是在西域的希腊化的混搭风。

北齐乐舞纹陶扁壶，出土于河南安阳北齐武平六年范粹墓，壶造型仿马上民族皮囊，壶身有胡人、胡舞、胡乐器。

大同石家寨司马金龙墓出土北魏彩漆烈女画屏，讲述的是汉代刘向所作《列女传》故事，画风得东晋顾恺之笔意，线条悠缓自如。

即便泥塑陶俑，如北魏文吏俑、北齐武士的线条，虽有夸张，但线条仍不失流畅；那位北魏上流社会的夫人，亦步亦趋南朝服饰。

东魏莲花纹银碗，斟满酒后，因折光之效，有酒波荡漾陶醉之感，可见北朝的金银细工亦不输南朝。

《北齐校书图》，朝廷提倡汉文，组织才学之士校点书籍；莫高窟 296 窟中的壁画描绘了北周很好地保持了丝绸之路上的商旅往来。

那来自西北的骑士与两位陶俑武士风范迥异，但他们同为西魏战士。北魏甲马骑士给骏马披上铠甲，并排而行，一排排连起来就是连环马，北

魏纵横天下就靠连环马，金人入主中原也靠连环马，后来岳飞破了它，使它变成了“拐子马”。

东魏贴金彩绘石雕佛菩萨，表明佛教艺术在这一时期的北方已经很成熟，华丽褪去，天衣残存，微笑永恒。

09

桃花源的六朝往事

陶渊明不仅写了《归去来兮辞》，还写了一篇《桃花源记》。前一篇是现实主义的安顿，后一篇是理想主义的寻求。这世上居然还有个能远离王朝的去处，那是当年避秦乱的秦遗民及其后代的隐居地，他们在那里生生不息，传宗接代，却不知有所谓汉，更无论魏晋了。

文中说到，晋太元中，有个渔人沿溪水捕鱼，忘路之远近。“忽逢桃花林，夹岸数百步，中无杂树，芳草鲜美，落英缤纷。”

美啊！渔人一直往前行，穿过桃花林，“林尽水源，便得一山，山有小口，仿佛若有光”，便舍船，从山口进入，口很小，“才通人，复行数十步，豁然开朗”。

原来这里别有天地，出现了一个美丽的村庄。此地此民给渔人留下了深刻印象，其中特别提到，“男女衣着，悉如外人，黄发垂髫”，与中土之人不太一样。

此地人好客，见了渔人都来问好，还设酒杀鸡宴请渔人。一家接着一家宴请，渔人天天酒足饭饱，待了数日要告辞。

临行时，这里的人都要求他不要到外面去说这个地方。他一出来回到船上，便沿路返回，一路上他都留下了标记，到了郡城立马就对太守说了。

太守马上派人随他同往，沿着他留下的标记寻去，却再也找不到那地方。南阳刘子骥是个高尚的人，听说后也去寻找，病终未果，此后无人再问了。

刘子骥是陶渊明的远房亲戚，在《晋书》和《世说新语》里都有记载，陶渊明在文章的结尾处提到了刘子骥，说明桃花源的传说有迹可循，以人品作证。

这两篇文章是陶渊明思想的两个重要标记，一个是针对他自身的，他特别强调了家的重要性，当他的文化个体性与王朝中国发生冲突，他还可以回家，可当一个社会与王朝中国发生冲突，他能往哪去呢？陶渊明提供了一种可能，那就是桃花源。

桃花源，源自老子的“小国寡民”，是“小国寡民”图式的魏晋版本，是玄学思想的社会化传奇。它完全可以离开王朝而存在，可自命为“普天之下，莫非王土”的王朝，哪一个会放过它呢？作为王朝代表的太守不是已闻讯而动去寻找了吗？

我们没有必要非得将桃花源看作一个具体的现实性存在，最好把它看作一个理想性的社会化传奇。这一传奇虽然不一定是真实的，却有可能是真实的。

最吸引人的就是可能性，尤其乱世，可能性能给人慰藉和指引。

中国历史上有过两次衣冠南渡，从两晋到两宋，相隔了数百年，都是由于异族入侵而导致的两次国难式移民，这两次移民潮都带来了中国的文艺复兴。

两晋文艺复兴，以诗性入思辨，而有玄学和清谈，以诗性入山水、田园，开了山水诗和田园诗的诗源。两宋文艺复兴，从玄学到理学，从清谈到讲学，从山水诗到山水画，从田园诗到耕读自治……士人桃花源，复活了陶翁古意，抒写着六朝往事。

苏东坡诗云：“自言官长如灵运，能使江山似永嘉。纵饮座中遗白帢，幽寻尽处见桃花。”这诗，前两句写谢灵运和永嘉，后两句写陶渊明喝酒，不光把头上的帽子喝掉了，还把桃花源喝出来了。那时，“桃花源”已为士人所向往，可往何处去寻觅呢？东坡诗云：到永嘉去！他劝朋友，为官一任，就要像谢灵运那样“能使江山似永嘉”。

那“江山”，便是文化的江山。

我们知道，宋代永嘉已不单是王朝属下的行政单位，还是文化中国的地理单元，它在王朝中国里名叫温州府，在文化中国的认同中，人称“永嘉”。自苏东坡倡导以来，永嘉便成为桃花源的去处，不知其本人是否到过永嘉，但他却使永嘉从区域性的文化认同变成了全国性的文化认同，不仅瓯江流域的本地人自称永嘉人，各地移民也都来投奔，在对桃花源的向往中，成为新的永嘉人。

南朝人看永嘉，一看人欲与山川，如陶弘景所言“实是欲界之仙都”，二看地利与城市，如丘迟所谓“控山带海，利兼水陆，实东南之沃壤，一都之巨会”。

而唐人的看法则改从桃花源上看，如杜甫《送裴虬尉永嘉》诗云：

孤屿亭何处，天涯水气中。
故人官就此，绝境与谁同。
隐吏逢梅福，看山忆谢公。
扁舟吾已僦，把钓待秋风。

诗中“孤屿”即江心屿，就在瓯江入海处。然《太平寰宇记》云，“孤屿”在永嘉江中。或曰，楠溪亦称永嘉江，原来同瓯江一样，可以直接入海，后因瓯江不断冲积，如吹喇叭般聚沙成滩，使滩涂向海湾拓展，致楠溪入海，亦须经由瓯江，“孤屿亭何处”？改在瓯江了。我们今日自瓯北观屿，两岸楼耸，孤屿不孤，已难见“天涯水气”。

“故人”裴虬要往永嘉去，永嘉虽远，却为“绝境”。“绝境”出自《桃花源记序》“来此绝境，不复出焉”，而“与谁同”之“谁”，当然就是桃花源了。

杜甫诗中说，你去吧，汉有梅福，晋有谢公，他们都去过了，船，我已替你“僦”——雇好了，你先在船上钓钓鱼吧，等着秋风起来了，就扬帆而去。

据说，最早发现永嘉山水的，并非王、谢之流，而是汉代梅福。

《永嘉县志·人物志》“寓贤”第一人就是梅福。王莽篡汉，他弃官而隐，“慕永嘉山水，遂居焉，今梅屿即其地也”。可论栖居，梅福行踪不定，论诗意，梅亦未留有诗的痕迹，所以，还得以谢公为据。谢公不仅有山水诗传世，还留下了山水居——“谢村”。

《永嘉县志·古迹志》说，“谢村”在积谷山下，谢在此“创第凿池”，离别永嘉时，“留其冢孙超祖侍太夫人于此，遂为永嘉人，村因以名”。“冢孙”，即嫡长孙，“超祖”，乃谢超祖，谢公的长孙，“太夫人”，即谢母，汉制，列侯之母称太夫人。

唐朝，永嘉已非重地，就做官而言，任职永嘉并非什么好差事，可要是怀有桃源理想，永嘉就是个好地方，当年孟浩然就曾“借问同舟客，何时到永嘉？”隋唐以后，家族式精英移民陆续在楠溪江流域建筑自己的家园。

五代杀戮，十国相争，在小王朝之间以及小王朝内部越演越酣，唯有吴越在钱氏家族的治下因安稳而富庶，永嘉成为这一时期士人望族的迁徙隐居之地。他们多半是仕宦世家，食俸持禄，功名在籍，但他们厌倦了纷乱的割据征战，辞掉了王权之累，重新拾起士人的巾帽，长途跋涉，在楠溪江中游停下了脚步。

至宋朝，永嘉便成为士人践履桃花源的好去处，若谓唐人之于桃花源还在向往中，其诗化之经历多半还是体验性的，那么宋人则以举家迁徙、聚族而居的方式，真去诗意地栖居了。从那时起，谢的裔孙们便追随祖迹，从积谷山下沿楠溪江去寻找桃源，来到鹤盛溪畔，见鹤舞如花，盛开于碧空，谓之“鹤阳”，遂入此地，宗族居之，日益繁衍开来，开出鹤盛、鹤湾、东皋、蓬溪等村，渐进于整个楠溪江流域，开村二十余。

南宋迁都临安，永嘉就在朝廷卧榻下变迁，从游仙的“欲界仙都”转向消费的“小杭州”，从养生的“小洞天”转向耕读的“小邹鲁”，从道教转向儒教。

但从“康乐侯”而来的“康乐”二字依然，其本质未变。“康乐”之于游仙，以永嘉为“欲界仙都”；“康乐”之于消费，以永嘉为“小杭州”；“康乐”之于养生，以永嘉为“小洞天”；“康乐”之于耕读，以永嘉为“弦歌满市衣冠盛”的“小邹鲁”。永嘉人的骨子里已自有一番“康乐”气质，在山海之间开显，开成“欲界仙都”，不仅以消费主义的文化品位成其“小杭州”样式，更以乐山乐水的仁和智造就“小邹鲁”模式。若问“小邹鲁”来历，追根溯源，还得回到南朝去。《永嘉县志》里说，“王右军导之以文教，谢康乐继之”，从此，永嘉“家务为学”，学到宋时，终于“学而优”，学成“小邹鲁”了。

王、谢本是道家徒，以之挂靠“小邹鲁”，乃强为之名。如言王、谢至永嘉，“人与山川相映发”当有之，若谓其尚文教，一如理学先生开堂讲学则未必。

羲之游瓯，初见于南朝《永嘉郡记》，述者郑辑之与谢灵运同时，言羲之往永嘉造访竹林居士张荐，唐人张又新《白鹤山》诗云：“白鹤山边秋复春，张文宅畔少风尘。欲驱五马寻真隐，谁是当初入竹人？”至此，金陵王、谢变成金瓯王、谢，金陵王、谢趋于政治文化，治国平天下；金瓯王、谢则寻求自我，走向“人与山川相映发”。

王、谢风流，流向何方？除了“飞入寻常百姓家”，不是还有“人与山川相映发”？那些“我与我周旋”的独立个体出发了，“山阴道上行，如在镜中游”，他们从万川水里看见自己的影子，从万重山中听到自己的回音，一任天风放飞自我的意识化。他们在括苍山下，楠溪江边，展开了一个个洋溢着山水情怀的诗意布局，其灵感虽然来自桃花源，但他们却以现实性的耕读社会取代了传奇性的小国寡民。

有人说，山水是中国士人的“圣经”。中国士人精神可以在自然山水中徜徉，借由山水诗、山水画，将人的审美情感寄之于水，将人的文化理想托付于山。

山水远离朝廷，可以隐逸，也能耕读，还能营造士人桃花源。永嘉之地，三面环山，一江入海，寇难入，很宜于桃花源般的耕读隐逸。此地有福，它吸引的是一家一族式的精英移民，而非某个高蹈之士的厌世避世。

东晋以后，能够披荆斩棘南渡来楠溪江的，一定是体魄健壮、精神丰硕的大宗族；而宋以后能够跋山涉水避乱至此的，也一定是有见识和自治能力的望族。他们要在这里建设以血缘为单位的宗族式乡村自治社会，一座耕读社会的文化江山。

宗族隐逸，要以富庶的山川托底。永嘉山水，山高水长，气候宜人，土地肥沃，又有舟楫之利，是个殷实的盆地，足以支撑士人携带家族追求诗意山水间的耕读生活。楠溪江甚隐蔽，却又天然地连山通海，为移民提供了开阔的精神领地与生活空间。

正是这种精英宗族移民模式，才使楠溪江不至于成为落草为寇的水泊梁山式的去处，也不至于成为封闭的客家围屋土楼，而是士大夫精神对山水信念的践履之处。

永嘉楠溪江流域移民村民居，
以白墙格子为特色

八王之乱之后，衣冠南渡的北方世家大族并非都往京城建业扎堆，很多有宗法自治抱负的精英家族在江南各地寻觅安身立命的家园，越地楠溪江流域成为首选，移民纷纷，至东晋明帝太宁元年在此设置永嘉郡，将这充满和平与希望的年号赐予了楠溪江流域。

公元 420 年，东晋大将刘裕取代东晋自立，建刘宋朝。赫赫有名的谢家子弟谢灵运被排挤到永嘉郡任太守。“旧时王谢堂前燕”，失去往日辉煌的谢氏家族，后来有一部分避难到永嘉，从此历朝追随山水诗的骚人墨客时时来永嘉凭吊山水诗祖谢灵运，以及这里的名山俊水。如今，永嘉郡楠溪江蓬溪村仍为谢灵运后裔聚族而居之地，“近云山舍”依然奉行祖训，耕读传家。

10

桃花源的营造法式

这是中国大地上保存最为完好的“乡绅耕读自治”的文明形态。这些古村落作为物化的文明样式，参差错落于永嘉楠溪江流域。

从唐、宋、元、明、清到民国时期的建筑风格，此地应有尽有，不仅为建筑学提供了具有“活化石”意义的历史样板，还为建筑考古提供了完整的依据；更为重要的是，一村一落的风水选址，一族一姓以血缘为纽带的内部功能布局，一屋一宅的宗族同姓的结构安排，在这些已经沉淀了八百年的时间形式中，沧桑的物质形态依旧保存了某种文明残损的意蕴和生机盎然的精神气质，这便是文化形态学意义上的“乡绅耕读自治”。

浮筏于楠溪江中，依两岸次第展开行程，那三十三座宗族村就错落于溪流河汉之间。夕照下的古村落，袅袅炊烟舒展着古老的生命力，便是楠溪江的本质和风骨了。在宋、元、明、清的老宅里参差着古往今来的节奏，宣示着中华文明传承的不朽款式。

永嘉人依山傍水，开田筑屋，聚族而居，创谱牒，建宗祠，引入楠溪两岸诗意：泉涌如涓的水调吟出山环水绕桑榆的村韵，小桥观冷月、碧落洒青石之夜，还有日落黄昏不如归去的笛音……岩头村金氏宗谱重修叙里，尚能见他们族居初心：汉武玉堂，石崇金谷，吴宫花草，晋代衣冠，都已人往风微，徒添伤感，孰若聚族而居，宅而宅，田而田，数百载如一日也乎。蓬溪谢氏宗谱亦曰：“古之贤士，多出为农，俯仰尘世，不如归耕。”

东晋以后，永嘉建郡，中原衣冠南渡，文人墨客或访山，或问水，或游宦，也亏得这好山好水，才配得上那些星宿般的人物：放飞了《兰亭序》的书圣王羲之，为《三国志》作注的史家裴松之，以“谢公屐”迈出山水诗第一步的格律化诗人谢灵运……有了六朝风流留下的人文底蕴，楠溪江流域已成为士人“盈盈眉眼处”的桃花源胜地了。

楠溪江中游以岩头村为中心，是全流域最大、最富庶的盆地。凭借士人信念，他们在这里相继建起了芙蓉、廊下、溪口、岩头、枫林、花坛、苍坡村，首先拉起了一道人文昌盛的风景线，构成楠溪江精英移民的核心区。

到了两宋，尤其南宋，楠溪江流域迎来了它历史上最灿烂的时代。

再好的水土也要有人来住，再好的风物也要有人来赏，这才成为所谓“财富”。当然，还要来居住和欣赏的人们有那么一份见识，懂得什么叫作“富庶”。有宋一代，楠溪江流域的宗族村落已成了规模。芙蓉、廊下、鹤垟、渠口等，建于北宋；豫章、溪口、岩头、蓬溪、塘湾等，建于南宋。每一个村落都是一个以血缘为纽带的命运共同体，每一个村落都有一个寄托了士的人文理想的传说。

豫章村始迁祖，当年从江西随宋室南迁，颠沛至此，最终落脚在小楠溪江南岸，而名豫章村。此地有三条“护村带”，要穿过一片密林，一道荒江野渡，再过一片密林，才能来到村前。村后，有壁刃峰峦，若天然石屏绵延伸展。山脚下，土地肥沃，平畴如带，竹树摇曳，掩映人家。江水绕村，流连不舍，于崖下回头，汇聚为碧水潭。江对岸有座狮子峰，春雨的日子，“云容容兮欲雨，水嘈嘈兮下山”。有一种说法，豫章村山水如“文峰砚沼钟其奇，玉笏幞头著其异”，是出状元的风水。

屿北村在楠溪江中上游，四周有五座山峰似花瓣儿环绕整个村子。据宗谱记载，屿北村建于唐代，原为徐姓家族聚居，南宋时，吏部尚书汪应辰、汪应龙兄弟为避秦桧陷害，相携出走，到此留下脚步，决定在此耕读隐居，将家族从江西玉山迁来。

楚辞《九歌·山鬼》有“表独立兮山之上”，表山乡村名便由此而来。表山《郑氏宗谱》载郑氏始迁之祖郑珂至此，见山势雄伟，确可“表独立”于山上，山下有水出海，可“表自由兮海之旁”，水边有田可耕，可“表富庶兮水之乡”，遂不忍离去，建堂屋二十多间，开田五十余亩，始建郑氏家族村落。郑珂曾祖宋初即为温州刺史，此后世代为官，耕读之，其孙郑伯熊，南宋进士，开创永嘉学派，为学林宗师。

芙蓉村在芙蓉峰下，村号“芙蓉”非以姓氏为号，表明了村人的风土取向。三座峰屏如三朵芙蓉花，映入村中水池，三峰倒影，作为一族的风水峰。

芙蓉峰坐西朝东，簇拥着它的是脚下的水土和生民，暗示着此地与帝王家坐北朝南的政治风水学的不同。芙蓉村的南门依旧保留着顽石垒砌的寨门古意。东门是正门，重阁庄严，昂角如双翼叠飞，点缀几分浪漫。正门东向，示以对自然的尊崇，日出日落，跟着太阳走，走出四季来，走到二十四节气里去。正门两侧八字墙，伸展出一个村子的豪迈。一条如意街从东门笔直西展，穿过村子向着芙蓉峰铺陈。

芙蓉峰是东门后山，属括苍山脉，位于楠溪江流域，连山通海。

春，定格在一个日出的早晨，东门内，炊烟缕缕，间或起伏，那驱散了春寒裹着的睡意，随春风，在晨曦中悄然隐退。村民肩着锄，牵着牛，从各家出来，一齐缓步向东门。身后，鸡鸣，犬吠，捣衣，涤涮，一派暖意，为出耕男人留下晚归的期待。

出东门，远山近水，田陌曲线有致，私权分明，是乡人契约的精神，为大地画下了优美的线条。当人与耕牛一同踏入冰冷的水田，一锄一铲已埋下青春蓬勃的种子……村落东门内外，天人之际的默契，使山野充满了农业文明的诗意样式。

江畔族居如桃源格局，以珍川叶氏为例，其村落，南有屿山，大溪环之，中穿一渠，可以灌田；其北层峦叠翠，梯田布列，如挂画然。泉流如乐，行之，地僻非僻，山贫不贫，有樵可采，有秫可种，有美可茹，有鲜可食，桑麻蔽野，禾稼连畦。

村落选址基本以靠山面水为主，村子正门选择面对水的方位。楠溪江人惜水，他们设计水道似曲水流觞，让水慢流，且留步，流入蓄水池，让水的温情沉淀下来，沉入瓠井。此井村村必备，环绕民居，取水之人不用吊桶，而是踏着壶把形台阶一步步下去，可以走到瓠瓢形井底汲水、养鱼，非常便利。村落在水一方，民居则一方在水，水将整个村落民居盘活了。

山水与村落的关系决定村子正门的方位，故村落正门多叫“溪门”，不管东西南北，因形就势，背靠大山，正门面水，基本为楠溪江移民建村寨时的首选。水是楠溪江民居的生命，也是楠溪江民居的灵魂，村落依偎在水边，靠水吃水，但他们决不滥用水。江面上没有多余的铺陈，深阔处是蚱蜢舟迤逦而行，浅窄滩有碇步，简洁至矣。

芙蓉村溪门向东，苍坡村溪门则在东南角，东皋村溪门向东，岩头村溪门在北侧，名为仁道门，而岩头村的宅第门则一律向东，面向丽水渠。芙蓉村陈氏大宗祠里有一副楹联：地枕三崖，崖吐名花，明昭万古；门临四水，水生秀气，荣荫千秋。

溪门里纳天地山川，盛满了楠溪江人栖于山水的诗意期许。在耕读文明中，一个村落与山水之间的关系是人与自然的默契。俯瞰楠溪江，每一座村落都好似卧于山水的怀抱，蜷曲在温暖的睡梦里。如果说父亲是身后的括苍山，那么母亲就一定是眼前的楠溪水，就一个字：美！

村落多为隐士所建，他们的山水情怀洒落在乡居布局上，使整个村落以及村落内的民居，皆有一种归隐的气质。民居，归隐在溪水或竹林掩映的虚实背后，村落，则归隐在水尽头，隐约于山水间，远看显山露水，近瞧，白云深处有人家，宛如唐诗。

东方诗学里有一条路，向审美的自由意志开放，在嵇康是“游心太玄”，在陶渊明是回归田园，一个向往天空——“目送归鸿，手挥五弦”，一个坐实大地，兴起新的文明样式——“采菊东篱下，悠然见南山”。说是诗意的栖居，其实极为朴实，一如生活本身，其《归园田居》云：“方宅十余亩，草屋八九间。榆柳荫后檐，桃李罗堂前。”

宋人之于桃源，虽然追寻陶翁原意，然亦自立，自有其宋样式。在经济上自给自足，在文化上自由自在，在政治上自治自卫，这十二字，乃桃源关键词。

再造桃源要聚族而居。以血缘为纽带，天然就有凝聚力，以此形成原始组织以及组织化的生产力和战斗力。故桃花源之宋样式为士人集团化移民，而非个人隐居；就其宗族形态言之，须是祠堂、书院、戏台三者并立，为宗法自治之家国原型样式；就其家国功能言之，则“文武之道，一弛一张”，能自治与自卫，使耕读与耕战合一。

朝廷以科举制扎根于村落里，士与农就可以转化了，既像商鞅变法那样,以耕战转化为战士,又以耕读“农转非”——“朝为田舍郎,暮登天子堂”。

那时中国人的精神结构为儒道互补，其身份结构也能士农转化，耕读之士可以是山中之民，还可以是出海之人，这就实现了孔子“有教无类”的理想。这样就使得书院在耕读中普及。有书院，便耕读有据，基于耕读——学习与生产相结合，造就实学实业共同体，形成自由思想集散地，于是就少了陶渊明式的焦虑，而多有几分自由化的安逸。学者们在士与农、朝与野的转换中，进退有据，从容得体，将桃花源的理想形态转化为现实方式，将纯朴的田园生活发展为精致的文明样式。

楠溪人以桃花源的人文理想起居于江山中，奔走在山海间。他们的建筑仿佛从山里长出来，敬畏着山头拉出的天际线，匍匐在群山里，与天际线相对应。他们依山傍水，顺着山势拉出了一条自己的规划线。

院落围墙坐落在规划线上，带有防守性或空间界定作用，但视觉上并未设防。墙体高度在人的视线以下，可以对院落内的一切一览无余。墙身就地取材，多用蛮石堆砌起来，墙根外撇。蛮石是大小不一的鹅卵石，它们从山中顺着流水来，被人用来铺陈地面，垒砌屋体，坚实又防水，本色而节俭，亦自有归隐的气质。不过，微雨朦胧中，苔藓的柔软会融化了蛮石的倔强，润滑晶莹，那是岁月留下的包浆，似看不见的时间之手抚过留下的温润。一代代楠溪江人绵延之，盘桓之，摩挲之，沁入他们的生活印记。

三合院住宅是楠溪江民居的基调，一正两厢，正屋开间长长的，很疏朗，两厢大约是正屋的一半长度，这样的一座三合院坐落于山水、菜畦、农田的任一空间里，都会有一种节奏参差错落，让人看着舒坦，是比例在建筑空间里体现的美。

二层阁楼，由于斜山人字形屋顶的跨度大，看上去阁楼低矮。

一层房檐比阁楼上房檐再向前伸出两米多宽，遮阳避雨，是从院落登堂入室的过渡与缓冲地带。侧面观看，大斜坡人字形屋脊如滑翔之野鹤，淡定从容。屋体内部支撑，横竖都是木方梁柱，半月形木梁简洁舒展，雕花棱格的门窗通风透气中不忘对美的诉求。时间叠累出的细节美在告诉我们，乡居的日子，时间可以这样打发。

室外，照例是青瓦白墙，坚守青白两色：淡泊明志，清白为家。时光流逝在老墙上，斑驳错落，就像一个脱落了牙齿的喉咙在低吟着缺失的、沙哑的、断续的音符，又像一双阅尽人间苦难的眼睛情不自禁留下的泪斑，那是风雨留的斑痕。但是，风蚀的老墙却愈发坚实，渲染并释放着沧桑的美感，留下格外动人的历史残美。

江南三月细雨时，兰花衫、碎花裙、粗黑的麻花辫左右摇晃；开裆裤、骑竹马、虎头虎脑撞上墙。仲夏夜，二八青丝垂腰的柳，牵手的情窦，初开在月光下的老墙头；还有倚在墙角下的老狗，依偎着几朵小野花，在墙阴下懒散地躲着日头。秋日里，黄灿灿的米谷为老墙薰香。冬日暖阳下，一把小竹椅，一团旧绒线，编织着平淡温暖的时光，还有一扇紧闭的小门，已经歪歪斜斜地倚在墙上，像年迈的老娘。一棵枣树探出头，覆盖在土廊的老瓦上，与老掉牙的飞檐招呼；浓浓淡淡的乡味里，怎一个“愁”字来也！生活的岁月依旧在古村落中缓慢流淌，楠溪江人依旧称房间一进两进的“进”字为“退”，以退为进。大妙！“退”与“隐”呼应，正是当年那些怀揣着隐逸理想，实践着老庄式的审美生活的士人们的“退”。

楠溪人就这样，以退为进，结合了谢灵运和陶渊明，将山水诗的格调田园化了。治国平天下的抱负在这里转化，化为悠悠的山居岁月，当作岭头观云、溪中望月的自由自在的日子来过。他们的希望不但来自传统，被传统的光芒照亮，去做一个知书明理的读书郎，还要日复一日，一锄一锄，从大山里刨出比岩石还要坚硬的真理。

他们的身后留下一座座古村落。据说，那些蛮石砌就的墙体，青瓦铺就的房脊，虽然残垣斜脊，但格局依旧的民居，是我们在宋代山水画里还能见到的宋样式，也许那些建筑本身已是明清时期的遗产，可它们的样式是宋代的，而理念则来自桃花源。

永嘉楠溪江传统民居格局：蛮石墙、人字形屋脊和“退”

位于永嘉楠溪江中游岩头村的“金氏宗谱序”写道：“彼汉武玉堂非不贵也，石崇金谷非不富也，吴宫花草、晋代衣冠非不芬芳而赫奕也，然人往风微，徒深感悼，孰若兹之聚族而居，宅而宅，田而田，涧溪如故，塘堑依然，唐社常新，松楸无恙，士习民风，数百载如一日也乎？”他们看到了王朝史的稍纵即逝，从汉武到晋朝的华美煊赫都过去了，唯有“宅而宅，田而田”的耕读生活之树常青，这是文化的江山历数百年而不变的文明样式。他们聚族而隐的意志，颇有在文化的江山里做一把主人的气魄。同时，他们谨记训祖，他们是失了家园的遗民，流离失所南迁而来，重建家园，不得称“进”，只能叫“退”。所谓“一进”院落、“两进”院落、“三进”院落，皆为“一退”“两退”依次类推，以自勉。

如今温州永嘉楠溪江依然保留了两次衣冠南渡的整体生活样式。

11

六朝有根金腰带

孔子曾经说过，道若不行，他就下海，也就那么一说。而道家之徒却像河伯见了海若，望洋之后真的下海了。先是方士出海。东晋时，郭璞为注《山海经》也来瓯地观海。郭注“瓯居海中”曰“今临海永宁县即东瓯，在岐海中也”。查阅谭其骧主编的《中国历史地图集》第四册“东晋十六国·南北朝时期”扬州区域图，见永宁县在永嘉郡，而不在临海郡，可见郭璞游瓯时瓯地还不叫永嘉，永宁县还属于临海郡管辖，郭注以后，永宁县才从临海郡里分出来，一分为四，其范围就在瓯地，属永嘉郡。

郭公来瓯地，行至瓯江流域，于瓯江入海处，在山海之间看风水，觉得江南比江北好，就提议在瓯江南岸筑城。南岸，九山环列如北斗，四山分布四方，连之，以立山城，为天然凭借，据之，可依山控海。城随山走，如持北斗，因名城曰“斗城”。

城内有五处水潭，开河沟疏通，又引西郊三溪水入城，成一活动水网，人称“通五行之水”，遇洪不涝，遇旱不涸，又凿水井二十八口，应二十八星宿护城。传说，筑城时，忽来一纯白之鹿，口衔鲜花，绕城墙一圈便消失了。鹿为神器。永嘉之乱，中原失鹿，突现于此，乃以祥瑞示以天命耶？南朝遂以此为安枕地，而高枕无忧。

郭走后，永嘉郡里还真出了一位“岐海”人物，名叫孙恩，乃山东琅琊人氏，世家子，委身于五斗米道，传教聚民，下海起兵，险些颠覆了东晋，南朝这才惊醒，方知瓯地为根本。山居之民，山高帝远，我行我素；出海之人，海大界宽，自由自在。他们流动于山海间，本能地从天权不从王权，从天道不从王道，故孙恩等以此行五斗米道。

道教行止，趋于山而归于海，上山炼丹，下海游仙，多与山海中人往来。可山海之间还有河流，流域不大，其形似瓯，但聚邑为城则有余地。儒教以此枢纽山海，以意识形态言之，是为政教，以生活方式言之，则为耕读，合之而称"小邹鲁"。不过，六朝之时，儒风吹，而道风更盛，不独士林清谈谈老、庄，民间亦以道教为信仰。那时的永嘉并非什么"小邹鲁"，而是"小洞天"，或炼丹，或游仙，道场就在那瓯里面。"邹鲁"是儒家文化的地理标杆，永嘉向它看齐；成了"小邹鲁"，那是唐、宋以后的事。南朝时，此地流行的是道教和玄学，流行名士风范，若论吃药、饮酒、品茶，当以此地为佳。

郭公卜城，陶公开山，在永嘉的地基里打了两根道教的桩。正是这两根桩，支起了那金瓯。瓯在晋以前就有，但非金瓯。汉有东瓯国，乃越王勾践之后，为避强楚，遁入瓯地，汉封于此，卷入"吴楚七国之乱"，诱杀吴王刘濞，而与闽人交攻，结果被朝廷举国内迁于江淮之间。往前，至西周时，则有"瓯余国"。所谓"余"，或曰为"徐"，即徐偃王行仁义而亡时，其子孙避难于瓯地而立之国。再往前，于文献可考查者，唯《山海经》里那一句"瓯居海中"。

还有，就要把考古发掘出来的新石器时代的材料放到《山海经》里去考究。永嘉以前的历史，在我们看来，大抵如此，然其名称则始于晋。先是西晋以永嘉为年号，而有"永嘉之乱"，继而东晋以永嘉为郡名，亦起了"孙恩之乱"，永嘉一度成了乱城。然，东晋以"永嘉"命名瓯地，寄托甚深，此不独为南渡之人怀旧，名之以"勿忘国耻"而念"国耻"于斯，同时亦寄托了民族复兴的希望，欲以此一瓯之地使中华再崛起。

就舆地言，金陵之于东南沿海一线，非独以瓯地为后院，更以之为后门，开了出海通商的口岸，梁武帝说"我国家犹若金瓯"，此言一出，瓯地即为金瓯。

我们知道，从庐山到会稽山是一个诗意栖居的空间，胡人能入主中原，却进入不了这个空间，这里是名士风流的集散地，是江南诸子心灵与思想的家园。

这一线，还可以说是中华文明抗战的底线。支撑着这条底线的底部，就是瓯，一只隐于会稽山身后，位于雁荡山和括苍山之间的瓯江出海口金瓯。自东晋以来，六朝帝王就往这只瓯里，为其注入了一种文化。那是一种来自中原的天下观文化，那文化不可能从这山海之瓯里长起来，要从两河流域那样的大江大河大平原里来。

永嘉之乱以后，一统天下，光复中华，就靠这东南半壁了。吴越之地从此成了中央重镇。金陵在吴，居头部，龙盘虎踞，一副争天下的派头；金瓯在越，居底部，作为经济基础，当有金城之固。东晋以“永嘉”命名瓯地，非因其“水长而美”，而是续命中原，兴我中华，大有“闻鸡起舞”之雅意。“金陵夜寂凉风发，独上高楼望吴越”，并非李白一人之心声。

愿望虽美，但事与愿违，不久，就有道教之徒在此地造反了。孙恩下海起兵，晋祚由此而亡。刘裕灭了孙恩，再来“收拾金瓯一片”，据金瓯而取金陵，一如当年匈奴刘渊之于西晋，亦以刘邦后裔自居，禅晋立宋。此次国变缘起于道教，故王权对道教的控制遂为国家安全一大问题。治也道教，乱也道教。然其萌患则自东汉始，太平道兴而黄巾军起，汉祚因之而衰。曹操之于太平道，乃控其首领而用其徒众。孙策立命江东，诛道士于吉而曰：“此子妖妄，能幻惑众心……不可不除也。”陶弘景于永嘉之地亦发现了“寇掠充斥”“无山不寇”，其为五斗米道之余众耶？

故陶公至此，或有以道教领袖身份号召道教徒众归顺南朝之深意……其来永嘉前，梁武帝曾聘以高官，他画了两头牛来回应：一在野，无欲无求，一衣以文绣，但有人提刀执绳以随。梁武帝看了，就说：您不愿来我这里，那就收我做弟子吧。

要怪只能怪自己，谁要他去献谶呢？《梁书·陶弘景传》说，萧衍禅代南齐，他献谶云“水丑木为‘梁’字”，令弟子进之，因此而称“梁武帝”。

梁武帝还问他“享国之期”，他回答，光武帝是“一去四八”，您是“直上七七，然后乘彼白云”，刚好，梁武帝“在祚四十九年”，应了“七七”之数。

他不想做官牛，是因为还有诗意憩息在心头，那就出走吧！

道士出走叫“游仙”，随身带个梦想的枕头，那就是炼丹了。

即便如此，梁武帝亦未必就能高枕无忧，他想从根上解决，而根本之法就是用佛教取代道教。当然，他是佞佛不灭道，一次又一次舍身入佛寺，一次又一次被臣下赎身出来，来来回回折腾了那么多次，连陶公也不能不起来响应跟着转型了。

有一天，陶公说，我又做梦了。这一回，他梦见佛给他授菩提记，以此称“胜力菩萨”，还跑到鄮县（今宁波市）鄞州区的阿育王塔寺起了誓，受了五大戒。

佛风这么一吹，道教随之披靡。《广弘明集·卷十三》说，道士冲和子与陶公一起隐居，“常以敬重佛法为业，但逢众僧，莫不礼拜，岩穴之内，悉安佛像，自率门徒受学之士，朝夕忏悔，恒读佛经……以非当世道士，不敬佛者”。而陶公之于佛门法师，则称“弟子华阳陶弘景”“伫聆警锡也”。陶公受戒处，离永嘉之地不远，以道教领袖而称佛门弟子，其影响当不亚于梁武帝舍身。以此看来，陶公不仅为永嘉文化打了道教的底子，还将它引向佛法。佛法自东汉入中土，南北朝大兴，唐尤盛。唐朝佛道并举，“大抵宗庄叟，私心事竺乾”，还是陶公开的格局。然而，禅宗兴起，则与那梁武帝另有一番际遇。

辛亥革命前夕，清末的中国终于有了一首国歌：《巩金瓯》。没想到“帝国苍穹保”唱了才几天就“金瓯破”了，“天高高，海滔滔”，把个清王朝唱倒了。“天高高”唱天命，“海滔滔”唱海权，唱出了三千年巨变。

这首歌是闽人严复写的，不为海禁写，而为海防写。帝王治不了海，海权不属于王权，古代大一统的王朝多半要王权不要海权。那么长的海岸线，哪能都镶上金边？因此这成了一代王朝不堪的负担。那么多的出海口，哪能都成“金瓯”？因此这成了帝国大一统的缺口，唐、宋以来，王气多从这里泄漏。

明成祖朱棣派郑和下西洋，不是开了出海口，而是为了“巩金瓯”……也许他已预感到，“海滔滔”的时代就要来了，于是乎巡海，以防御那大航海时代。

以“金瓯”喻国体不自严复始。它最早出现在《南史·朱异传》里，缘起于梁武帝一梦。梁武帝梦见自己收复中原，一统天下，刚好侯景来降，向他献城纳地，就以为自己的梦应验了。有人提醒他，刚与北朝签了停战协议，不应违约。他犹豫，于是自言自语：“我国家犹若金瓯，无一伤缺，承平若此，今便受地，讵是事宜？脱至纷纭，悔无所及。”佞臣朱异“探帝微旨”，立马献媚：“圣明御宇，上应苍玄，北土遗黎，谁不仰慕？为无机会，未达其心。今侯景分魏国太半，远归圣朝；若不容受，恐绝后来之望。”

梁武帝“深纳异言，又感前梦，遂纳之”，使“金瓯”破矣。

梁朝坐拥金陵，背靠着东瓯，两地合之，亦可统称“金瓯”。“金”，言其国有金城之固，如“缥瓷”之镶金边，早已备好了国防；或言其地有金银气，以“瓯”为体——财源，以“金”为用——财富，不光有山河之险，还有山川之富。而“瓯”则泛称东南半壁，是从江南到东南沿海一线的结合部。我们知道，以金陵为中心的江南一线是中原王朝的底线，据此一线而立的王朝都叫“南朝”，王朝在此则称“偏安”。然而，守住这一线，就有了民族抗战的底线和国家复兴的起点。

除了以江南为底线，它还有个底部，这个底部就是“瓯”。要守住底线，就要“巩金瓯”。而“金瓯”的根据地就在楠溪。金瓯是南朝枕头，枕头好，南朝就高枕无忧。它还是支撑东南半壁的脚跟，南朝若想站稳脚跟，就要“巩金瓯”，不仅造就出海口——瓯，还要给瓯“镶金边”，发展航海和贸易自由。

金釦五曲葵口青釉瓷碗，北宋，口径 14.3 厘米，
圈足径 4.6 厘米，高 6.2 厘米，陕西历史博物馆藏

从东晋开始奠定的南朝疆域，不仅被衣冠南渡经营成了中国最富庶之地，还是中华文明腹背受福的风水宝地。每当北方游牧族入侵时，它都是守住中华文明的底线；而每当面向大海时，它又是中华文明向海上开拓的大门。从长江到沿海如同环绕南朝的金腰带。这只镶嵌金边的天青盏出自北宋，却非常准确地象征“巩金瓯”的文明底线。南朝时青瓷碗又叫“瓯”，给“瓯”镶金边，叫“金瓯”，梁武帝把他的王朝比作镶了金边的“金瓯”，他要巩固“金瓯”。

梁武帝萧衍

寒士出身的东晋权臣刘裕，在与东晋四大家族之琅琊王氏、陈郡谢氏、龙亢桓氏、颍川庾氏的宫斗中胜出，只能说门阀政治腐朽到穷途末路了。刘宋王朝施行寒门政治，休养生息，发展南方经济。刘宋与北魏交兵不利，南北双方都无力再战，历史进入了僵持稳定的阶段。刘宋统治江南四十多年，经历六帝，同样末帝昏庸嗜杀，为山东兰陵萧氏萧道成取代，建萧齐王朝。萧齐仅存二十三年。萧道成提倡节俭，宽厚为本，但到第三帝时萧家就进入了末世的频率，齐明帝萧鸾疑心重重，疯狂屠杀萧姓宗室，杀到朝中几无大臣。雍州刺史萧衍杀进都城建业，重演一次禅位，废掉齐帝，建萧梁王朝，自立为帝，是为梁武帝。

萧衍不仅是西汉相国萧何的二十五世孙，还是一位博学多才的艺术家皇帝，文学、经学、史学、音律、绘画等无所不长。他出身兰陵萧氏，出生南兰陵郡武进县（江苏丹阳），在位四十八年，是南朝最长命的皇帝了。初始，饭蔬清淡，勤政公明，人尽其才，言进即用，后沉迷于佛教。萧衍数度入佛，数度还俗，礼佛建寺，消耗了国力。萧衍最突出的禀赋是他的诗文才华，与南朝著名诗赋大家沈约、谢朓等齐名，他自己也是“竟陵八友”之一。他还是具有史识史笔的历史学家，对前朝所修的断代史诸如《汉书》等不满意，他曾对臣下说：“我造《通史》，此书若成，众史可废。”可惜《通史》六百卷在宋代失传。他善画花鸟走兽，重用南朝大画家张僧繇。许多南朝寺院的壁画以及诸多皇子肖像皆出自张僧繇之手。萧衍于书法，与陶弘景探讨最多。陶弘景书法师宗钟繇、王羲之，二人关于书法的对话被整理为《与梁武帝论书启》流传后世，为书法研究史上的珍贵资料。据说王羲之书法是萧衍推出来的，之前王献之更为有名，自梁武帝之后，“大王”即王羲之书法盛行。

有这样一位文华绝代且仁慈宽厚而长寿的皇帝，江南幸甚。但是，萧梁一样摆脱不了王朝的命运，不出两代，萧梁王朝便被讨伐侯景之乱的陈霸先所灭。陈霸先建南陈王朝，不过又是一个等待灰飞烟灭的王朝，正如杜牧诗云“南朝四百八十寺，多少楼台烟雨中”。兰陵六朝墓群为萧梁皇室墓地，著名学者朱偰在《建康兰陵六朝陵墓图考》一书中提出了两点看法，很值得我们注意：第一，建康兰陵六朝墓的大量辟邪、天禄、麒麟兽雕刻的艺术之风格，与古代两河流域的亚述帝国石雕艺术颇为相近；第二，陵阙华表则与古希腊廊柱风格相近。

12

魏晋风度的支柱产业

梁武帝的山中帝师茅山道士陶弘景，来到了楠溪江流域。据康熙《温州府志》记载，陶真人栖茅山时，“一日梦人告曰，欲求还丹，三永之间”，这“三永”便是永嘉、永宁、永康。于是，他从金陵出走，带了炼丹的枕头，先到永康见田少，曰“此土居人，合把稻旦旦捣舂，以给日用，收糠不可得也”。而炼丹要以农业为基础，以谷糠为燃料，永康农业基础不如永嘉，故转至永嘉，“爱其稻田乃居”。他这样选择，除楠溪江流域的农业基础外，还有与炼丹相关的产业配套，例如，楠溪两岸陶冶业相当发达，遍地开窑，冶工众多，也为炼丹提供了可资利用的技术平台和熟练工人。一般而言，炼丹绝非一人或几人隐居起来，自以为出神入化就能完成，它需要有高度社会化的产业协作和技术配套才能进行，能否炼丹，可以看出那地区的产业水平及综合实力。

还有市场——炼丹的社会化需求，大体而言也还是以名士为主。魏晋风度是一种文化样式，而表现这一样式的消费活动之一便是吃药，这就与炼丹有关。那时名士吃药，不但治病，且要游仙。他们吃的多半是丹药，有些是炼丹过程中产生的副产品，例如“五服散”就是一种由石钟乳、石硫黄、白石英、紫石英、赤石脂等矿物合成的药物。鲁迅《魏晋风度及文章与药酒之关系》一文认为，服食“五服散”是造成魏晋风度的重要原因之一，用现代医学的眼光来看，“五服散”是一种慢性毒药。

可六朝人不这么看，他们把它看作催人游仙的丹药。仙丹的成分究竟如何？1965 年，考古人员在南京北郊新民门外象山发掘了一座东晋王丹虎墓葬，墓内遗物就有丹丸 200 余粒，在上海中医药大学博物馆里，陈列了其中几粒橘色小丸，化验的结果为硫化汞，硫占 13%，汞占 60.9%，还有 26.1%的成分尚未被确认，看来，还不好下结论。

墓主王丹虎与王羲之同族，或说是王羲之的族妹，不过，王羲之没像他族妹那样在金陵一直待下去，待到亲眼看见“旧时王谢堂前燕，飞入寻常百姓家”。他对“王与马共天下”不感兴趣，尽量远离王朝里的那些事，便驾了五匹马，南走越地，接着往瓯去。不知他在瓯地待了多久，有过多少次像他在兰亭那样的雅集，只可惜他没留下《兰亭序》那样的文字。到如今，此地人对他的记忆早已被那五匹马代替，温州城里有一条五马街，令人联想起南朝旧事。

那时的温州叫永嘉郡，才立郡，头号名士王羲之就来了。他一来，那些江南名士还不跟风一样地追着他来赶集——赶他的雅集？这里产业富集，应有尽有，他们来这里品茗、饮酒、服药。当时的名士多为道家之徒，道士炼丹，名士服药，倒也相映成趣。王羲之自然也吃药，有人说他是在五服散的药力作用下，在半幻半醒的身体极度放松的状态下，才悟到了书法的执笔法和用笔法。

可见，瓯地在陶弘景到来之前，游仙风气已开。我们读陶公《答谢中书书》，观《书》中所言，而知其所指之地实为楠溪江流域。《书》云：“高峰入云，清流见底。两岸石壁，五色交辉。青林翠竹，四时俱备。晓雾将歇，猿鸟乱鸣。夕日欲颓，沉鳞竞跃。实是欲界之仙都。自康乐以来，未复有能与其奇者。”“康乐”者，谢公也。我们曾经漂流于楠溪江中，沿途所见确如陶公言。但是，光有山川之奇是不足以称“欲界之仙都”的，还要有康乐公这样的“性奢豪，车服鲜丽”的风流豪客来此诗意地栖居。

李白叹服谢公，不但就诗论诗——“吾人咏歌，独惭康乐”，更因为消费主义的“康乐”二字里，还洋溢着一种混合了帝王学抱负的游仙姿态和心态，这与他诗酒风流的审美追求相契合，因而不仅被他佩服，且自愧不如。有了王羲之开头，谢康乐发扬，所以陶公称“自康乐以来，未复有能与其奇者”。

《华阳陶隐居内传》说，陶弘景在茅山炼丹未成，归咎于车马往来，以为是红尘滚滚所致，故以清静为由远离茅山。这当然是一个借口，事实则不尽然。仅以炼丹而言，茅山就有局限。茅山收糠不难，水土亦宜炼丹，但冶炼之产业配套及技术支持，恐难以为继。炼丹分内外，炼内丹是以身体为丹炉，炼精气神，而炼外丹则要金木水火土一起上，摆出一副阴阳五行的神仙架子，还要以产业化的社会分工和市场机制来运营，丹料来自矿物，燃料来自农作物，还有设备及器皿、试剂和配方。好一个瓯瓷遍天下的永嘉，遍地有窑口，到处有窑工，早就为炼丹准备好了配套的产业。

这只财源滚滚的瓯，源源不断地往那诗意的空间里注入财富，而永嘉就在瓯中间，开足马力生产，为往来于诗意空间“游心太玄”的名士提供缥瓷和金丹。

名士服药一如其饮酒，两者齐全了才有所谓风度。然，饮酒不离缥瓷，而服药则须金丹，可见名士有风度，多少还要有永嘉为他们提供那一点儿“风骨”。炼丹是高技术，服药是高消费，由此看来，那诗意的空间既是高技术的摇篮，也是高消费的终端，它取代帝王家，使炼丹与服药从帝王家走向市场化，这才有了陶公出走到永嘉。

炼丹，又叫“黄白术”，“黄”指黄金，“白”为白银，将普通矿物炼成黄金白银的那一套方法，就叫作“黄白术”，这当然是一条财路。丹即丹砂，亦称硫化汞，是硫与汞的化合物，呈红色，故陶谓“丹砂即朱砂也”。丹砂异于草木，烧而不烬，烧之愈久，变化愈妙。丹砂化汞，生成水银，属于金属，却为液态，具金属光泽，然圆转流动，易于挥发，非五金固体之相。葛洪《抱朴子·金丹》说：“凡草木烧之即烬，而丹砂烧之成水银，积变又还成丹砂，其去凡草木亦远矣，故能令人长生。”陶注《神农本草经》收药物三百六十五种，有矿物四十六种，分上中下三品，列丹砂为上品第一，曰“上药令人身安命延、升天神仙，遨游上下”。

炼丹日久，要有财源支撑，故以炼丹为名直取五金，开采金银，更有“冶金”术，如《茅君内传》上说的：“取铅十斤，着铁器中，猛火烧之，三沸，投九转之华一铢于铅中，搅之，须臾，立成黄金九斤。”不仅矿冶业，当时几乎所有产业都与炼丹相关联，在《神农本草经》里，矿物之外，草木、虫鱼、禽兽等都与炼丹有关，其产业关联度之高，亦可使之成为通往国民经济的生财大道。而永嘉就走在这条财路上，走着走着，走成了金瓯。

据《茅山志》载，三年后，陶弘景前往福建宁德霍山，不一年，便乘海还。原因还是经济，因霍山一带“人稀田寡，复以无糠为患”，他无法开炉炼丹。回永嘉途中，梁武帝派人接他回去，这回是梁武帝来问他“山中何所有”了，那就不是一句“岭上多白云”能打发的，更不能说“只可自怡悦，不堪持寄君”了，他只能“相随而还”。

楠溪江畔的大若岩上，还有他留下的“陶公洞”，他在此撰《真诰》，炼金丹，终于炼出“金瓯”来了。当代瓯人为了造就更大的“金瓯”，将他当作财神来拜，至今香火不断，令人不由而叹“六朝霸业成逝水，千古名山犹姓陶”！可梁武帝留下的“金瓯”一语亦沿用至今，从一方之国用到一代王朝，将一隅之地用成一国之体，一如瓷器“china”成了中国的代名词，“金瓯”一语亦从对瓯地、瓯器的称谓转化为国体的指称。

“瓯”为酒器，南朝人爱饮酒，动辄“饮酒数瓯”。又好品茗，故茶具亦称“瓯”。魏晋风度离不开“瓯”。陆羽《茶经》引晋人杜育的《荈赋》曰“器择陶简，出自东隅”。

我国瓷业，唐以前，重点在瓯，自晋以来，瓯瓷兴起，瓯窑遍地，唐以后，由瓯转越，瓯瓷遂被越瓷替代。瓯瓷釉青泛白，南朝时已流行，人称“缥瓷”。“缥瓷”一说出自潘岳《笙赋》，其中有“倾缥瓷以酌醽”。《说文》释“缥”曰：“帛青白色也。”以丝帛言青瓷釉色，可见那釉色细透到了何种程度！以透明言，如南北朝吴均《与朱元思书》言“水皆缥碧，千丈见底”。以轻细言，“缥”同飘，风一吹，那釉色就会颤动，就如丝飞扬。“醽”

为美酒，出自湖南；“荈”是老茶，产于四川。饮湘酒，喝川茶，饮也好，喝也罢，晋人都要用最好的瓯器——缥瓷，那淡青泛白的釉色犹如嵇康的眼神勾他们的魂魄。

晋人缥瓷产于瓯，源自瓯江水系最美的一支——楠溪江流域。这一带不仅出土了五千年前的陶片，还发现了一百多处自东汉以来的窑址。一条条龙窑顺着楠溪江布局，来到瓯海湾口，南北伸展，到了瑞安、苍南、泰顺、乐清，而以今温州市郊的西山窑为中心，东西南北，遥相呼应。

这样一条瓯器经济带，这样一个缥瓷产业群，提升了瓯地的政治地位，永宁县从临海郡脱颖而出，被提撕出来，一分为四，由四县组成永嘉郡。

缥瓷，带有魏晋风度，那是名士标志，也是南朝标识。想想《世说新语》里的那些名士，他们吃药、饮酒、品茗都用缥瓷，他们的风采与缥瓷交相辉映，他们有多美，“缥瓷”就有多美，那飘飘欲飞如丝如缕般的釉色，那浑厚似“古镜照神”般的透明质地，最能反映“宁作我”的魏晋风度。

从秘色瓷里也许还能见到缥瓷的影子，但那已经神非了。秘色瓷的“千峰翠色”是唐人的雄伟气象，而非晋人风采。唐人胸怀天下，而咏“千峰翠色”，晋人关怀自我，而求自由之思想和独立之精神，故于天工开物中，求得自我的“我在”之美学——“我思我在”而有玄学，“我说我在”而有清谈，“我游我在”而有游仙，“我饮我在”而有缥瓷。

缥瓷如玉，釉色如丝，尤其是那些自由化的开片，就是开显自我意识的陶艺之反映，是独立人格的瓷境之表现，对之而能“我与我周旋”。晋人善谈，颇有简约之美，谈瓷，只一个“缥”字就表达了丝与瓷这两种最美的“中国制造”的本质。

瓷至宋朝可谓造极，其代表为五大名窑，尤其是汝窑。

唐代秘色瓷的归宿就是汝窑。宋朝汝窑发展了唐代越窑，而谈它的来历，就不能不提到更早的南朝瓯窑，不能不谈起魏晋风度的缥瓷了。

清人朱琰《陶说》提到了缥瓷，说“后来‘翠峰天青’于此开其先矣”“是先越州窑而知名者也”。“翠峰”出自唐人陆龟蒙诗“九秋风露越窑开，夺得千峰翠色来”，而“天青”便是周世宗柴荣说的“雨过天青云破处”了。朱琰说，越窑的“翠峰”和柴窑的“天青”都是从瓯窑的缥瓷发展而来的，吴仁敬《中国陶瓷史》也说，瓯、越之青瓷，“为后进天青色釉之始祖”，又说“所谓缥瓷，坚致精美，即瓯、越之青瓷也”。

纵览唐代瓷业，不外“青白”二色，世谓“越青邢白”——越瓷青，邢瓷白。陆羽《茶经》里说，“邢瓷类银，越瓷类玉”“邢瓷类雪，越瓷类冰”。

陆羽认为，越瓷还要略胜一筹，“类玉”则雅，而“类银”却难免于俗。据说，柴荣登基前以瓷业发家，人称“财神”。柴为邢人，以邢白起家，可一看便知道邢白非柴窑，因为在白瓷上不可能出现“天青”。柴窑应当来自越青，但也包含了邢白，柴氏言“雨过天青云破处，者般颜色做将来”，就是越青为主，调和邢白。

这淡青泛白的青瓷，岂非要向魏晋风度的缥瓷回归？或曰，柴窑本于青瓷中的秘色瓷，而秘色瓷曾是唐朝越窑的贡品，五代时，还是吴越国向中原王朝纳贡的贡品。陈万里《瓷器与浙江》一书也提到了一本名为《谈荟》的古籍，其中就有“吴越时，越窑愈精，谓之秘色，即所谓柴窑也。或云柴世宗时始进御”。

对此，陈万里解释说：“本来钱氏之于柴周，也有通朝贡的关系。《十国春秋》里忠懿王显德五年四月七日，以及八月十一日，有过两次贡周的记载，例以钱氏贡唐，贡晋，都有秘色瓷器在内，自然在这两次贡周的物品里面，也定有秘色瓷器，同时，说不定柴世宗就命钱氏要烧造一种雨过天青的颜色，于是以这两次所进的御窑，称之为柴窑，以别于其他的烧造。”陈这一说以为“柴窑”之名起于柴氏登基以后，是专门针对越窑秘色瓷而言的。不过也有人说，后周时称的是御窑，被宋朝取代以后才改称柴窑。

最早提到“柴窑”的是欧阳修，他在《归田录》里这样写道：“柴氏窑色如天，声如磬，世所稀有，得其碎片者，以金饰为器。”还说柴窑与汝窑相似。

因此，我们认为，宋朝没改御窑为柴窑，而是将柴窑改成了汝窑。考诸陶史，都说越窑衰而汝窑兴，而其实是朝廷为了兴汝窑而掏空了越窑，将越窑的产能都转移到汝窑去了，使本来不兴青瓷的北方产出了最好的青瓷。欧阳修诗云：“谁见柴窑色，天青雨过时。汝窑磁较似，官局造无私。”汝窑为官营，越窑多民营，官进民退了。

欧阳修说，柴窑碎片“以金饰为器”，碎片尚且饰金，何况完满者？它使人联想到南朝人的瓯器，也许那时的瓯器像柴窑那样镶有金饰？晋人的《搜神记》里已有“妇以金瓯、麝香囊与婿别”一说，此“金瓯”或为金饰陶瓷，因“瓯”之为器，质本陶瓷，形为杯、盆，多用作茶、酒具，日常用之。然，瓷易残，贵如缥瓷，残了岂不可惜？故于其易残缺之口沿处镶金边以加固，而称“金瓯”。以此为原型引申开来，称国家为“金瓯”。始言者为梁武帝，只一句“我国家犹若金瓯，无一伤缺”，便引火烧身，招来侯景之乱，一代王朝终于像缥瓷一样碎了，他本人也被困在“金瓯”里饿死了。而终结者为毛泽东，只一句“收拾金瓯一片，分田分地真忙”，农民就被发动了。

邢窑牙白穿带壶，唐，高 20.2 厘米，口径 6.3 厘米，足径 9.8 厘米，台北故宫博物院藏

秘色瓷八棱净水瓶，唐，高 21.5 厘米，口径 2.2 厘米，陕西省扶风市法门寺地宫出土，法门寺博物馆藏

魏晋南北朝时期，最好的瓷器，南方有越窑与瓯窑，从东汉开始，以烧造青瓷为主。北方烧瓷始于北魏，有青白两类，以白瓷为主。发展到唐朝，有“南青北白”之称。

晋人称瓯窑所产的上品青瓷为“缥瓷”，青中透白，釉面开片，“如丝如缕”，如水中丝绸，自由飘逸。瓯窑窑址基本散布在浙江域内。

越窑烧青瓷最成熟，三国魏晋普及甚广，发展到晚唐有“秘色瓷”，法门寺出土了秘色瓷，证实了唐代诗人陆龟蒙诗句。而五代吴越国钱镠时期，不过是将秘色瓷垄断。吴越国规定越窑专烧贡品或上流社会用瓷，配方秘不示人，称为“秘色瓷”。

北方窑主要在河北、河南与山东，青瓷釉质玻化厚拙，不如南朝轻盈如丝如云。白瓷工艺成熟，如北魏开始的河南巩义的巩窑、创烧北朝晚期

越窑青瓷洗，五代，高 10.3 厘米，口径 30.7 厘米，台北故宫博物院藏

汝窑青瓷莲花式温碗，北宋，高 11 厘米，口径 16 厘米，足径 8 厘米，台北故宫博物院藏

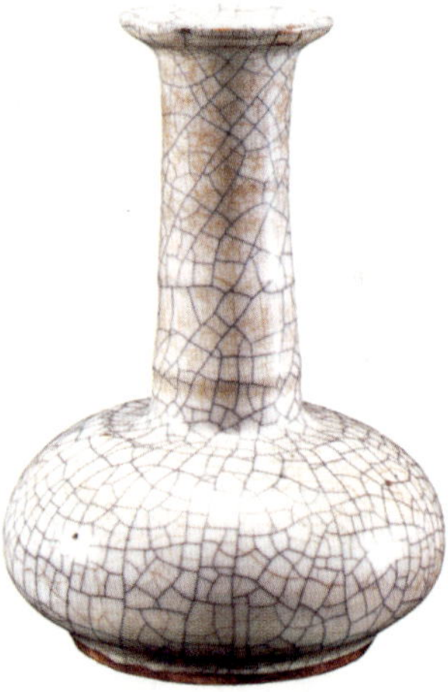

哥窑青瓷弦纹瓶，北宋，高 20.3 厘米，口径 6.4 厘米，足径 9.6 厘米，故宫博物院藏

的河北邢窑，隋唐时工艺达到顶峰。

盛唐，北方烧造青瓷中心转移到河南汝州，得天独厚的瓷土和水资源使得烧造出来的青瓷温润如玉，典雅含蓄，透亮细腻，凝聚翠峰天青于一身，被称为“汝窑”。汝窑的出现为陶瓷工艺带来一次大飞跃，至北宋发展出五大名窑，即汝、钧、官、哥、定窑，一直到南宋，这种完全依赖釉色变化所产生的审美素瓷将中国瓷器工艺发展到极致，而始终以魏晋风度为艺术底蕴。

瓷器工艺的成熟不仅给百姓日用带来极大的方便，而且将自东汉魏晋以来形成的美学风格烙印在瓷器的造型与釉变中，可以说是瓷上的“魏晋风度”。

生活美学历来为汉文化核心，尤其是自东汉以来形成的世家大族阶层将生活美学礼仪化，养成审美与精神上的奢侈风气。

钧窑玫瑰紫釉瓷尊，北宋，高 18.4 厘米，口径 22.0 厘米，足径 12.0 厘米，故宫博物院藏

也正因为瓷器的便利与时代美感吻合带来巨大的经济利益，于是，窑口遍地开花，到五代、隋唐、两宋，中国已然是世界第一大瓷国，瓷器带着魏晋风度，带着“千峰翠色”，带着“雨过天青”漂洋过海，将瓷的生活方式传遍世界。

第3章

文艺复兴的诗与禅

一　唐诗的江山

01

宫体诗革命

人与山川相映发，这还不够，还要格律化。相映发是自由化，格律化则是为诗的江山立法。此二者合力而有了科举制，造就一种制度化的诗。

唐朝以诗赋取士，遂使有唐一代成为唐诗的江山。今有《全唐诗》，录诗四万余首，作者两千余人。有这么多的诗和诗人，这样的民族肯定很青春，很自信。一代王朝事业，以政治录用最为功利，能在最为功利的事业上以超功利的诗为标准，使政治录用审美化，这样的诗化王朝必然很伟大，也很优雅。

唐诗江山从宫体诗走来，在宫体诗里完成了格律化。

格律化的诗属于个体，而科举制则要求普世，但它们是同构的，我们可以说是格律化的诗人造就了科举制，反之，也可以说是科举制打造了格律化的诗人。总之，先要成为格律化的诗人，才能在科举制里安身立命。

唐人之天赋是不但能写诗，还能建制，而且要将两者相结合。对于个体性的诗人而言，以格律来写诗就是建制于自身，训练制度化的个体——修身。以“修齐治平”为喻，诗意是“正心诚意”的表达，格律为“修身齐家”，而科举制以诗赋取士，则是“治国平天下”，唐诗的江山就这样来规划、开发。因此，在科举制里，诗人不必天才横溢，但必须是制度化的个体。李白之所以被科举制抛弃，就因为作为制度化的个体他还是个问题，“十步杀一人，千里不留行”，那样的《侠客行》只适合江湖，难容于国体，其性情最宜于古风，稍疏于格律。格律拴不住李白的个性，“安能摧眉折腰事权贵，使我不得开心颜”！这样自由化的个性表现为诗，当用口语化的古风来表达，而非用字字精炼的格律来表达。

格律化由谢灵运尝试以山水诗开端，在宫体诗里精雕细琢而成。谢灵运死后，山水诗有谢朓继起。谢朓一死，诗由山水精神向宫廷趣味转移，“余霞散成绮”，化为宫体艳诗，从江山转向美女，“澄江静如练”，走向唐诗。

宫体诗里，“好色一代男”崛起，他们取代了魏晋清谈之士。山水诗里美人玄远，是一种寄托，而宫体诗则美女香艳。玄远者，其存迹近于无，实为美的理念，而香艳者就在眼前，在床笫间，将美的细节一一展现。“好色男”不再“人与山川相映发”，而是“止乎衽席之间”，“思极闺闱之内”，所以，他们对眼前的女子看得仔细，从头看到脚，从里看到外，看得乱花迷人眼。

世说新语时代的人以发现美为己任，美超越了，美本身具有目的性。中国文化自《诗经》以来就有一种难以言喻的美，谢玄所谓“杨柳依依，雨雪霏霏”，似有不尽之美耐人寻味，但它却要服从一个更高的目标，那就是周礼。礼制要求诗人服兵役，不仅要像“赳赳武夫，王之爪牙”那样，成为“一月三捷”的青铜战士，更要成为诗礼文明的标志——文质彬彬、文武双全的美的战士。而世说新语时代，美不是作为标志而存在，而是作为标准，也就是说，美不再是诗礼文明的属性，而是曾经的诗礼文明要被一种新的审美的目光重新确认。

这样的确认从嵇康“越名教而任自然”时就已经开始了。“任自然”自有其标准，是以自我为标准，基于美的自发性。当诗礼文明失去了活泼的自性，而被政治需要僵化为名教时，它就要回到自然，被美审问。

清谈激发了美，美在《世说新语》中飞矣！从玄学美到诗性美，从田园美到山水美，从个性美到格律美，从兵法美到书法美，从人格美到人体美……

美的历程从人格美开始。《世说新语》就以“陈仲举言为士则，行为世范，登车揽辔，有澄清天下之志”的君子人格开篇，而终以《玉台新咏》美女。《世说新语》“说”的都是男子，而《玉台新咏》“咏”的多为女性。世说新语时代，诗人会在高不可攀的山顶上如痴如醉地等待美人，而《玉台新咏》里，诗人气质已衰，他们能于床笫间如鱼得水地把玩美女，谁还愿意待在险峰等待美人？

女人体及其饰物，被诗人的诗眼关注，萧纲《咏内人昼眠》：

北窗聊就枕，南檐日未斜。
攀钩落绮障，插捩举琵琶。
梦笑开娇靥，眠鬟压落花。
簟纹生玉腕，香汗浸红纱。
夫婿恒相伴，莫误是倡家。

就诗而言，这诗不算差，能把夫妻生活这样写出来，很不容易。诗人萧纲身为梁太子，只能在宫廷里写诗，故诗风轻艳，时号“宫体”。他的诗从山峰撤退，退到床上去。床上美女如花，在梦里笑了，身旁就有美女相伴，何必跑到山头去苦恋？明明是在帝王家，却要人“莫误是倡家”，反差这样大，只有清谈惯了的南朝人才说得出来吧！南朝人的嘴巴自由化，想说就说，没有他们不敢说的话。

此话若仅出于诗人之口本无所谓，出于帝王之口就不吉利了，不思收复国土，却在美女身上下功夫，居然神魂颠倒到了不知娼家和帝王家的程度。

中国诗学有“诗言志”的传统，这位简文帝大概不以为然吧。他说，持身须严谨，文章则要放荡。他一放荡，居然不惜以妻为娼，谁还能放荡到如此地步？

谢灵运的山水诗里那一份对美人的苦恋早已荡然无存了，在那苦恋里，还有对永恒女性的渴求。歌德《浮士德》里的那句诗“永恒之女性，引导我们上升”，那意味儿早已盘桓并沉郁在他心头，留在诗里了，只是还没有说出口。他能说得出口？

留下最后一口气，用来表达爱情还是维持生命？只有西方文化才会这样问，中国文化里的谢灵运，没有让永恒之女性引导他上升，而是动了反心，结果难逃一死。他死了还有谁会去等待那位形而上的美人？

“中间小谢又清发”，这位“小谢”便是梁武帝“三日不读其诗，便觉口臭”的谢朓。小谢接着谢灵运写山水诗，他的诗如珠玉，圆美流转，无论声律还是意境，都打磨得很圆润，不像大谢的诗，触之，尚有凹凸感，品之，还有几份苦涩。其诗字句圆美，全篇反而难于圆满，以《入朝曲》为例：

江南佳丽地，金陵帝王州。
逶迤带绿水，迢递起朱楼。
飞甍夹驰道，垂杨荫御沟。
凝笳翼高盖，叠鼓送华辀。
纳献云台表，功名良可收。

前面四句不仅圆美流转，而且气象壮丽，因起笔太高，后面几句便难以为继。大谢之诗，当其高处不胜寒时，就以玄远之言提撕，而小谢处于齐梁时，玄学风致渐渐远去，清谈之余风，由谈玄改为咏物，从江山辽落转向美人香艳在侧。

宋、齐、梁、陈四朝国君皆寒门出身，靠打拼起家，却各有风雅。晋、宋之际，“庄老告退，而山水方滋”，大谢登山而咏。到了齐、梁之时，则有小谢临江，望水而吟，多有佳句传世：“余霞散成绮，澄江静如练”，

“天际识归舟，云中辨江树”，“朔风吹飞雨，萧条江上来”。小谢以后，南朝诗风入床第，多写女人窗前床后琐碎物事。

闻一多指出，从梁简文帝当太子到唐太宗死，这一时期正是谢朓已死而陈子昂未生的间歇之时，这一时期的诗大体上都可以称为“宫体诗”。若以此概言之，唐太宗李世民也无例外应该算作宫体诗人。但李世民并非“止乎衽席之间”的诗人，《全唐诗》里第一篇就是他的诗，他写帝京：“秦川雄帝宅，函谷壮皇居。”这两句有一种四平八稳的帝王气，比起“江南佳丽地，金陵帝王州”确实要“稍逊风骚”，后面接下来的就更糙，不引了。诗虽然有点糙，却有“嫂溺援之以手”的功劳，当宫体诗还在沿着“帝家”与“娼家”误读那条诗路堕落下去的时候，他一出手便将宫体诗拽住了。他告诉读者，什么是“帝宅”，什么叫“皇居”，在“帝宅”和“皇居”里，床第之间的那点儿女人物事几可忽略不计。宫体诗进入初唐，经他这么一提倡，便有了所谓帝王气象，此为唐诗运动新方向——写诗为政治服务，写出帝王家新气象。

禁苑春晖丽，花蹊绮树妆。
缀条深浅色，点露参差光。
向日分千笑，迎风共一香。
如何仙岭侧，独秀隐遥芳。

李世民这首五律《咏桃》被王夫之的《唐诗评选》评为“绝代高唱”。这样的评价当然很高。这首诗虽然好，但还是不及“江南佳丽地，金陵帝王州”那两句，誉为“绝代高唱”有点过了。可这首诗已有了小谢的味道，不光格律成熟，近于“圆美流转”一路，全诗布局均衡，张弛有度，就其雍容之美而言，则胜于小谢。

以格律诗咏物，梁、陈时已很盛，但梁、陈诗人所咏对象多为女人物事，无儿女情长，却令英雄沮丧。唐初就有人反感，魏徵谈到陈后主时说：“古人有言，亡国之主，多有才艺，考之梁、陈及隋，信非虚论。然则不崇教义之本，偏尚淫丽之文，徒长浇伪之风，无救乱亡之祸矣。”魏徵当头一棒，喝向君王。宫体诗本是君王诗，君臣上下不言志，不以先贤互勉，不以圣王自励，唯以艳情为娱，以咏女人物事为能事。

李世民亦咏物，他咏桃花，非咏“人面桃花相映红”之女人物事，而是咏“向日分千笑，迎风共一香”的无限风光，这风光便有帝王气象，“日”和“一”，都指向君王，所有桃花都沐浴他的阳光，都在他的照耀下开放。有了这样的一统抱负，他才会问“如何仙岭侧，独秀隐遥芳”。圣王已出世，这世上就不应有“独秀”者隐于山中。

有芬芳，就尽情开放，何必隐藏？不要像陶渊明那样归隐，不要像谢灵运那样往深山里去相约美人，只要向普世的阳光奉献各自的芬芳，就能茁壮成长。在新制度里，所有的花儿“向日分千笑，迎风共一香”，分享君王的阳光。在他的阳光普照下，还有谁能“独秀隐遥芳”？他是帝王，是普照天下的阳光。

阳光是一把天弓，光芒四射，射出无量之矢，天下英雄皆入其彀中，都被它的光射中，试问，谁能躲开阳光之矢呢？王夫之用帝王学的眼光来读这首诗，读出了其中三昧，而称“绝代高唱”。由桃花而见阳光，由阳光而见帝王，这样咏物就走上了格物致知的路，一路走下去，走出正心诚意，修身齐家，就这样走向治国平天下。

帝王写诗要写到这份儿上，才叫思想性强。南朝君臣写诗，那叫玩物丧志，就因为他们在诗里有感觉而无思想。没有了国体思想，只好在物事上放荡。

没有思想的诗，是好诗还是坏诗？这样的问题是没有定论的，因为一首诗的好坏并不全然取决于思想，尤其是政治思想，人的灵感往往更加重要。可李世民的诗，其好处就在他的帝王思想，例如《春日望海》：

披襟眺沧海，凭轼玩春芳。

积流横地纪，疏派引天潢。
仙气凝三岭，和风扇八荒。
拂潮云布色，穿浪日舒光。
照岸花分彩，迷云雁断行。
怀卑运深广，持满守灵长。
有形非易测，无源讵可量。
洪涛经变野，翠岛屡成桑。
之罘思汉帝，碣石想秦皇。
霓裳非本意，端拱且图王。

这首诗一如既往，志在帝王，没有写壮丽的皇居和雄伟的帝宅，而是写了格律化的山海，以山海烘托帝王气象，言其志曰："之罘思汉帝，碣石想秦皇。"这里，他没提"魏武挥鞭"之类的话题，可能是因为曹操在帝王学里的规格还不够，他评价曹操"临危制变，料敌设奇，一将之智有余，万乘之才不足"。

历史上也就他有资格这样说，因为连毛泽东也佩服其武略。毛泽东曾读冯梦龙《智囊》，当他读到李世民"每观敌阵，则知其强弱，常以吾弱当其强，强当其弱"诸语时，随即批注曰："自古能军无出李世民之右者。"

后来，毛泽东也在碣石望海，也写了一首诗，但他在诗里没有提起秦皇汉武，也没提起这位唐太宗，他只提了"魏武挥鞭"，还有"碣石遗篇"，颇以英雄相惜。曹操以英雄本色写诗，故人称"曹公古直，甚有悲凉之句"，而李世民则以帝王本色言志，从来不作悲凉语，端着帝王架子写诗——"端拱且图王"，将曹操搁一旁，直奔汉武秦皇。

不同的历史时期，三位文武盖世的英雄都来此地言志并赋诗。曹公古直，直写天人之际；毛诗雄郁，于古今之变别有会意；而唐太宗之诗，则如帝王起驾，巡视天下，其眼中，山水华丽金碧，欲以帝宅皇苑格局而起居之，以此作天下江山格律。

李世民以帝王气象扭转了宫体诗的方向，使小家子和小女子的诗大而化之，不仅使之化到帝宅皇居里去，还要化到天下江山里去，把宫体诗化成了帝王诗。他的帝王诗不单单指帝王本人作的诗，还是抒发帝王气象、表达帝王思想的诗。

本来宫体诗的结是在“好色一代男”的南朝小朝廷里系下的，隋炀帝不解此结，而欲于其中化蝶，故将目光从锦绣床第移向荒野，以诗人的本色“野望”：

寒鸦飞数点，流水绕孤村。
斜阳欲落处，一望黯销魂。

他一望就望见了乌鸦，乌鸦是黑色的，带着天命来了。“天命玄鸟，降而生商”。玄鸟是什么？有人说是燕子，有人说是乌鸦，在这里权当是乌鸦吧。

还有人说，乌和鸦是两种不同的鸟，乌小，纯黑，小嘴，以能反哺其母，被称为“慈乌”，白居易诗云：“慈乌复慈乌，鸟中之曾参。”鸦则相反，大嘴，腹下白，性贪婪，不但不能反哺，还要反噬，而反噬正是帝王的本性，杨广和李世民都是反噬之人。

从慈乌到寒鸦，从反哺到反噬，帝王家的子孙就这样安身。

隋炀帝这诗将帝王寒鸦心态写得真是入魂。“寒鸦飞数点”，在天上飞，也在他心头飞，“流水绕孤村”，那“孤村”——寒鸦之栖，在他心里唯有自知。“斜阳欲落处，一望黯销魂”，天上的太阳就要落了，他心中的太阳正在升起，但他心里却没有“东方红，太阳升”，而是“黯销魂”。“黯销魂”说明他仍有不忍人之心，灵魂里还有亡国之音，这一点他不如李世民，所以，尽管他很伟大，但还是成了亡国之君。

作为诗人，“黯销魂”能写出好诗，可在帝王学里却要被扣分。帝王之心，差毫厘而失千里，一扣分就等于零，有的甚至还会变成负数。杨广就是这样的人，他的历史地位被扣分，就怪他曾“黯销魂”。

伟大算多少分？居然被扣得干干净净！从杨广身上扣的分都加给了另一个人——李世民。诗言志，你看李世民的诗，哪有一星半点儿“黯销魂”？只要是敌人，不管什么人，父亲也好，兄弟也罢，他都不问，该出手时就出手，决不“黯销魂”。

他写诗如用兵，从来不打无把握之仗，写起诗四平八稳，从来不忘自己的帝王身份，他在诗里面一本正经端拱着，以“帝范”示人。而隋炀帝写诗，总把自己当作诗人，忘了自身的帝王身份，所以，他不仅没能扭转宫体诗的方向，反而被宫体诗的趋势扭转了，被人当作宫体诗诗人，以至于有人认为，《野望》那样的诗不可能是他的作品，就因为他是宫体诗的诗人。

纯以诗人的眼光看，以“帝范”写诗自然“稍逊风骚”，然而从帝王学的立场来看，李世民诗中那一副端拱的模样，还真有一套圣化的帝王气象。

他的气象不是“安得倚天抽宝剑，把汝裁为三截”的霸气，也不带“刺破青天锷未残”的杀气，他收敛了英雄本色，开显帝王气象——“端拱且图王”。

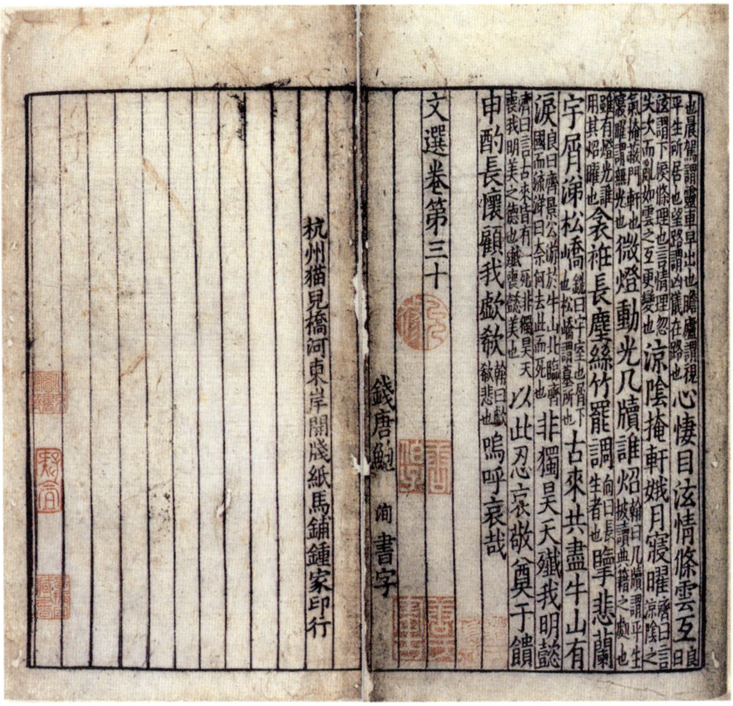

《文选》三十卷，宋杭州开笺纸马铺钟家刻本，有“唐印钟吉”“季振宜藏书”等藏印

《文选》有两个版本流传下来。《文选》六十卷，现存二十一卷，昭明太子萧统辑，唐李善注，北宋刻递修本。《文选》三十卷，存卷三十，梁萧统辑，唐吕延济、刘良、张铣、吕向、李周翰注，宋杭州开笺纸马铺钟家刻本。

“宫体诗”诗派创始诗人梁简文帝萧纲

萧纲是梁武帝萧衍的次子，哥哥萧统就是那位编著《文选》的昭明太子。萧统早逝，萧纲被立为太子。萧纲在东宫做了十八年太子，有英明的父皇为政，他和历朝所有的太子一样，没有什么政绩，登基不到两年，萧梁就被侯景之乱冲毁。侯景出身朔州羯族人，喜怒无常，投靠鲜卑人建的东魏政权，得到高欢重用，成为东魏最有实力的大将。高欢死后，侯景反叛新帝高澄，投降西魏宇文泰。宇文泰对反叛者不信任，侯景再投萧梁。梁武帝萧衍看中侯景的实力，想借侯景之力一统中原，便接纳了侯景，种下祸根。萧衍有两个动作激怒了侯景，第一，侯景想与王、谢两家望族通婚，结为秦晋，以南朝人根深蒂固的门第观念，萧衍当即回绝；第二，萧梁与东魏和好，让侯景不安，最终引发侯景叛乱。经过两年战争，萧纲和太子萧大器死于叛军之手。

虽然没有什么政绩，但萧纲在南朝文学史上却是宫体诗的一面旗帜。昭明太子逝后两个月，他便入主东宫，接过了太子哥哥的文学班底，成为京城文坛上的中心人物。他对文学以及诗歌艺术的迷狂与主张，将南朝文学带入一个新境界。在文学艺术的世界里，审美就是真理的标准，是纯粹的对人性的审美，而不是载道的审美。这种纯粹的审美，是一种在悦纳内在的理性约束的基础上展示人性的欲望。他主张文学直接的自我表达，反对复古风；主张修辞，反对成语；主张诗歌以文娱审美为终极诉求，甚至主张“放荡”才是美文学。这种纯粹的文学追求确实给南朝带来了纾解人性、放飞心灵的自由风气，使文学的本质得以回归。从他开始有了“宫体诗”的名称，即所谓“东宫体”，为唐诗的崛起奠定了基础。

萧纲的东宫生活正如他的《咏内人昼眠》诗一样卓有成效。他的皇后和十位嫔妃为他生了二十个皇子、十一个公主，在侯景之乱中死伤惨重，重复上演了权力巅峰的皇家悲剧。

《步辇图》卷（局部），（唐）阎立本绘，绢本，设色，纵 38.5 厘米，横 129 厘米，故宫博物院藏

《步辇图》

贞观十五年（公元 641 年），吐蕃王松赞干布派相国禄东赞到长安迎接文成公主。作为宫廷画师，阎立本将这一历史性事件以绘画的形式记录下来。唐太宗李世民端坐步辇上，接见松赞干布的求婚使者禄东赞。步辇指人力抬举的代步工具，是唐代的轿子。画面人物比例以角色为重，使者恭谨，宫女姿态各异，氛围写实轻松。画家并非完全要突出皇帝本人，有一宫女甚至遮挡了唐太宗的前胸。卷末有宋代章伯益篆书题跋并署“唐相立本笔”，还有宋米芾、元姚云等人的题记，明郭衢阶、清梁清标及内府收藏。宋《宣和画谱》、清《佩文斋书画谱》、卞永誉《式古堂书画汇考》《石渠宝笈初编》都有著录。现藏故宫博物院。

昭陵六骏之白蹄乌，唐贞观年间，
西安碑林博物馆藏

昭陵六骏之青骓，唐贞观年间，
西安碑林博物馆藏

昭陵六骏之拳毛騧，唐贞观年间，
美国费城宾夕法尼亚大学美术馆藏

昭陵六骏之飒露紫，唐贞观年间，
美国费城宾夕法尼亚大学美术馆藏

昭陵六骏之什伐赤，唐贞观年间，
西安碑林博物馆藏

昭陵六骏之特勒骠，唐贞观年间，
西安碑林博物馆藏

昭陵六骏

宫体诗的审美轨迹，从南朝“好色一代男”的后宫，走进隋炀帝杨广内心的荒寒孤独，再到唐太宗李世民笔下便改弦易辙了。由床笫转向龙椅，帝王抱负在诗里滋养，养就了“秦川雄帝宅，函谷壮皇居”的大唐皇家。李世民的“帝京”之诗不乏壮美的审美价值。不过，比起在诗中，他的气势在“昭陵六骏”中更能引起共鸣。

昭陵是唐太宗与长孙皇后的合葬帝陵，位于陕西省咸阳市九峻山上，据说是中国历代帝王陵中规模最大的一座。贞观十年（公元 636 年），长孙皇后病逝，昭陵开始建造，至贞观二十三年李世民去世，基本建造完毕，但昭陵作为后代帝王的政治教材，一直没有停止增补修建，到唐玄宗开元二十九年（公元 741 年）才算修建完毕。

昭陵六骏是李世民的坐骑，随他征战，打下唐帝国的江山。六匹马分别名为飒露紫、拳毛騧、白蹄乌、特勒骠、青骓、什伐赤。长孙皇后去世的同时，李世民诏令大画家阎立本画出六骏图，再命石刻家阎立德将六骏图浮雕于华山石上。李世民亲作六首诗“六马赞”，由大书法家欧阳询抄录于六骏旁，立于昭陵两侧。每块石刻宽 2 米，高 1.7 米，呈现六匹骏马的不同姿态，为中国石雕艺术的珍品。六骏中的飒露紫、拳毛騧两骏，1914 年被古董商卢芹斋卖到美国，现藏美国费城宾夕法尼亚大学美术馆。剩下四骏皆藏于西安碑林博物馆。

02

革命的女皇

太宗以后，唐朝帝王都以“帝范”写诗。写得最好的是那位女皇帝，留下了四十八首诗。

历史上，有不少女诗人留下哀婉而美丽的诗篇，可写出了帝王气象的女性，只有武则天一人，她做过李世民的才人，深谙帝王之阴阳本性。我们来看她的《唐享昊天乐》诗中的第一首：

太阴凝至化，真耀蕴轩仪。
德迈娥台敞，仁高姒幄披。
扪天遂启极，梦日乃升曦。

这真是一篇女皇帝诗！读后，我们觉得女皇帝入诗就该是这样子。“太阴”“娥台”“幄披”，都是女人标志，以此标志入“化”“德”“仁”之帝范，就出现了诗中女皇帝。“天”和“日”都是帝王象征，“扪天遂启极，梦日乃升曦”，她“扪天”“梦日”，想做皇帝。我们再来看第四首：

巍巍睿业广，赫赫圣基隆。
菲德承先顾，祯符萃眇躬。
铭开武岩侧，图荐洛川中。

微诚讵幽感，景命忽昭融。

有怀惭紫极，无以谢玄穹。

这首诗有太宗遗风。《历代诗话》说："凡太后之诗文，皆元万顷、崔融辈为之。"这样说来也有可能，但在拿出确凿证据前，我们还是宁愿相信这些诗都是她本人的作品，因为诗里有她独特的体认，尤其是对帝王思想的体认，他人无法代替。倒是人人都称道的另一首诗可能有假。诗曰："明朝游上苑，火急报春知，花须连夜发，莫待晓风吹。"这首诗没有王气，只有霸气，没有雍容的帝王气象，倒有几分巫婆模样。对于此类诗，人们多爱往传奇上言，而其事则如篝火狐鸣、急急如律令之类，不可能为真。事若为假，诗当然也要存疑，帝王诗里有野狐狸。

历朝历代，哪个朝代没有太后临朝？汉有吕雉，清有慈禧，可她们从未想过要当女皇。她们有帝王权力，却没有帝王思想，唯有唐女有帝王气象。所谓帝王气象，就是帝王权力加上帝王思想之模样。此模样，就王者本人而言，是他自我意识的释放，对他者来说，那就是阳光。帝王气象的阳光从宫廷升起，照亮了宫女和宫体诗。

唐女肥胖，沐浴着帝王气象的阳光茁壮成长，长得像唐太宗的诗一样，雍容富态，沾了一身帝王气象的光。这当然要归功于唐太宗的宫体诗革命，使得帝王气象在宫里流行，宫女得其时尚，女主得其思想，从来不说女权，但终于出了女皇。

唐太宗以帝王思想齐家，在家里打天下，打出个玄武门之变。可他没有想到，他把帝王思想带回家，美人却与之同化。太宗问媚娘，如何驯服烈马？美人回答，用鞭子抽，铁锤打，匕首扎……总之，是马就要被人骑，不能被人骑，就该杀！这很可怕，但太宗喜欢，他在面子上尊重长孙皇后，而骨子里却欣赏武媚娘那样有杀气的美人。

后宫佳丽不乏淑女，可太宗等闲视之，"不爱红装爱武装"。"爱红装"是宫体诗模样，"爱武装"才是帝王气象，他的媚娘"爱武装"，英姿飒爽，洒满了帝王气象的阳光，一身带有杀气的美透出了革命理想。

唐太宗在家天下里继续革命，革了他父亲和兄弟的命。革命都带有杀气，如果杀气出自革命理想，那么杀人就会变得不一样，不仅原罪的阴影消失了，还会放出神圣的光芒——天命如刀啊，焉能不杀！

媚娘继承了唐太宗的革命理想，把革命革到了李家的头上。她要革李家天下的命，革出个武家天下来，为此，她把国号都改了，改“唐”为“周”。她废了自己的儿子，一个接着一个，想传国于武姓，这就太过分了。革命终归革到了自己头上。当神圣的光芒隐去之后，人们就看到了野心。

她的野心只能激励武家子孙夺权，却不能号召革命，她享受了革命的成果，也亲眼看到了革命的报应。临终前，她不得已告别革命，留下遗嘱：“袝庙，归陵，令去帝号，称则天大圣皇后。”最终，她还是决定，取消帝号，恢复原来的皇后身份。虽然刹车了，可革命还有惯性，一不留神，她又继续革命，自定谥号“则天大圣皇后”。

本来谥号由后人评定，可她偏要在生前自己定，她不愿，恐怕也不敢放手任由后人去评。此前历代谥号都不过一二字，从她开始多加溢美之词。

“则天”二字来自《论语》，子曰：“惟天为大，惟尧则之。”以“则天”自居，乃向尧看齐，可见她如何认识自己。

革命不管多么激进，都革不过自己的命，命是时间对人的规定性。她大限已到，要寿终正寝，于是打开乾陵，里面躺着唐高宗，那是她的夫君。当年，就是高宗把她从尼姑庵里带回宫廷，现在，她要归陵，名正言顺。这陵是她选的，为高宗选，也为她自己选。按陵制，帝王陵墓封好后就不能开启，据说一开启就会坏了帝王家的风水。可她偏要开启，她早已看好了这块风水宝地，对不起，她要进去。生前，她革命尚未成功，在入土时，她还要革命一次，死后，她仍在努力，要在九泉之下将革命进行到底。

她死了，可革命的幽灵还在宫里游荡，徘徊着帝王气象……

《武后从行图》，（唐）张萱绘，绢本，设色，纵 159 厘米，横 80.9 厘米

武则天的诗有女皇“帝范”

有不少女诗人留下哀婉而美丽的诗篇，可写出了帝王气象的女诗人，只有武则天一人。

武则天于公元 690 年登基为女皇帝，改国号“周”，又叫武周。那一年，武则天 66 岁。宫廷画师张萱画《武后从行图》，宫女簇拥，女皇则悠闲四顾，面容体态丰懿，洋溢着宫体诗韵。

彩绘陶女俑，唐，高约 40 厘米，西安文物保护考古所藏

武则天金简，唐久视元年（公元 700 年），长 36.2 厘米，宽 7.8 厘米，重 223.5 克，河南省登封市嵩山峻极峰北侧发现

唐女气象

唐女肥胖，像唐太宗的诗，雍容富态。帝王气象流行在宫闱苑廊，在武则天母仪天下之际，丰满便是唐女风尚。彩绘陶女俑出土于西安郊区的唐朝贵族墓，娇媚、娴雅，雍容，想必是唐人对女性气质的理想塑造。

武则天金简

金简上刻有铭文六十三个字："大周国主武曌好乐真道长生神仙，谨诣中岳嵩高山门，投金简一通，迄三官九府除武曌罪名，太发庚子七月甲申朔七日甲寅小使臣胡超稽首再拜谨奏。"意为大周皇帝武曌，虔信道教真理，祈求长生不老，羽化成仙，故委托道人到嵩岳天门投递金简，请三官九府赦免业罪。

飞狮宝相花纹鎏金银盒，唐，高 5.6 厘米，口径 12.9 厘米，
陕西省西安市何家村出土，陕西历史博物馆藏

飞狮宝相花纹鎏金银盒

唐代中后期，上流社会流行道教，从皇帝、贵族到士大夫普遍喜欢用道教术士炼丹的“养生”药丸。每到秋冬，皇帝就要拿出内廷秘制的药丸，赏赐大臣，而药丸要装在金银盒子里，才能持久保持药效，装道药的鎏金银盒便越做越精致。这件代表唐朝鎏金工艺最高水准的道药盒，出土于陕西西安何家村贵族大墓，现藏于陕西历史博物馆。

《观鸟捕蝉图》壁画，陕西省乾陵县唐章怀太子李贤墓出土，陕西历史博物馆藏

李贤墓《观鸟捕蝉图》

李贤是唐高宗李治的第六子，武则天的次子。兄长李弘猝死后，李贤被立为太子，“初唐四杰”的王勃为太子侍读。李贤天资聪颖，深受父皇喜爱，为母后武则天猜忌。公元684年高宗逝世，武则天运用酷吏清除异己，逼令已经被贬为庶人的李贤自尽，死时29岁。公元711年，李贤被亲弟唐睿宗李旦追谥为“章怀太子”，后迁墓陪葬父母之墓乾陵。据说“黄台瓜辞”出自李贤之手，他看到母子骨肉情为权力之争献祭，不忍也不甘，遂写道“种瓜黄台下，瓜熟子离离。一摘使瓜好，再摘令瓜稀。三摘尚自可，摘绝抱蔓归。”也有人认为此诗出自李泌。

《观鸟捕蝉图》绘于李贤墓前室西墙壁南侧，一宫女“观鸟捕蝉”，寓意深远，也许暗示了章怀太子为母所害的惨烈，另外两位宫女一静一动，表情似在诉说压抑的宫廷生活。

《宫女图》壁画，陕西省乾陵县唐永泰公主李仙蕙墓出土，陕西历史博物馆藏

李仙蕙墓《宫女图》

李仙蕙是唐中宗李显的第七个女儿，武则天的孙女，嫁给武则天侄孙魏王武承嗣的长子武延基。公元 701 年，小夫妻与李仙蕙兄长李重润（懿德太子）一起议论武则天内帷之事，夫与兄皆被杖杀，17 岁的李仙蕙因惊悸难产而死，家破人亡。公元 705 年武则天去世，唐中宗复位，追封李仙蕙为永泰公主。以礼改葬，夫妇陪葬乾陵。永泰公主墓《宫女图》，绘于墓室东壁，共两幅，人物众多，姿态各异，细腻生动，为唐代绘画中的精品。

03

走向宇宙意识

唐朝帝王诗是宫体诗从内容上的向前发展和脱胎换骨。还有另一条路，用了唯美的宫体诗形式，赋予自然和人生。这条路被闻一多先生称为“宫体诗的自赎”，即以美的形式自赎，为唐诗的江山指路。

这条自赎之路是一条“春江花月”路，美的形式走出了宫体诗的狭窄空间，在广阔的自然和人生中“圆美流转”，一路走来，走出唐诗的春天。

以“春江花月夜”为题写诗，从隋炀帝杨广开始，诗曰：

暮江平不动，春花满正开。
流波将月去，潮水带星来。

诗由静而动。“暮江平不动”，乃至静。然而“静者静动”，“春花满正开”是花先动，而后江水动，遂有“流波将月去”，连天上那一轮明月也随这江水流动，于是，滔滔之势渐起，在江海一线形成潮涌。“潮水带星来”，乃至动，正如春花开之于江水，是至静而动，而眼前星落潮涌，则是至动而静，其静在天，天上星光依然，一派肃穆。

如此气象格局，宫体诗哪能笼罩得住？诗的意境里不光有美，还有理性的感悟，从宫体诗里赎出来的形式，把自然变成了格律诗，萌动了新的宇宙意识。

平心而论，隋炀帝的诗还真是好诗，担得起“圆美流转”四字。他纯以诗人本色写诗，一点儿不端帝王架子，他的诗放在第一流诗人的诗里也不逊色。在这首诗里，诗人的姿态是静观的，他在一旁观照，其主体性尚未入诗，故“无我”。而唐代诗人写景，则人与景互动，有一种对待性，如“行至水穷处，坐看云起时”“相看两不厌，唯有敬亭山”，将对象化的自然融于诗人主体性中，故“有我”。诗“有我”好还是“无我”好，这倒不一定，各有其妙处，但写“无我”的诗似乎更难。

杨广的《野望》里，他终归还要“一望”，还是“有我”在诗里，而那首《春江花月夜》却能把“无我”进行到底，让“我”全部退出去，走向诗的宇宙意识。

唐代诗人也能以“无我”写山水诗，如李白《望天门山》：

天门中断楚江开，碧水东流至此回。
两岸青山相对出，孤帆一片日边来。

李白写了很多山水诗，都是诗中精品，独有这首诗“无我”，可算是精品中的精品。李白《望庐山瀑布》也很有名，是“有我”之诗：

日照香炉生紫烟，遥看瀑布挂前川。
飞流直下三千尺，疑是银河落九天。

他在诗里“遥看”，眼前景都是他看出来的，他夸大了自己的视觉效果，将自我无限放大，放大到了什么程度呢？“疑是银河落九天”！自我如同阳光，随瀑布“飞流直下”，有一种游仙的感觉。这感觉放大了他的自我，那是一个趋于无穷大，“上下与天地同流”的自我。而《望天门山》正相反，他那个无穷大的我，从诗里隐去，化为乌有，这太难了！这样的诗，不是人写的，而是神写的。人写的诗，如杨广之“无我”，难免还有放不开的感觉。而李白“有我”似游仙，“无我”也洒脱到了极限。

李白的洒脱里有一份自由，那是自我“上下与天地同流”的游仙式的自由；还有一种自在，把至大无外的自我放下来，放在“无我”的境界。看吧，“天门中断楚江开”，这都是眼前景，直接道来，一“断”，一“开”，用了两个动词来号山河的脉——山河自动，或为神来……山川大势，他一笔划出——“碧水东流至此回”。眼前万千景象化为一线，犹如张旭狂草，千头万绪的线之舞，被他用一笔就提撕了。

这当然是大手笔，曹公古直也不及此，连杜甫都说“白也诗无敌”，便是太白那份洒脱无人能及。他的自我那样大，可他提得起放得下。“两岸青山相对出，孤帆一片日边来。”一“出”，一“来”，“出”的是“两岸青山”，“来”的是“孤帆一片”，而“我”就在“孤帆”里。水流，山动，帆来，从天涯之“日边”来长江之“天门”。有人说，“日边”是天子身边，是长安，不过我们不这么看，宁愿以它为自然，因为它太美了——长河落日，孤帆一片……知向谁边？

杜甫也有这样的“无我”之诗，其《绝句》四首之三，云：

> 两个黄鹂鸣翠柳，一行白鹭上青天。
> 窗含西岭千秋雪，门泊东吴万里船。

钱钟书《宋诗选注》里提到，唐宋时期，诗人入川要骑驴子。驴子是诗人的坐骑，所以诗人骑着驴子入川。陆游诗曰：“此身合是诗人未？细雨骑驴入剑门。”他的诗是骑驴入川以后才臻于佳境自成一体的。

宋人认为，杜甫诗登峰造极是在入川以后。老杜自称“骑驴三十载”，那便是在炫耀他的诗龄了，作《绝句》时，他正身居蜀而“三年望东吴”。

老杜卸了驴子，入草堂，倚窗而望，窗前就有“两个黄鹂鸣翠柳”，多么活泼！一片绿色中，有两点黄色在动，绿色是婀娜之柳，黄色是飞鸣之鸟。老杜真不愧骑了三十年驴，大自然的生机他一点就透。远眺，“一行白鹭上青天”，在蓝的底色——蓝天上，有一条飞白——“一行白鹭”在飞翔，化作白云去也。于是，他的视野从天上回到窗前，他突然发现，那窗口居然变得无穷大了——“窗含西岭千秋雪”。“西岭”就是岷山，岷山积雪千年，蓝天里，那一条飞白已逝，可永恒的白——“千秋雪”，却矗立起来，与天相接。岷山下，那“千秋雪”丝毫不动声色，就化了一条岷江，奔流而至老杜门前，泊来许多船。这些船，从东吴来往东吴去，门前有合江亭，可以登船。“门泊东吴万里船”就是对这一事实的陈述。有时直接陈述便是最好的诗。好诗，太微妙，不用像贾岛那样去推敲，也不能推敲，一推敲就坏了。

这四句诗，前面两句一派清丽，让天地之间充满了生机，高蹈而有青云直上之势，后面两句自然而然，“窗含”句大气而又洋气，“门泊”句则大气而朴实，唯其朴实方能将全诗收住。以华丽开笔，以朴素收之，以一笔收住万里。尤其那个“泊”字，在动静之间，似动非动，将动未动，就要开动，尚未启动，在这短暂的不确定性里，有一种贯穿万里江山的契机就要展开来。

李、杜之诗，有我，便迥异，臻于无我之境，则颇为神似。此二人者立于唐诗的江山，双峰并峙，难分轩轾。但在他们之上还有一首诗，被闻一多称为“顶峰上的顶峰”，那就是张若虚的《春江花月夜》。

张若虚与陈子昂同时期。张若虚沿着六朝诗的路子一直上升，升到宇宙意识里，用宇宙意识来写诗，而陈子昂则在历史的转折处怆然掉头而去，转向盛唐诗的新路子。闻一多指出，通往顶峰的路从卢照邻的《长安古意》就开始起步，中间经骆宾王、刘希夷等人接力，才走到张若虚的《春江花月夜》。

卢照邻在《长安古意》里让思绪跑马，让欲望开花，将宫体诗里那一双袖手旁观的冷眼换作一副热心肠，从宫闱里跑出来，跑到都市大街上。街上，欲望在飞扬，他的诗跟着飞扬，华丽地飞呀！飞向公侯家、娼家，见了美丽女子：“楼前相望不相知，陌上相逢讵相识？”那有什么关系！

是浪子，就得发誓："得成比目何辞死，愿作鸳鸯不羡仙。"对于娼家，诗人丝毫没有歧视，不仅以娼家入诗，极尽言美之能事，而且"俱邀侠客芙蓉剑，共宿娼家桃李蹊"，游侠与宿娼齐飞，一展江湖之美。

这还未脱宫体诗路数，可他在结尾处，已从华丽走向孤独，因为他发现，华丽靠不住，人生留下的只有孤独："寂寂寥寥扬子居，年年岁岁一床书。"在欲望飞扬的都市，还有人在读书，那人便是"扬子"——扬雄，《长安古意》古就古在这里，欲望当前还能安心读书，似乎从来都是古人的事。

诗人来了，来向这位读书人行礼，可"寂寂寥寥扬子居"，今有几人知？"独有南山桂花发，飞来飞去袭人裾"，一声叹息之余，诗人已离去……

接着来了刘希夷，他没有吟长安古意，而是唱洛阳人家：

洛阳城东桃李花，飞来飞去落谁家？
洛阳女儿惜颜色，行逢落花长叹息。
今年花落颜色改，明年花开复谁在？
已见松柏摧为薪，更闻桑田变成海。
古人无复洛城东，今人还对落花风。
年年岁岁花相似，岁岁年年人不同。
寄言全盛红颜子，应怜半死白头翁。
此翁白头真可怜，伊昔红颜美少年。
公子王孙芳树下，清歌妙舞落花前。
光禄池台文锦绣，将军楼阁画神仙。
一朝卧病无相识，三春行乐在谁边？
宛转蛾眉能几时，须臾鹤发乱如丝。
但看旧来歌舞地，惟有黄昏鸟雀悲。

这首诗，不但欲望在飞，而且宇宙意识在飞，如花飞。

先是桃李花在飞，"飞来飞去落谁家"？引来洛阳女儿叹息："今年花落颜色改，明年花开复谁在”？这诗性一问，就问出自然的变化和历史的变迁来。连自然都变了，松柏为薪，桑田变海，历史就不用说了。

“古人无复洛城东”，可落花依旧，“今人还对落花风。”花似易逝，其实命永，花开花落虽变幻，而开落本身却永恒，花比人强啊！“年年岁岁花相似，岁岁年年人不同”，为此劝红颜：“应怜半死白头翁。”可怜眼前白头翁，当初，他不也是玉树临风美少年？不也曾“清歌妙舞落花前”？可“一朝卧病无相识”，往日恩爱之红颜，她们“三春行乐在谁边”？红颜难托，恩爱易逝，“宛转蛾眉能几时？须臾鹤发乱如丝”，用宇宙意识来看，人生不过生老病死，而历史便如旧来歌舞地：“惟有黄昏鸟雀悲。”

他看得太透，这样透彻的感悟只好用来凭吊南朝，难以为大唐盛世开头，盛唐要发出历史的最强音，宇宙意识必须服从这历史使命，放下白头吟。

于是，《春江花月夜》来了，走向宇宙意识，发出盛唐之音：

春江潮水连海平，海上明月共潮生。
滟滟随波千万里，何处春江无月明。
江流宛转绕芳甸，月照花林皆似霰。
空里流霜不觉飞，汀上白沙看不见。
江天一色无纤尘，皎皎空中孤月轮。
江畔何人初见月，江月何年初照人？
人生代代无穷已，江月年年只相似。
不知江月待何人，但见长江送流水。
白云一片去悠悠，青枫浦上不胜愁。
谁家今夜扁舟子，何处相思明月楼？
可怜楼上月徘徊，应照离人妆镜台。
玉户帘中卷不去，捣衣砧上拂还来。
此时相望不相闻，愿逐月华流照君。
鸿雁长飞光不度，鱼龙潜跃水成文。

昨夜闲潭梦落花，可怜春半不还家。
江水流春去欲尽，江潭落月复西斜。
斜月沉沉藏海雾，碣石潇湘无限路。
不知乘月几人归，落月摇情满江树。

什么是用宇宙意识写诗，用青春本色写诗？这就是。面对这样的诗，评价都是多余，语言都会失语。

“春江潮水连海平，海上明月共潮生”，这分明就是宇宙意识的自由显现，如同思想有自明的前提，诗也有自明的语言，这是最高级的语言，是不需要加以说明的语言。“空里流霜不觉飞，汀上白沙看不见。江天一色无纤尘，皎皎空中孤月轮。”这样的语言是如此透亮晶莹，它们还需要说明吗？

以往的诗也有宇宙意识，但都作老成语，以物哀心写之。刘希夷的《白头吟》以“落花风”写出宇宙意识，在黄昏里看美少年老去。曹操《观沧海》诗，其宇宙意识亦有悲凉意，如“秋风萧瑟，洪波涌起”。而张若虚的《春江花月夜》则写出了美少年的宇宙意识。

一般来说，美少年多有自我意识，难有宇宙意识，因为宇宙意识是要无我的，人非历尽沧桑，难以达到无我，而美少年的美，多是有我的天赋之美。能以青春本色写出光昌流丽的宇宙意识，唯有张若虚。

“江畔何人初见月，江月何年初照人？”人在少年，多有此问，而难有答案，能以一句“人生代代无穷已，江月年年只相似”来了断，那要有以玄学入诗的功夫，此功夫，以六朝之花月积累，孕于一人——“不知江月待何人？”待此人也。

此何人哉？如在魏晋时，便是“目送归鸿，手挥五弦”的玄学之士，以诗意入玄学也；如在唐初，则“但见长江送流水”，将玄学之思化作滔滔诗也。这样的本事，李、杜没有，但不能以此就认为张若虚是比李、杜更伟大的诗人，我们只能说《春江花月夜》是全唐诗中最好的诗，那是只有在一个时代的青春期才能写出来的诗，张若虚适逢其时，过了此一时，就写不出这样的诗。

雷海宗说，中国历史第二周在淝水之战中分娩。如雷所言，唐初，就到了中国历史第二周的青春期了。青春期的诗人多有怀旧，长安公子的古意和洛阳女儿的叹息都是怀旧，是以中原往事悼念旧朝，那诗的节奏分明就是从六朝走来的。但他们却没能开新，原因是他们还需要从旧的里面走出来。

卢诗的自我意识刚从宫体诗的格律里跑出来，还只能跑到长安街上，而刘诗则将那跑出来东张西望的自我意识安顿在一个新的宇宙意识里，追问之。

用宇宙意识的眼光来看，长安街上那些花花绿绿的物事根本就不值一提，刘诗用宇宙意识否定了《长安古意》里的自我意识，却未免因复古而显得老气。

否定是批判旧世界，还要建立新世界，这使命要张若虚担待。无论《长安古意》里那活蹦乱跳的欲望，还是《白头吟》里那过于深刻的思想，都不宜于建立新世界，新世界存在的基础不是怀旧，而是期待永久。

构造永恒的材料，不应是历史上的古意以及人世间的白头，这些都靠不住，靠得住的是春江花月，“人生代代无穷已”的信息都在那春江花月里。

要将人生放在春江花月上，那样的爱情不仅美，还靠得住。

这样，我们就从《长安古意》里及时行乐的娼家，又到了洛阳女儿家，最终来到《春江花月夜》里的丽人之家，爱情在这里终于得到永恒归宿了。

张若虚以春江花月为唐诗的江山打底子，因此，唐诗的基础不但是自我意识的山麓，而且是宇宙意识的山峰，不仅走向宇宙意识，还以宇宙意识行走。

《游春图》卷（局部），（隋）展子虔绘，绢本，设色，纵 43 厘米，横 80.5 厘米，故宫博物院藏

隋朝的春江花月夜

在唐太宗李世民挽救宫体诗之前，隋炀帝杨广已经开始了宫体诗的自赎。杨广将宫体诗引向春江花月夜，由后宫转向大自然，写人与自然的美妙互动。杨广美姿仪、少聪慧、善宫斗、残手足，能诗善赋，能征善战，大兴土木，建离宫别馆，兴修运河，造彩船下江南，文韬武略，无所不能，且极尽奢华。三十五岁即位，仅用了十四年就透支了禀赋，耗尽了国力，死无葬身之地。但他这种酒神式的纵欲，给唐朝留下了宝贵的文化艺术财富。杨广在科举制、诗词歌赋、绘画、音乐领域一如他的“春江花月夜”，大运河就是一首“春江花月夜”。

隋朝展子虔《游春图》，绢本青绿设色，描绘贵族士大夫春天出游的景象，开皇家青绿山水之先河，奠基了中国绘画史上青绿山水画派，至唐有李思训父子传承。

彩绘坐部伎乐俑，隋，最高者 18.5 厘米，最低者 17 厘米，河南省安阳市张盛墓出土

这组彩绘坐乐伎俑出土于河南安阳张盛墓，距离隋朝京城洛阳也不算远，富贵人家的墓地要选在京城周边风水好的地方。一组八人，彩裙高腰垂地，各持一乐器，有琵琶、横笛、排箫、觱篥、箜篌、击钹、击掌。如一组演奏春江花月夜的乐队。

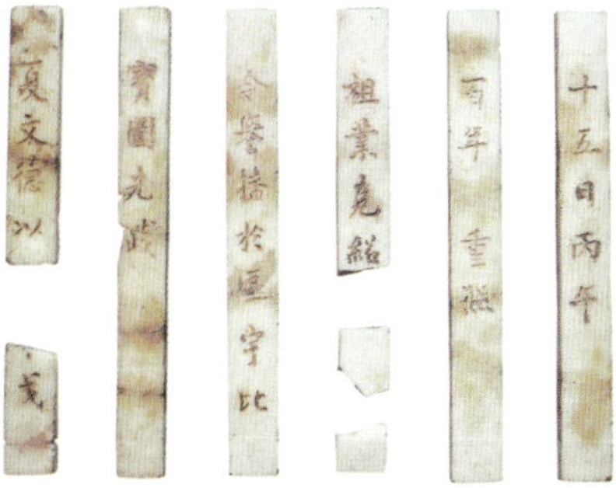

隋哀帝即位玉册，洛阳宫内出土

隋哀帝即位玉册出土于洛阳宫内。隋哀帝杨侗是隋炀帝杨广的孙子，杨广下江都，命杨侗留守洛阳城，公元 618 年，隋炀帝在江都为近臣宇文化及所杀，杨侗在洛阳即位，年号皇泰，公元 619 年被王世充所杀。宇文化及是匈奴人，而王世充是氐族人，可见胡人已经入了王朝中国的主流。

《李白行吟图》轴，（南宋）梁楷绘，纸本，水墨，纵 81.2 厘米，横 30.4 厘米，日本东京国立博物馆藏

诗里"遥看"自我

梁楷，原籍山东东平人，生于1150年。南渡，流寓钱塘。南宋画家，擅画人物、山水，画名誉满天下。宁宗嘉泰年间，任皇家画院待诏。时梁楷年已半百，不愿再受皇家约束，便将金色绶带挂在树上，像陶渊明解印归田一样，转身走出了体制。梁楷在绘画界影响最大的，是他的简笔人物以及泼墨人物。他突破了水墨人物画表达内在性的精神质量的难度，以极简道尽人文之微妙。一笔一墨，在人的个性及其风格上，张力无限，内涵一种形而上的自由。梁楷嗜酒，嗜诗，亦嗜自由，孤傲洒脱，痴艺技绝，人称"梁疯子"，与李白的性情相体贴。他画《李白行吟图》，活脱脱一个在诗里"遥看"自我的李白。梁楷的画在当世便受欢迎，甚至远播日本，对后进影响颇大，如明代大画家徐渭。

《上阳台帖》是李白的手迹，李白与司马承祯是忘年诗友。公元 724 年，李白出蜀游三峡，在江陵偶遇道教上清派第十二代宗师司马承祯，二十三岁的李白得到老道士的赞赏。司马承祯自号白云子，与陈子昂、宋之问、卢藏用、王适、毕构、王维、

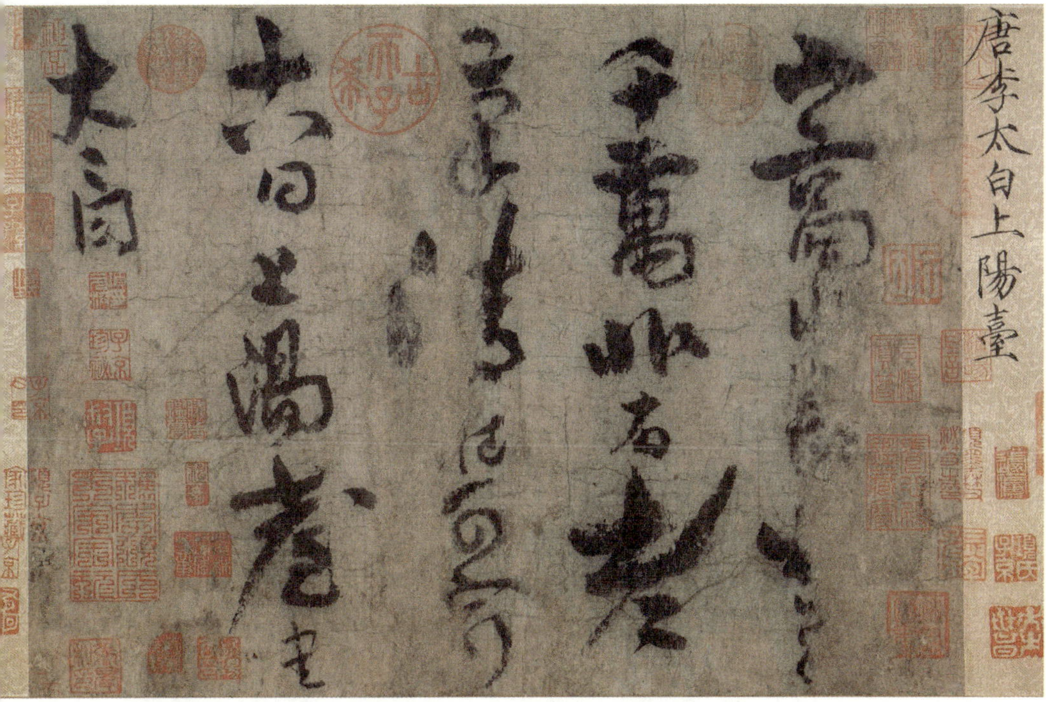

《上阳台帖》，（唐）李白书，纸本，草书，纵 28.5 厘米，横 38.1 厘米，正文右上有赵佶题签，故宫博物院藏

孟浩然、贺知章，还有李白，号为“仙宗十友”。早在景云二年（公元 711 年），唐睿宗李旦曾召司马承祯入宫，请教理国之事，司马主张无为而治。开元九年（公元 721 年），唐玄宗再次将司马承祯召入宫中，他比父王更彻底，亲受法箓，索性成为道教皇帝，并赐司马承祯在王屋山任选一地建道观，号称阳台观。天宝三年（公元 744 年），李白与杜甫、高适相约游王屋山道阳台观，到达后才知司马承祯已仙逝。目睹老友诗文书画，李白遂书《上阳台帖》，与仙魂叙旧。李白书，自带仙气，天纵高逸。

青釉“小水通大河”诗词壶，唐，残高 15.2 厘米，
腹径 11.2 厘米，底径 9.4 厘米

诗与酒壶

唐诗的江山，山山水水、草草木木，皆有诗趣。这件小酒壶，古拙、山气，上有一首小诗：“小水通大河，山深鸟宿多。主人看客好，曲路亦相过。”山里人家的诗，适作土宜。杜工部病逝于辗转长沙一带的舟中，遗憾他的诗却未能刻在这样一件长沙窑酒壶上。

人物花鸟纹螺钿漆背铜镜，唐，直径 25 厘米，河南省洛阳市 16 区 76 号唐墓出土，中国国家博物馆藏

洛阳城东桃李花

隋唐时的洛阳，在诗人眼里，没有长安古意，也没有帝宅雄风，唯有洛阳儿女“落花风”，与一年四季过着很讲究的洛阳人家的日子。人物花鸟纹螺钿漆背铜镜出土于洛阳唐墓，与初唐诗人刘希夷的“代悲白头翁”很应景。“年年岁岁花相似，岁岁年年人不同。”洛阳去年在隋家，今年已是大唐花。也许被镶嵌在这面镜子上的螺钿人，就是一枚洛阳人家的士大夫，正在树下吟唱。唐代制作镜子，发展出一种特殊工艺，镜子背面涂漆，然后用金片、银片、螺钿刻上花纹，贴在漆上。

人物花鸟纹螺钿漆背铜镜（细节）

唐代狮子牡丹夹缬工艺纹样

春江花月夜

“春江花月夜”的诗眼是杨广打开的，而盛唐的春江则是从诗人胸中流出来的，春江的月夜，在诗人笔下耀眼。像那把灿烂的文琴，撩拨得宇宙意识都如此华丽，夜空绚烂——丰懿、圆润、富贵、闲适、自豪、唯美——竟自由。九霄环佩琴似乎就是为弹奏“春江花月夜”的宇宙意识而制作的。狮子牡丹夹缬工艺纹样，最是春江花月夜。典型的云龙纹玉碧涵春江之润，吐月夜之滢。初唐王公贵族修建大墓，都会请最好的画匠在厅室两侧墓壁上描绘彩绘壁画，有墓主人生前的生活场景，也有墓主人对死后的生活安排，伴随墓主人“海上明月共潮生”。画家以高超的艺术表现，反映了初唐人“春江花月夜”的时代精神，使唐代壁画艺术绚烂多姿。如“红衣舞女”“吹排箫伎乐”似乎都在低吟“应照离人妆镜台”。陕西法门寺出土的唐代供养人奉养的鎏金工艺品，每件都像“春江花月夜”的诗句一样，饱满透亮晶莹。而唐人伎乐，是在演奏“春江花月夜”的终曲。

04

唐诗启明星

唐初，“顶峰上的诗”属于《春江花月夜》。那“顶峰上的文”呢？看来属于《滕王阁序》。

在宋人眼里，唐人无文章，可这篇《滕王阁序》又岂是宋人能写出来的？不是还有所谓“唐宋八大家”吗？但这一说法未经宋人认可，是明朝人说的。“八大家”中，仅苏家一门就占了三人，其实，够格的只有苏轼一人，其余二位尚欠火候，但这样的说法很吸引眼球，便于流行，故不能太当真。

这“八大家”都是古文运动的健将，反对当时流行的骈体文。其实骈体文也很古老，骈体文句式，如“骈四俪六”，在《尚书》里就出现过，李斯《谏逐客书》已有了骈体文的样子，在汉代便发展出辞赋式文体。到了南北朝时期，主要在南朝流行的骈体文就由汉代辞赋体发展而来，所以，用古文运动来反骈体文，有点反偏了。中国文学史有《诗》《书》两个源头，诗歌的源头在《诗》，散文的源头在《书》。后来，在诗歌与散文中间出现了一种新文体，叫作辞赋，也就是楚辞与汉赋的简称。楚辞是一种散文诗，汉赋由楚辞发展而来，纳诗性于章句之中，以富词丽句极尽铺张格物之能事，其欲铺天盖地的模样，一如汉家宫阙矣。

久之，汉赋审美已疲劳，以至于扬雄长叹：“雕虫小技，壮夫不为！”故魏晋以后，赋体一变，从章句之学里走出来，回归其诗性本源，至南北朝时，审美优先适逢格律诗兴起，辞赋体也就被格律化为骈体了，可以说，骈体文就是格律化的散文诗。

放在审美的维度上来看，骈体文是一种诗文兼备的文体形式。若基于事功的立场，骈体文的局限性也很明显，它不适合叙事，尤其不适合上奏折言事，若以政事优先来考量，骈体文是一种糟糕的文体，显得徒有其表。故此文体宜处江湖之远，若居庙堂之高，则难用于实事求是。

好在《滕王阁序》原是一篇应景之文，趁时之作，本来无关家国宏旨，不做实际考虑，可做游戏之笔，或起闲暇之思，但作者王勃却用了宇宙意识，将一次逢场作戏的盛会纳入天人古今的格局。富于阅历的人都是来应酬的，表示表示而已，唯有青春美少年会把一切美好的东西都带来，带到现场，同所有人分享，他是现场的阳光。

滕王阁不算什么，因为滕王所到之处都要立个阁，都叫滕王阁。滕王是谁？现在已很少有人知道了，他是李世民的弟弟，名叫李元婴，被封到山东滕州，所以称滕王，他在滕州建了一座阁，就叫滕王阁。后来，他改任江西，来到南昌，又建了一阁，还叫滕王阁，立在赣江与抚河的汇流处，有远山可观，亲水而居。

山东与江西，字面上相对，在制度安排上也成了一个对子。江西在体制上成为山东的下风下水，汉唐两代，山东被贬之王都有贬到江西来的。汉有山东昌邑王，跑到长安去做天子，天子没做成，被贬到江西来了，在鄱阳湖边上，做了个海昏侯。还有，就是这位唐朝的滕王，也被贬到江西来了。

离开了原来的滕州还要称滕王，其实，那也就是个虚名了。不过，江西可真是个有名有利的好地方，海昏侯到此放下天子念头，开始闷声发大财，从海昏侯墓里出土的那一堆堆金银铜钱可见他已富可敌国。而滕王这个本来已被历史淘汰出局的王朝失意人物到此之后，却在不经意间名传千古。在今日之滕州，文化资源再怎么开发也不会开发到滕王的头上去。“滕王”这个历史的符号，在今日之滕州基本上消失了。可在南昌，滕王阁还是历史与文化的地标，至今依然风流，如今之所谓滕王，已非滕州原来的滕王，而是南昌虚名之滕王，滕王所以传世，亦并非因滕王阁，而是由于《滕王阁序》。

正是在江西这方“人杰地灵”的水土上，王勃与滕王相遇了，以文化中国美少年诗化的青春气息，不经意地救赎了在王朝中国里已然沦落的滕王。这方水土，不仅让王勃的神思流入赣江，流向滕王，而且也让王勃本人如日中天，变得光芒万丈。当一代王朝式微后，滕王便无人问津了，可《滕王阁序》还在流传，被一代代人吟诵并赞赏，光昌流丽之诗使王勃成了文化中国的“滕王”。

滕王阁已不再属于滕王，而属于《滕王阁序》；《滕王阁序》也不属于滕王阁，而属于王勃，因为滕王阁已有三处，而《滕王阁序》仅有一篇。除了滕州曾有过一个滕王阁，后来四川阆中也有了一个滕王阁，还是那位滕王跑到四川去建的。四川阆中，唐称隆州，隆州滕王阁依山而建，杜甫入川往那里去过，一度欣然命笔，曾经题诗三首，七律一首，五律两首，《滕王亭子》诗两首，曰：

君王台榭枕巴山，万丈丹梯尚可攀。
春日莺啼修竹里，仙家犬吠白云间。
清江锦石伤心丽，嫩蕊浓花满目斑。
人到于今歌出牧，来游此地不知还。

《滕王亭子》诗还有一首五律，这里就不引了。应该说，老杜这首七律写得实在不错，可跟《滕王阁序》比起来，还是显得小气、老气，甚至有点土气。

小气，是指格局。杜诗局限于此山此阁，此地此人，而王勃的《滕王阁序》则上自天文，下至地理，指点山川形势，追溯人文渊薮，究天人，通古今，以太史公的写史抱负来写这篇小序，所以，气象开阔，格局宏大，非杜诗所能比拟。

老气，是指人的心境和时局。老杜入川是在安史之乱以后，盛世转衰，心有物哀，所以，“感时花溅泪”，诗中“伤心丽”“满目斑”，盖亦因其“感时”。人言杜诗“沉郁”，所谓“沉郁”，就是紧紧地憋住那一口心气，别让它衰落下去，将它留在心头，沉淀下来，那就叫“沉郁”，一发出来，就是有深度的诗。但“花溅泪”“伤心丽”之类的物哀，包含了太多的兴衰，已无“落霞与孤鹜齐飞，秋水共长天一色”的青春气息。

土气，是指诗的美学品位。《滕王阁序》是唯美主义的诗，它是与《桃花源记》相对的文化江山的另一个去处。传奇化的《桃花源记》在现实中转化为耕读社会的版本，而《滕王阁序》则将皇家园林的一角放到文化江山里来观照，被赋予了理想国的样式，影响了唐宋以来各种版本的《千里江山图》，老杜的《滕王亭子》诗，只是到此一游的现场观感，不具有文化样式的意义，所以显得土气，即使搁些家国情怀在里面，也还是土气。

因此，隆州滕王阁未因老杜的诗而闻名于世，使之闻名于世的，是王勃那篇《滕王阁序》。《滕王阁序》的价值，首先是它的诗文价值，它是最美的文体——骈体文中最美的文字。能与之媲美的唐诗，唯有张若虚的《春江花月夜》，它们是映照大唐诗心的双璧，以青春期美少年的美好期许和勃勃生机，开显诗性美学范式。

看吧：“豫章故郡，洪都新府”，写历史，从容起笔，一句写汉，一句写唐，汉称豫章，又名南昌，唐称洪州，设都督府，故曰洪都。“星分翼轸，地接衡庐”，可谓上自天文，下至地理，从历史观到宇宙观，仅以十六字便从平易见宏伟，于平淡处出奇崛了。“襟三江而带五湖”写出了南昌的江湖枢纽地位，“控蛮荆而引瓯越”则如持弓，以“控”和“引”，突出了江西在地缘政治方面的重要性，这是站在中原的立场上来写的。

接下来，他就要提到江西人文及其古今人物了，除了对“豫章故郡”的徐孺子表示仰慕，他对在场的与会人员也一一点赞，同时交代了自己的行程及由来。

据《唐摭言》记载：“王勃著《滕王阁序》，时年十四，都督阎公不之信，勃虽在座，而阎公意属子婿孟学士者为之，已宿构矣。及以纸笔巡让座上宾客，勃不辞让。公大怒，拂衣而起；专令人伺其下笔。第一报云：'豫章故郡，洪都新府。'公曰：'亦是老先生常谈！'又报云：'星分翼轸，地接衡庐。'公闻之，沉吟不语。又云：'落霞与孤鹜齐飞，秋水共长天一色。'公矍然而起曰：'此真天才，当垂不朽矣！'遂亟请宴所，极欢而罢。"

看来，这位阎都督本人也是文章高手，他本想抬举一下他的女婿孟学士，序文都准备好了，为了对来宾表示礼敬，试以纸笔奉之，众人识趣，皆拱手而已，唯童子王勃不识抬举，竟然提笔而起，一句接着一句，一气之下，阎都督离席，拂袖而去，可心里还是放不下，命人将序文一句句报来，初觉一般，继而沉思，当报到"落霞与孤鹜齐飞，秋水共长天一色"时，他就坐不住了，立马起身，要去见神童，长叹曰：真天才也！

此前所言，多为用典，从读书得来，可于学问中求，故阎都督尚不以为然，至"落霞与孤鹜齐飞，秋水共长天一色"，写眼前景，就在当下，如神来之笔，此非读书可得，亦非学问可求，非天才不能也。不过，我们最喜欢的还是开篇那几句，寥寥数语，便将天人古今纳于笔端，此乃史家笔法，言简意赅，得其大体，颇与文人有异。

此序一出，传遍长安，唐高宗读到"落霞与孤鹜齐飞，秋水共长天一色"，惊呼："此乃千古绝唱，真天才也！"至序诗末尾，读罢"槛外长江空自流"，曰：好诗！又以长序之后，还有如此好诗，而曰："岂非强弩之末尚能穿七扎乎！真乃罕世之才！"又问：王勃现在何处？曰：已落水而亡。高宗喟然叹曰：可惜！唐诗的启明星悄然消失。

唐诗启明星

“初唐四杰”，王勃、杨炯、卢照邻、骆宾王，个个神童，才气横溢，骨气当当，写得一手好文章，华丽的骈体与豪迈的檄文，皆与初唐开国新气象呼应。清人推崇“初唐四杰”，认为“学初唐四杰之作，颇能不为宋体所惑”。真是异时易代呀，文人所尚，还真不一样。这句话出自《皇朝文献通考》开篇，是张廷玉、刘墉等奉敕编撰，纪晓岚校订的。这也不奇怪，以乾隆好大喜功的性格，他当然喜欢初唐开国气象的豪华文体。

初唐有怎样的开国气象呢？看“初唐四杰”之文便可知，自由、奔放、自信，讲究修辞，极尽铺陈，一吐胸中块垒，并不惧怕任何形式的美，他们与宫廷骨肉相残、阴谋下作完全不同，阳光奔放任性才是他们的存在感。王勃写《滕王阁序》，一句“落霞与孤鹜齐飞，秋水共长天一色”，读得唐高宗顿足痛失一经国之才。骆宾王写《为徐敬业讨武曌檄》，“檄文”一出，遂成千古绝“骂”。骂得恢宏，骂得壮丽，几乎句句成为后人的“用典”，句句都与武则天绝配。所谓“入宫见嫉，蛾眉不肯让人；掩袖工谗，狐媚偏能惑主”。据说武则天读到“一抔之土未干，六尺之孤何托”时，亦不得不动容。

王勃十六岁进士及第，做太子李贤侍读。李贤与王弟李显斗鸡，王勃为太子李贤写《斗鸡赋》，惹恼了高宗，被罢免。他出宫后游历名川大山，创作了大量诗文。后又被召回，任虢州参军，遭人设陷，私藏并暗杀犯罪的官奴，再次坐免，连累父亲远谪交趾（越南）。从王勃《上百里昌言疏》中可见王勃之悔，无地自容。“此勃之罪也，无所逃于天地间”，愿“灰身粉骨，以谢君父”。为此，他动身前往交趾去看望父亲，在南昌停留，写下《滕王阁序》。交趾返回，乘船在南海落水，惊悸而死，享年二十六岁。

05

边塞诗领唱

《春江花月夜》是唐诗在江南的发展。唐人还有边塞诗，那是唐诗在北方的发展。

边塞诗嘹亮而悲怆，几乎所有的诗人都在唱，没有人发动，自发地唱，整个民族都在唱。那是民族精神的大合唱，诗人都想来领唱。而率先领唱者，居然还是那位隋炀帝杨广。作为帝王，他以大运河“混一南北”；作为诗人，他以《春江花月夜》和《饮马长城窟行》“混一南北”。宫体诗的自赎，是从他的《春江花月夜》开始的，而边塞诗的兴起，他那首《饮马长城窟行》亦适足以代表之。如此看来，唐诗的江山是由他开启的。

他是一个很伟大的人，其伟大之处可与秦始皇并论。秦兼并六国，他统一南北；秦立郡县制，他创科举制；秦修万里长城，他开大运河；秦二世而亡，他亦二世而亡；汉承秦制而厌秦，唐承隋制而恶隋。

汉帝还比较老实，自称“霸王道杂之”，并承认汉承秦制。可唐朝，尤其是李世民，以史为镜，本来从镜子里看到的都是他自己，可他只要“政治正确”的一面，造出来的恶都算作隋炀帝的。

平心而论，这也不能都怪李世民，要怪只能怪两人靠得太近，他们的所作所为有着明显的相似性，不仅所处的位置相似，而且面对的问题也相似。例如，他们都是皇帝的次子，都渴望当太子，都曾发动政变，一个弑父，一个逼宫，都取父皇而代之。回头来看这一段帝王家的历史，怎么看两人都相似。造的恶相似，功业也相似，征西域，征高丽，连得失都相似。

论功业之大，李世民或有不及，隋炀帝开运河，开科举，功业唯秦始皇可比，李世民取其功业而用之，以运河取江南财，以科举取天下士，以此而有贞观之治。但他从来不提唐承隋制，只将历史的恶归之于隋炀帝，而把那千秋的功业统统都归了自己。

只有诗拿不去。杨广死在史里，因为史是唐人写的；活在诗里，诗是他自己写的。《隋书》之杨广，乃万恶的帝王，而诗里杨广，是以天下为己任的君王：

肃肃秋风起，悠悠行万里。
万里何所行，横漠筑长城。
岂台小子智，先圣之所营。
树兹万世策，安此亿兆生。
讵敢惮焦思，高枕于上京。
北河见武节，千里卷戎旌。
山川互出没，原野穷超忽。
撞金止行阵，鸣鼓兴士卒。
千乘万旗动，饮马长城窟。
秋昏塞外云，雾暗关山月。
缘严驿马上，乘空烽火发。
借问长城侯，单于入朝谒。
浊气静天山，晨光照高阙。
释兵仍振旅，要荒事万举。
饮至告言旋，功归清庙前。

这样的诗，如行军，如布阵，气象肃肃，威风凛凛。诗里没有那种“端拱且图王”的帝王形象造型，也没有显示飞龙在天，表现九五之尊，而是千乘万旗动，撞金鸣鼓行，大军在山川、原野、大漠浩荡行进，驿马与烽火齐发，关山月接着塞外云，诗很稳，如王者师，一张一弛，正道而行。

此诗非深谙戎机且老于兵事者不能写，因其能寓兵法于诗意也；非以帝王之尊深入行伍者不能写，“树兹万世策，安此亿兆生，讵敢惮焦思，高枕于上京”，如此以天下苍生为念，乃边塞诗里绝无仅有之帝王语也；非身临其境以万里起居者不能写，能以帝王之尊，远赴西域，至于张掖者，除了传说中的穆天子，就只有他一人了。他在张掖“断匈奴之臂，张中国之腋”，为唐诗开塞。

李世民也写了一首《饮马长城窟行》，但那是在朝廷上端拱的诗，是带有帝王气象的宫体诗，以边塞说事，落脚却在宫廷，哪有边塞诗的实感？

实感，是好诗的要素之一，但不是必要的，李世民这首诗介于宫体诗和边塞诗之间，虽不能算好诗，却是很重要的一首诗，他用了边塞诗的传统题目来写宫体诗，将边塞诗的凛冽风气吹入宫体诗中，改变了宫体诗中香艳的月貌花容。从英雄转化为帝王，李世民胜过杨广，对政治正确的高度自觉和无比执着，是帝王成熟的标志，有了政治正确，何须英雄本色？打天下要彰显英雄本色，而坐天下要靠政治正确。

从宫体诗走向边塞诗，从家天下走向唐诗的江山，既要靠政治正确，也要有英雄本色，这样的帝王虽然难求，但并非没有，唐玄宗就是一位。

唐太宗本来也是，但有了杨广国破家亡的前车之鉴，他就收敛了英雄气概，专门经营帝王气象。为此，他看不上曹操，因为曹操只有英雄气概，没有帝王气象。而玄宗却是推崇曹操的，他在宫廷里自称“阿瞒”，我们知道，“阿瞒”是曹操的小名，由此可见他是如何佩服曹操了。他的诗也像曹操，有英雄气概：

> 杂虏忽猖狂，无何敢乱常。
> 羽书朝继入，烽火夜相望。
> 将出凶门勇，兵因死地强。

蒙轮皆突骑，按剑尽鹰扬。
鼓角雄山野，龙蛇入战场。
流膏润沙漠，溅血染锋铓。
雾扫清玄塞，云开静朔方。
武功今已立，文德愧前王。

一看就知道，这首《平胡》诗出自惯于驾驭战争全局的老手，虽然也是在宫廷里写的，但它描述了战争全过程，从敌人来犯和战争决策，到决战大漠并扫清朔方，整个过程都由他来运筹，他将运筹实感及战争想象都放在诗里面了，真个是“龙战于野，其血玄黄”，尤其结尾两句，意味深长，“武功今已立”，可谓英雄气概矣，“文德愧前王”的“文德”即帝王气象。玄宗既立“武功”又修“文德”，两手抓，抓出了这样一首英雄气概与帝王气象合一的好诗，帝王气象终于从宫体诗里走出来，走到了边塞诗。

在边塞诗里，帝王气象参与民族精神大合唱。西域保卫战不单是王朝战争，更是民族战争。正是有了民族战争的底蕴，唐朝才能战无不胜。

几乎所有的诗人都写了边塞诗，边塞诗是民族战争的号角，从春江花月之江南，一直吹到长城，吹向大漠和天山。每一个诗人都做好了准备，等候着民族战争的召唤。他们提笔能诗，上马能战，是美的歌者和战士。他们的诗歌唱到哪里，哪里就是江山——唐诗的江山。哪一方山水有他们作赋，哪里就是国土——诗人的国土。唐诗的江山是诗人共同体，诗人以江山为沙龙，自由吟唱共同体之王，就是民族精神的领唱。

帝王莅临唐诗江山，参与民族精神大合唱，但他不领唱。这就是唐朝帝王，他们在合唱中没有特殊待遇，同常人一样。他们不会跑到诗人合唱队前去打拍子，指挥诗人合唱，也不会争着去领唱，非要做民族精神的代表，自称民族的脊梁。他们都是诗人，所以能加入诗人共同体。没有人会称赞他们是历史上最伟大的诗人，那就退而求其次，称当代最杰出的诗人如何？也不行。别说是最杰出的诗人，就是一流诗人也轮不上他们。可能有诗人替他们代笔，但绝对没有诗人会为他们吹嘘。

我们来看钟嵘《诗品》，上品诗人行列，没有一个是帝王，中品里面也只有一个魏文帝，而魏武帝曹操本来就是一个伟大的诗人，一旦以帝王气象入诗品，非但没有特权，反而要被扣分，一下就打压在下品。因为诗有别才，要自由自在。

帝王入诗，若以自由来品分，多半要入下品，或难以入品。因为英雄本色也好，帝王气象也罢，从根本上来说，都是追求功利性，而非诗性，因此，它们在本质上保证不了诗的自由品味，难以提升诗的独立价值。

诗之根，在人性情，诗贵真性情，尤贵自由思想和独立精神。而英雄本色，则可能出于真性情，也可能出于目的性，不能一概而论。若以帝王气象写诗，则不可能出于真性情，曹公“古直”，夹于两者间，被疑为下品。

《诗品》里，魏武、魏文帝的品位都不及曹植，他们的位置被倒转了，王朝里最高位的帝王，在诗国居于下位，而王朝失败者——曹植，其诗则为诗之上品。

钟嵘不吝词彩，对曹植予以赞美，称赞其诗，如“人伦之有周孔，鳞羽之有龙凤”，他身上那点诗性的余晖，足以将他身旁的诗人都照亮，如点燃烛光。评价确否，不妨见仁见智，三曹之诗孰优孰劣，还可以再议。但他把王权搁一边，用诗性来评判，这样的价值取向，还是自由化，让“政治正确”稍息。

也许有人会说，他只敢对那些过期作废的王权加以品分，对于正当权的帝王则未敢妄议，而且正相反，他在总论里不是赞美了“方今皇帝”吗？在帝王跟前作《诗品》，岂能目中无人？过场总还是要走一下的，这无碍于诗性。他生于齐、梁之时，晚年宫体诗流行，他在《诗品》里未置一词，那些写宫体诗的帝王，都没有入他的《诗品》。

钟嵘《诗品》影响了唐人，《全唐诗话》说，唐太宗写了一首宫体诗，想让虞世南也和一首，被虞世南批评，说宫体诗非雅正，不宜流行，故不奉诏。太宗自讨没趣，只好改口：我是故意试你的。后来，他又写了一首诗，言古今兴亡，叹曰：钟子期已死，伯牙不鼓琴，我的诗给谁看呢？尽管他终于写出了“政治正确”的好诗，并焚诗以祭亡灵，可他端拱起来作诗，还是不得《诗品》要领。

他不懂诗的意境要“直寻”，如“明月照积雪”，不知诗有“滋味”要品，如“楚臣去境，汉妾辞宫”，可以“怨”。他以帝王本分写诗，而非“吟咏性情”，所以，他的诗把政治放在第一位，不是“最高指示”，就是“形象工程”，斫伤了诗性。

他以帝王大略进行格律诗与科举制相结合的制度化建设，这证明他是一个伟大的统治者，能以诗治国，使政治富于诗意。但是，不能因此证明他是一个伟大的诗人。在王朝以帝王为尊，可在唐诗的江山，帝王必须接受诗性的品分，以诗性为尊。不入《诗品》之诗，诗人不奉和，帝王再伟大也无可奈何。《诗品》这一取向高扬了诗性品格，即以帝王之尊，亦须仰望诗性。

浪子隋炀帝

《备骑出行图》壁画，隋，山东省嘉祥县英山徐敏行夫妇墓出土

隋炀帝杨广，母亲独孤伽罗，为鲜卑人。独孤氏为鲜卑最显贵的八大家族之一。独孤姓氏来源于汉光武刘秀的后代，征战匈奴时被俘，流落在北方。杨广有马上独孤之勇武，亦有文学诗赋的才华。

诗人有浪子性情，多半天成。隋炀帝诗好，是浪子在“春江花月夜”里率性，而“饮马长城窟”的冲动，则来源于他挥之不去的边塞成长记忆。以塞外狼性，谋了帝位，以浪子本性，在帝国里纵情。他诗性风发，畅游“春江”，饮马“长城”；穿“山川互出没”之“古隧”，至天山而定西域；他“千乘万旗动”，去征高丽，耀武扬威；他浩浩荡荡，漫步在四层高的龙舟里，牵手萧后的凤舟和美妾如云的丽舟，游运河，下江南，风花雪月；他活在诗里。天地不仁，以万物为刍狗，他帝祚只有十几年，在留下科举与大运河的壮丽之后，像刍狗一样被缢而死。隋朝开皇四年（公元584年）徐敏行墓仪仗图，出土于山东嘉祥杨楼村。徐敏行生于梁武帝时代，山东人，历仕北齐、北周和隋朝，杨广还是晋王时，徐敏行任杨广驾部侍郎，又称徐侍郎。徐敏行墓出土了大量彩绘壁画，是研究隋朝壁画珍贵的精品。

06

“汉家”大合唱

诗性来自如花盛开、如日中天的民族精神。

新兴民族是唐民族，它以汉族为本，融合五胡而成。李世民有胡人的血统，无论他怎样端拱，他那帝王气象总还有几分像胡人；李白也有胡人血统，有人说他的诗有浮士德精神，这精神就来自胡人。据说，他们都出自“李陵胡”，“李陵胡”即拓跋氏，曾建立北魏，又称拓跋魏。“李陵胡”一脉对于唐民族的形成至关重要，它开了北魏和唐两朝。

唐民族的形成，血缘认同和文化认同不能少，追祖三皇五帝，欲从血缘谱系上来确认其民族身份，使其历史地位得以明了，“李陵胡”带了一个好头。五胡效尤，追祖华夏，慕容氏追祖黄帝有熊氏，符氏追祖夏禹有息氏，姚氏追祖帝舜有虞氏，赫连氏追祖夏禹，宇文氏追祖炎帝神农氏……唐民族就在这样的追祖认同中形成，不管王朝如何循环，文化中国都在进展。五胡乱华乱了王朝，而文化中国却使北朝胡族都汉化了。

南北朝时期，汉化是文化中国的主流。汉化了的北朝也终于回到了汉人之手，于是，一个新的汉朝——隋来统一了，隋统一的是王朝，而非中国。

三代以来，中国何曾亡过？又何曾分裂？五胡乱华，可华还在。此后，更有辽、金、元与宋对峙，清与明对峙，都形成了南北朝，又都相继入主中原，建立王朝，不同的政权在一个文化中国的基础上，同样被汉化了。这样的“华”——文化中国，本来就是统一的，无论治乱或兴亡都不曾改变，统一与分裂乃对王朝而言，所谓异族，也是对汉族政权和汉家天下而言的，不是对文化中国来说的。

我民族历五千年而不衰，就因为在王朝中国以外，还有文化中国在，而我国之本体，不仅以国土为安身根本，更以历史为立命依据。所以，天下兴亡时，若鱼与熊掌不可兼得，那么宁可亡国——王朝中国，也不可亡史，因为文化中国以史为据。

守住文化根以史，发扬民族魂以诗。大唐江山，以诗发扬之，故科举以诗赋取士，以诗人治国，诗化了政治，开启了政治文明的诗化体制，如果说汉朝与文化中国的结合采取了经学化的理性方式，那么唐朝与文化中国的结合则增加了诗化的审美方式，这是魏晋风流在唐朝政治体制里结的一个果实，是文化中国在体制化中留下的新标记。

以诗性美化王朝，那是王朝风雅之事，从此，每一代王朝都用诗来包装自己，其间，虽不断有人认为诗与政治无甚关联，曾建议取消诗赋取士，但都未能成功，何也？因为诗化的政治是文化中国与王朝中国的一个结合点，没有比这更大的政治。

文化中国不仅诗化了唐朝，还以诗性化胡，形成新兴的唐民族，正是在胡汉一体化的民族精神的大合唱里，兴起了唐诗的江山，此乃诗性的文化使命。

在唐诗的江山——四万多首唐诗里，唐民族被称为“汉家”。汉家是汉朝吗？当汉宣帝表示“汉家自有制度，本以霸王道杂之”时，那“汉家”就是汉朝，可在唐人边塞诗里，“汉家”属于文化中国，其使命为汉化。唐人的“汉家”早已跨越朝代符号化了，并充满了文化意义。

汉朝就指西汉、东汉两个朝代，本来很简单。而“汉家”却令人浮想联翩，其意义如地热喷泉，使词语沸腾，“汉家战士三十万”，都是“好汉”！

除了“好汉”，还有“汉家天子”。若以驰骋万里为能事，天子怎及单于？所以，天子还要有天日之表，龙凤之姿。历史上那么多皇帝，几人堪称“汉家天子”？

汉家每有战事，“好汉”视若烟尘，一挥而去，“汉家烟尘在东北，汉将辞家破残贼”，其行虽豪迈，其心实悲恻，一如“秦时明月”，更似“西风残照，汉家陵阙”。

“汉家”，出现于唐诗的江山，被大而化之，成了唐朝民族性的标志，在民族大融合中高扬了汉民族的主体性，使“汉家”从一代王朝上升为中华民族的代表。

对于“汉家”的认同，永嘉之乱时就开始了。刘渊率先打出“汉家”旗号——立国号为“汉”，且改姓“刘”，自称“汉氏之甥”，为冒顿后裔，当年冒顿曾与汉家“约为兄弟”，故刘渊趁乱取晋而代之，乃“兄亡弟绍，不亦可乎？”而且推崇刘备，并追尊其子后主，“立汉高祖以下三祖五宗神主而祭之”“立汉宗庙以从民望”。

而北魏鲜卑一族的汉化就更为彻底了。为与南朝争正统，先是崔浩从“整齐人伦，分明姓族”出发，提出拓跋氏系李陵一族，欲以李陵为标志，建立南北朝的统一性，并因此而招来杀身灭族之祸。此举在南朝也有响应，沈约将拓跋氏系李陵胡一说写入《宋书·索虏传》中：“索头虏姓拓跋氏，其先汉将李陵后也。陵降匈奴，有数百千种，各立名号，索头亦其一也。”胡人留辫子称为“索头”，故汉人骂胡人叫作“索虏”。

北魏孝文帝全盘汉化，说汉语，穿汉服，改汉姓，做汉人，从这一时期及此后传世的北朝壁画、雕塑来看，鲜卑人头上的那条辫子——“索头”都已经看不到了。

可拓跋氏还是拒绝了以李陵为先祖，而改姓为“元”。鲜卑人以“元”为姓氏，以及后来蒙古人以“元”为国号，都取自《易》曰“大哉乾元”，可见其汉学功夫。

为什么拓跋氏不接受李陵为先祖呢？恐非由于“李氏名败，而陇西之士居门下者，皆用以为耻”，或因南朝人过于热衷所致。根据那条著名的政治定理——“凡是敌人拥护的，我们都要反对”，在认祖“李陵”问题上，拓跋氏不可能跟着南朝走。南朝士人与崔浩联手打“李陵”牌，其意在为胡人的“汉家”身份提供认证，为汉化准备前提。李陵的历史价值被南朝士人用来推动文化中国进展，汉武帝怎么也不会想到能有这一天。

正是在这一时期，李陵的诗突然光芒四射，照亮了中国诗坛，被萧统择入《文选》，钟嵘《诗品》列在上品第一人，评价道：“其源出于《楚辞》。文多凄怆，怨者之流。陵，名家子，有殊才，生命不谐，声颓身丧。使陵不遭辛苦，其文亦何能至此！”

李陵本为一代名将，命运又很悲凉，以此文化包装，矗立起悲剧诗人的形象。尽管时人已指出其诗可疑，如刘勰《文心雕龙·明诗》所言：“辞人遗翰，莫见五言，所以李陵、班婕妤见疑于后代也。”然其影响却蒸蒸日上，因为时代需要李陵，需要统一文本。

历史的老文本早已过时，西晋与五胡十六国的故事也已经结束，中国北方地区已被北魏统一，东晋在南方，也被刘宋取而代之，一个新时代——南北朝已开始。

北魏统一北方之前，中原地区到处都是五胡十六国的混战局面。其时，汉家男儿绝地反击。他“与羌胡相攻，无月不战”，驱逐“诸氐、羌、胡、蛮数百余万，各还本土”，归途中，诸羌胡之族“互相杀掠，且饥疫死亡，其能达者十有二三”。

项羽诛秦，坑秦降卒二十万，其暴已甚，然非此，不足以诛暴秦、伸民愤。冉闵杀胡人，亦当作是论。当不杀胡便不能救亡，不杀胡便难以图存时，应该说“杀胡令”比诛暴秦更有其正义性，因为民族战争毕竟比王朝战争更具有全民性和民族性。冉闵自立“大魏”国，勒令胡人退出中原。其人也，乃北方之项羽，善战似项羽，一败而亡亦似项羽。

然而，项羽遇司马迁，而有千古知己，而入帝王本纪，留下其不朽的名字。冉闵一死，世上已无太史公，以王朝史官之鱼目，安能识此珍珠？惜哉！

如果太史公是为汉朝写史，那么他会如何安置项羽？或一笔抹杀掉，使之销声匿迹，或把他扔在列传里，与樊哙等视。然而太史公岂是为王朝写史者？他为中国写史，高举项羽进入帝王本纪，此后，便无人如此。

司马光亦写通史，然名其史曰《资治通鉴》，“资治”者，为王朝写史也。后世无太史公，遂使英雄沉沦，陷冉闵于无名，此乃冉闵之不幸，亦中国之不幸。

大凡一国之民族精神，亦自有其文武之道，文以化之，武以卫之。若武不能卫，则文何以化也？冉闵者，乃我民族精神之武卫者，而崔浩，则为文化者。冉闵以杀终结永嘉之乱，崔浩以化使北方统一于鲜卑了。

南北朝的出现使战争的性质发生了改变，从民族战争转向王朝战争，从大屠杀的战争转向大一统的战争，南北朝都在为统一寻找合法性来源，崔浩于此时提出“李陵胡”，其目光何等深远！

北魏孝文帝也看到了这一点，由平城迁都洛阳，进入中原。他一边汉化，一边进行统一战争。然而，在统一的合法性基础形成之前，南征也好，北伐也罢，都没有真正的赢家。可相比于永嘉之乱，王朝战争开始变得文雅，为了申明战争理由，北魏孝文帝居然引经据典，与南朝使者辩论起汉家礼法。

但孝文帝也拒绝了认祖归宗于李陵，北魏遂与李陵绝缘，从而没能形成与南朝对话并进行统一战争的基础。在南朝看来，拓跋氏再怎么汉化，都是表面上的功夫，如果不是李陵的子孙，那还是胡人，非我族类，其心必异，何来统一的前提？

北魏王朝没有认祖李陵，但民间有了杀胡的教训，纷纷自认为是李陵的子孙，正是在这种血缘认同的基础上，北朝自北魏，经北齐、北周，以至于隋朝，王权终于回归汉人，以“李陵胡”为号召的汉人政权一出现，南北朝很快就统一了。

崔浩提出拓跋氏认祖李陵的背后，隐藏了北方士族的政治共识，一是拓跋氏系李陵胡，此为以崔浩为领袖的北方士族与北魏合作的基础，如非李陵子孙，则合作不成，正是这一点给他招来杀身之祸。二是以李陵为号召，从民族战争转入王朝战争，为统一战争提供正统的合法性来源。拓跋氏拒绝认祖李陵，在统一战争中就不具有正统性。

总之，北魏以后，李陵就成为胡人认祖的对象。李陵及其所率之部下身陷匈奴后，大都留在漠北，与匈奴女子婚配，子孙历代繁衍，蔚为大观，自西汉以来，所见胡人之黑发黑瞳者，便多被认为是李陵之后，而拓跋氏就被认为是李陵后裔。李陵，成了胡汉一体化的符号，认同汉家，便要认祖李陵。

早在太史公笔下，李广祖孙三代的遭遇就感动着汉家子孙。老英雄李广，因卫青不公，愤而自刎；其子李敢，一怒而打卫青，被霍去病射杀；孙李陵，又因孤军失陷于匈奴而家破人亡，流落大漠，郁闷而死。此后，英雄一脉分为两支，一支在胡地，为“李陵胡”，一支在陇西，号称“陇西李氏”。

唐太宗李世民既追祖老子又认祖陇西李氏，被人驳斥。据《唐护法沙门法琳别传》记载，唐僧人法琳就曾当面指出：“琳闻拓跋达阇，唐言李氏，陛下之李，斯即其苗，非柱下陇西之流也。”由此可见，拓跋氏在唐朝已称“李氏”，李世民之“李”便出自拓跋氏之“李氏”，是“李陵胡”的一支，不属于老子和陇西李氏。

法琳虽然当面说破，但他也是知其一，未知其二，他批评李世民“弃代北（拓跋氏）而认陇西”，却未能考虑到“代北”和“陇西”有可能源出一支。

试想李陵在漠北，必对其子孙言先祖在陇西，故“李陵胡”认祖陇西李氏，可谓合情合理。李白亦自称出于陇西李氏，后来，他干脆认作李广之裔。

李广生不逢时，却飞扬在唐人边塞诗里，“飞将军”名矣！

汉家大合唱，那领唱的不是雄才大略的汉唐帝王，不是天才无敌的诗仙李白，而是忠义传家、子孙兴旺的飞将军李广。王昌龄那首最著名的边塞诗，唱出了一代新朝和一个新兴民族对英雄的向往。以子孙的名义，让我们跟着唐人放声高唱：

秦时明月汉时关，万里长征人未还。
但使龙城飞将在，不教胡马度阴山。

一个认祖英雄的民族，终于唱出了历史的最强音——盛唐之音，一个英雄世家一如“秦时明月汉时关”，永世长存。从盛唐之音里，走来了两个优秀的子孙：李白和李世民。

天命无常，而有英雄悲剧，让英雄来承担无常的命运，天道有常，而有人生大团圆，英雄的结局必定要有大团圆，汉代发生的悲剧到唐朝终于团圆了。

悲剧，能考验一个民族的精神高度和强度，而大团圆，则检验一个民族的耐心和耐力。在民族大融合、汉家大合唱的盛唐之音里，一个英雄家族实现了中国历史上一次最伟大的团圆，“李陵胡”和“陇西李”在唐诗的江山里被诗人破镜重圆。

以英雄家族的大团圆为中心，一个走向四方的英雄民族也大团圆了，那些流浪天涯的炎黄子孙，殊途同归，一齐走向汉家天下。还是骆宾王问得好啊：“试看今日之域中，竟是谁家之天下！”当然是汉家天下！汉家天下在唐朝，就是唐诗的江山。

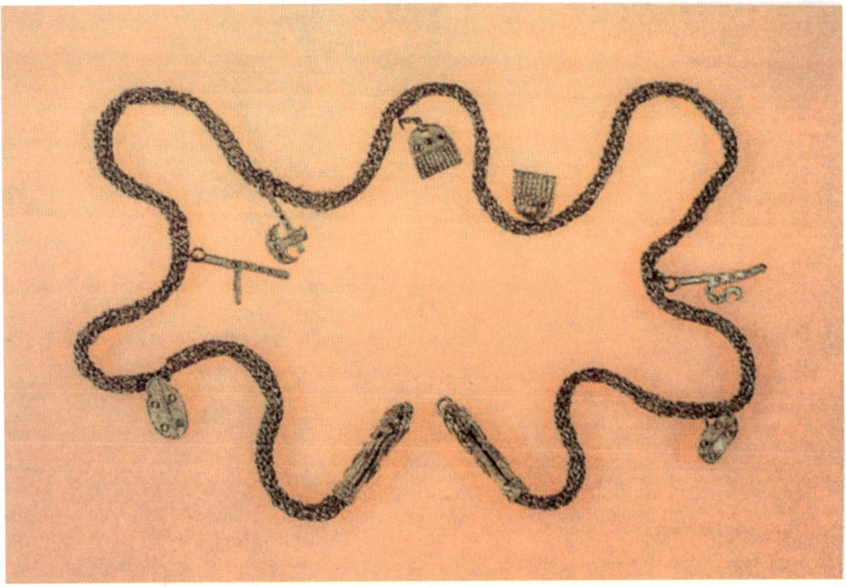

累丝金龙佩饰，北朝，总长128厘米，重214克，内蒙古自治区博物馆藏

冉闵“杀胡令”

永嘉之乱之际，北方真乱，胡人杀汉人，流遍了郊原血。

后赵为羯族石勒所建，第二代国主石虎收河南人冉闵为养子。冉闵是天生的战士，慑服五胡。石虎死后，冉闵夺权，改姓李，后复冉姓，建“魏”都邺，是十六国中的汉人政权，仅存两年。

冉闵发“杀胡令”，一时胡人血染中原，开始北撤。

前燕灭冉魏，国主慕容儁曾嘲笑冉闵：你才智仅及奴仆，何敢妄自称天子？闵笑：尔曹狄兽犹称帝，况我中土英雄！冉闵死，臣民无一降者，相携逃往江南，东晋接应不及，为前燕途击，死亡殆尽，晋将自杀谢罪。自此，居汉地，胡人开始汉化。英雄之悲剧奏响大合唱的序曲。

这件累丝金龙佩饰是胡汉融合最好的见证，它代表了北朝金饰工艺，金丝编织精细，双龙首为汉物象征，龙身坠戟、盾、钺，是骑马人的喜爱，它们在日常装饰之美上结合了——历史之美，血色浪漫。

崔浩——留守汉文化

晋王朝南渡，也有世家大族不迁，留守汉文化的根，如北方第一高门望族清河崔氏。自曹魏便封侯拜相，经十六国、北魏，上卿辈出。

崔浩貌如美妇人，文韬武略，自比张良。佐北魏依照汉王朝建帝制，辅弼道武、明元、太武帝开国三朝。

崔浩提出，鲜卑应认祖西汉李陵，惹了灭门之祸，而胡汉融合，其势已然。北魏的汉化虽有反复，但是定都洛阳本身就会带动北方整体的民族大融合。熙平元年（公元 516 年），灵太后胡氏在丈夫北魏宣武帝去世的第二年，在洛阳建永宁寺，已是北魏末期了。宣武帝拓跋恪是北魏孝文帝拓跋宏的次子，北魏孝文帝改革的核心是全面汉化。公元 499 年孝文帝去世，次子拓跋恪即位，继续巩固汉化。元恪的第三任皇后是司徒胡国珍之女，也是一位笃信佛教的才女。元恪去世以后，胡氏子元诩幼年继位，胡氏为太后，摄政专权，毒杀亲子肃宗北魏孝明帝，引发“河阴之变”。

契胡部落酋长尔朱荣借口打进洛阳，挟持灵太后胡氏与灵太后立的小皇帝元钊退至河阴（黄河南岸），将他们投入黄河水中，然后又以祭天的名义，诱骗北魏诸王及朝中大臣二千多人到河阴陶渚（孟津东），将他们全部杀害。一个强悍的北魏政权奄奄一息，在洛阳的汉化鲜卑贵族和出仕北魏的汉族贵族被消灭殆尽，剩下不多的世家皆弃城而逃。繁华的洛阳，残阳如血洗空城。公元 534 年北魏分裂为东魏与西魏，东魏建都邺城，西魏建都长安。公元 536 年达摩逝，达摩亲历了北魏的灭亡。

灵太后不仅能讲经弘佛，还能诗善曲。一首《杨白花》打动了文学史，流传下来。“阳春二三月，杨柳齐作花。春风一夜入闺闼，杨花飘荡落南家。含情出户脚无力，拾得杨花泪沾臆。秋来春还双燕子，愿衔杨花入窠里。”这首诗芬芳悱恻，是北朝时期乐府杂曲的代表作。

彩绘日月星宿纸画，新疆维吾尔自治区吐鲁番市阿斯塔纳墓地出土

唐朝两位“李陵胡”

唐太宗李世民画像

李白画像

看李世民与李白的画像，你看二人长得像不像？

有人说他们同宗，各种说法都有，看这两张画像，他们长得大同小异，同宗的说法似乎比较靠谱。

清人陈其元在《庸闲斋笔记·李广遗裔之蕃昌》中说：李广十六世孙李暠，五胡十六国时，建西凉国，先都敦煌，后迁酒泉，二十一年后，为匈奴北凉所灭。李暠七世孙李渊终有天下，建大唐王朝。李陵子孙至唐为黠斯称可汗，君于漠北，亦垂百年。由此可见，“代北”和“陇西”之李同出一源。拓跋氏为李陵胡之衍，唐朝已称“李氏”。李世民之“李”便出自拓跋氏之“李氏”，不属于老子和陇西李氏。

李白自称出于陇西李氏，后来干脆认作李广之裔。李世民与李白均有胡人血脉，追根溯源，二人也许同宗，新疆阿斯塔那古墓出土最早纸画西凉庄园主的生活和宴乐图，画面上的主人正是他们都认同的祖先李暠。

二　禅宗的江湖

01

本来没有圣人

《祖堂集》卷二里，言达摩东渡而来中土，与梁武帝相见。

一见面，梁武帝就问："如何是圣谛第一义？"达摩说："廓然无圣。"

梁武帝听了很不爽，他想，我将你迎来，就是把你当圣人，我以圣人迎你，你以圣人回我，这叫礼，哪知这厮居然说出没有圣人，没有圣人，我迎你做甚！

于是又问："对朕者谁？"那意思是，如果没有圣人，那么立在我跟前的又是什么人呢？梁武帝这样提醒达摩，不料，达摩的回答更加让他匪夷所思：我不认识！这厮居然不认识自己，梁武帝顿时凉了半截。他不知道，这世上的事，最难的就是认识自己，更不知"认识你自己"在古希腊成了阿波罗神谕，在佛法中，也是要找到自我才能成佛的。

所以，他接着问：我做了那么多的佛事，总该有什么功德吧？

哪知道达摩一听，竟然当头棒喝，大喝一声："无功德！"他不知道帝王学的功德放在宇宙学的因果里究竟算什么，在达摩看来，不过是"人天小果，有漏之因"，实在算不了什么。否定，否定，再否定，就这样，达摩当头一棒打开了禅门。

若达摩这番话对陶弘景说会如何呢？会像当年孔子见老子一样，在中国思想史上留下一段佳话吗？可事实是，达摩走了，从南朝到北朝，从江南到河南去了。

达摩临行前，说梁武帝的功德是不值一提的“人天小果”，是难有善终的“有漏之因”。陶公虽然没这么说，但他也有预感。《隋书·五行志》里有他写的一首诗，其中两句“不意昭阳殿，忽作单于宫”，似乎就道破了这“有漏之因”。后世史家用史实为他写的这两句诗作了注解：“侯景作乱，遂居昭阳殿”。变乱中，梁武帝被活活饿死。

达摩“只履西归”前留下一偈云：“吾本来兹土，传法救迷情。一花开五叶，结果自然成。”他在河南种因——“一花开五叶”，自命“一花”，“五叶”指慧可、僧璨、道信、弘忍、慧能，于江南结了沩仰、临济、曹洞、法眼、云门五宗之果。

梁武帝种了帝王学的因，结了饿死鬼的果，何如达摩播种自我？两人话不投机，各奔东西，一别之后，自证因果，梁武帝以帝王学为功德，成了“中国的阿育王”，在王朝的江山里打来打去，从篡夺到被篡夺，“水丑木”——梁换了“东边耳”——陈，何如达摩在文化的江山里“一花开五叶”，结了一果又一果？

达摩是外来的和尚，没给梁武帝念经就走了，居然跑到北朝去了。他跑到河南嵩山少林寺，找了一个山洞，就开始面壁，据说面壁九年，产生了一个“二入”的思想，一是“理入”，一是“行入”，开了“知”与“行”的法门。

有趣的是，以柏拉图为代表的西方人，把人对客观世界认识的局限性比作在洞穴中观看外部世界的投影，无论如何也看不到世界的真相，也就与真理无缘了。而达摩的修行却偏要找一个山洞，把自己同外部世界隔离开来。同样求真理，东西方的路径有所不同，一是客观的路径，从外部世界求真理，一是主观的路径，要“反求诸己”。

“反求诸己”，就是向自我寻求，最好的方式莫过于面对个体，达摩称之为“壁观”，把个体同世界隔离，使之从社会关系的总和中独立，如此，就没有什么比洞穴更合适，在相对屏蔽中凸显个体，在个体开显中“认识你自己”。

达摩于嵩山“壁观”九年，终于修出天人正果，精神方面的修炼在“二入四行论”里，论中指出：“入道多途，要而言之，不出二种：一是理入，二是行入。”

他谈到“理入”时，除了强调“无自无他，凡圣等一”之根本宗旨，还特别指出了两点，一是“借教悟宗”，这是从佛教与禅宗的关系上来说的，二是“更不随于文教”，则是从个体与政治的关系上来说的。在觉悟的过程中，他特别强调了“壁观”的重要性，因为“壁观”必须是一种纯粹的个体行为和独立的自我认识，而其他方式则难免于“文教”。

梁武帝的圣人观还停留在帝王学里，还缺乏能超越的自我意识，还是他治国平天下的“文教”的一部分，因此，不仅与达摩的“理入”不同，“行入”也迥异。

达摩“行入”，表现为“四行”，即从以下四个方面来修行：报怨行，随缘行，无所求行，称法行。先要从自身找到烦恼的根源，知此根源，便能随缘，能随缘，便无所求于人，能无求于人，便是个法人，一举一动都是法行，以法行而明自性，而见佛性。

“二入四行论”见于《续高僧传·菩提达摩传》，乃达摩授予道育、惠可二人的“真法”，《景德传灯录》中题为《菩提达摩略辨大乘入道四行》，有“弟子昙林序”。

敦煌文书中有《楞伽师资记》，记述了以《楞伽经》为禅宗法旨的师承，从《楞伽经》译者求那跋陀罗到菩提达摩，再到惠可……一直到北宗神秀及其弟子。卷首《略辨大乘入道四行·弟子昙林序》说：“此四行，是达摩禅师亲说。余则弟子昙林记师言行。”

达摩论是精神方面的修行，还有身体方面的修行，那就是《易筋经》。禅宗法门有文有武，文有《二入四行论》，武有《易筋经》。禅宗的江湖，以“二入”为本是文江湖，武侠的江湖则奉行《易筋经》，以之为武功最上乘。

达摩来到中国，没有走向帝王学，他在中国修行了五十年，还是被人称作“壁观婆罗门”，留着印度禅的本色，自隐无名，只带了几名中国弟子一起修行。当时，佛法流行，佛教遍天下，可无论南梁还是北魏，都没请他做国师，看来禅宗与佛教确有不同。

《五灯会元》卷一提到，佛在灵山会上，拈花示众，一言不发。其时，信众环列，亦随之而默，一片深邃的静谧中，唯有沉寂，忽然，迦叶尊者破颜一笑。

在无边的寂静中，那微微一笑，如“于无声处听惊雷”，便是禅了。

佛曰：“吾有正法眼藏，涅槃妙心，实相无相，微妙法门，不立文字，教外别传，付嘱摩诃迦叶。”这句话里，最重要的是“不立文字，教外别传”八字，这八个字把“宗教”分开了，“宗”是禅宗，“教”是佛教，禅宗在佛教以外，“别”有传授。

“别”在哪儿？“别”在非传教也，而是传心，“别”在非以教传，而以心传，这便是“以心传心”。传心与传教不同，可以“不立文字”，还必须“不立文字”。

“可以”是从可行性上来说的，传教不能“不立文字”，因为传教是组织化和社会化的行为，要用文字来统一人的思想，规范人的行为，是用来普度众生的，所以，佛、法、僧三宝缺一不可。而传心则是个体行为，是内在性的，无须以组织化的方式来规范，亦无须以社会化的方式来普及，个体之间可以“不立文字”，用心领神会来相通。

而“必须”则是从必要性上来说的，因为传心是用来印证自我而非普度众生的，通过文字，既不能认识自我，也不能印证自我，所以，传心还必须“不立文字”。那拈花一笑的情景，使我们联想到庄子，庄子说的“相视而笑，莫逆于心”，岂非就是佛与迦叶会心的写照？而达摩的“壁观”，也很容易使我们联想到庄子的“坐忘”。所以，禅宗那一套究竟是从印度来，在中国相遇了老庄，还是中国人用老庄的思想对佛教做了改良？

02

开启本来面目

魏晋时期，玄学化思潮兴起，和尚谈老庄是一种时尚。盖因佛教入中国需要有思想的桥梁，他们选择了老庄。

佛教玄学化，产生了一批玄学和尚，其中就有支道林。《世说新语》中，关于支道林的记载有四十多条，可见他在当时多么受人欢迎，他游历江南，以老释玄佛入清谈，曾注释《庄子·逍遥游》，通了庄禅玄关。

当有人问谢安：他比嵇康如何？答曰：嵇康须努力。又问：比殷浩如何？答曰：若以卓识论之，殷浩不及。郗超也说，“令真理不绝者，一人而已”。故中国禅宗虽奉达摩为开山祖师，实则自有来路。达摩入中土在南朝刘宋时期，此前，已有支道林通了玄佛庄禅，与其同时，则有江南志公和傅大士开了南禅。

达摩北渡后，梁武帝听说江南有位傅大士，便去请来相见，傅大士去见梁武帝，帝又看不懂了，问：“是僧耶？”士以手指冠，又问：“是道耶？”士以手指履，“是俗耶？”士以手指衲衣。看来，他是头戴道冠，身穿僧衣，脚著儒履，以道、佛、儒三位一体的姿态来宣示三教合一的。道在头上，那是思想，儒在脚下，那是立场，佛在中国，是要以道家为思想、儒家为立场的。傅大士的禅，自证自悟，与达摩无关，也没从佛教源头寻一法脉归宗，这就使他很难在宗教的意义上成佛作祖，因为，他还没有迈过帝王学这一关。

达摩来中土，带来印度文化固有的宗教精神，应了外来的和尚会念经。傅大士在中国生长，骨子里本来就缺了些宗教性的钙质，加以文化政治化和政治文化化加速了很有限的那么一点儿宗教精神的流失，若不向西天取经或传个法衣承个谱系什么的，还真的难以自立，这就是为什么禅宗明明是别开生面于中土，却偏要皈依印度，不但奉达摩为初祖，还要回到迦叶拈花微笑，以此为禅宗开头，开出西天二十八祖源流。

不过，傅大士虽未经佛祖印可，却被王权认可了。他向“国主救世菩萨”——梁武帝上了一道奏折，条陈上、中、下三善，求“受持”曰：“其上善，以虚怀为本，不著为宗，无相为因，涅槃为果；其中善，以治身为本，治国为宗，天上人间，果报安乐；其下善，以护养众生，胜残去杀，普令百姓，俱禀六斋。”他这样说“善”，其实还是在三教合一上说，将佛教信仰纳入帝王学，使现实政治转化为来世因果了，因而被梁武帝认可。

论禅法，傅大士确实高明，就其开创性而言，堪称唐宋南禅源头。他本就生于江南一隅，处于吴风越韵之间，行于金陵与金瓯相连。于此金腰带上，他兴佛法，立禅门，起话头，示真理，开机锋，成公案……且看他两首偈诗：

有物先天地，无形本寂寥。
能为万物主，不逐四时凋。

他这是行在道上，还是《老子》定的调，从内容到形式都没什么新意，思想上，不过是《老子》的“有物混成，先天地生”的翻版，虽然步步踏着宇宙的本体，但此道毕竟为老子所开，且诗之形式还是魏晋以来玄言诗的样式，我们之所以把这首诗提出来，是因为它提供了傅大士禅风的一个来路，其实，也就指出了中国禅宗的来路。

第二偈就已独特，诗风一转，从玄言诗转向禅诗，尝试着解了语言的笼头，脱了常识的束缚，用活蹦乱跳的悖论来写诗，把诗写得怪里怪气的样子，诗曰：

空手把锄头，步行骑水牛，
人从桥上过，桥流水不流。

这四句，只有“人从桥上过”一句，是用正常语言写的，其他三句都是“反”着写的，破了世象和常识，但其思想的根底还是在老子那里。老子说“反者，道之动也”，而他写的，恰恰就是这样的“反诗”。所有文体中，唯有诗的自由化程度最高，才享有这样独立的话语权力，写史不能这么写，写公文也不能这么写，连通常的诗赋也不这么写，第一个这么写的人，看来就是这位傅大士了，其诗“倒行逆施”，乃诗意之禅式。

我们看后来的南禅，虽奉达摩为祖师，却不怎么提倡坐禅，更不主张什么壁观，因此，再也没人去面壁九年了，他们把祖师禅高高举起，举入神话，自己却跑到傅大士的禅风中去了。最明显的一个例子，是马祖道一的觉悟。起先，马祖也像达摩那样坐禅，被神话引导着，日复一日地坐下去，坐得“形如槁木，心若死灰”，也不知佛在哪里。南岳怀让见了，便来启发他，拿起一块砖头就磨了起来，马祖问：“磨砖作甚？”曰：“作镜。”又问：磨砖岂能成镜？反问：坐禅焉能成佛？马祖一听，顿悟，放下坐禅，转向即心是佛去了。

禅宗公案里类似的故事还有不少，看似傅大士成了南禅宗风的风头，引领了南禅一脉的风流，但认祖归宗，还必须是达摩，因为唯有认祖达摩，才能从源流上追溯到如来佛。据说，达摩传法慧可时，曾有一偈云：“吾本来兹土，传法救迷情；一花开五叶，结果自然成。”这一说法出自六祖慧能《坛经》“付嘱第十”。这偈，慧能说是祖师达摩作的，几经传达，才由他本人于一百多年以后揭示，其间五祖均未提起，这就难免令人起疑，更何况《祖堂集》和《景德传灯录》等都是宋人作的，其时，离慧能已远，距达摩更远。

离达摩最近的版本是唐朝的敦煌写本《坛经》，胡适认为，《坛经》非由慧能本人所作，而系弟子神会等人所为，敦煌写本中，提到慧能言及“先代五祖传衣付法”时，授达摩颂曰：“吾来大唐国，传教救迷情，一花开五叶，结果自然成。”有人据此便认为，神会是唐人，已不知达摩来历，故曰“吾来大唐国”，明显是造假。不过，我们却认为，故意造假倒未必，只是在禅宗思维里，也有神话意识与历史意识的交错。从历史上来看，它当然是错的。用神话来看呢？它就有合理性了。唐本来就是个传奇流行的时代，“只履西归”即为传奇，无论南朝北朝，管他是隋是唐，人在传奇中是可以穿越的，在宗教里同样可以。

传教人传的不是历史，而是传奇，他们只受信仰的驱使，不受历史的束缚，达摩于南北朝时，已然来过一回东土，到了大唐时代，让他再来一次又何妨？第一次是历史，有时间、地点、人物可据，第二次便是传奇，以“只履西归”为前提，接着演绎。

传说，达摩病寂后，被葬于熊耳山中，起塔定林寺。其时，魏使宋云从西域归，不知其寂，过葱岭时遇之，见其赤脚，手提只履，两人交谈一番，便各自离去。回京后，宋云言“只履西归”事，众人不信，故魏帝派人往熊耳山验证，打开棺木，果然不见尸体，惟余只履，人皆以为神迹。为了传教，耶稣可以复活，达摩又何妨“只履西归”？

传奇比历史更接近宗教的本质，所以，没有必要将传奇还原于历史。

但禅宗一脉，也有人很不以为然，北宋法演禅师《示道诗》云：

> 祖师遗下一只履，千古万古播人耳。
> 空自肩担跣足行，何曾踏着自家底。

如此以神迹传教，是把禅宗佛教化了，是以群众化的“播人耳”取代个体性的自我印证，以一副“肩担跣足”的外在行头，代替看不见摸不着的对于心性的内在追求，对此，法演表示反对，以一句“何曾踏着自家底”，居然把达摩祖师爷的神迹都否了。

法演《示道诗》的关键词，异于佛教“众生”二字，而是“自家底”三字，禅宗就用这三字打底子，不是面向群众，而是面对自我，立定自我的根底，成为真正的个体——佛。做真正的个体，必须从社会关系的总和中解放自己，冲决家庭、民族、国家的网罗，挣脱等级与阶级的束缚，回到生命之初，回归自我，这也就是“踏着自家底”了。

唯有个体性，才具有人类性，唯有真正的个体，才能普度众生。禅宗解放自我，使自身成为个体，佛教普度众生，以佛性为人类性，解放自我才能解放全人类。

神会传教，没有“踏着自家底”，还要借助达摩神迹，这在法演看来便是不入禅流。但神迹能发动群众，能感化君主，能产生广而告之的世俗化的影响，故自神会南禅北伐，达摩说的“一花开五叶”就出现了两个版本，围绕不同版本众说纷纭。

两者，一为南北朝版本，“一花”指达摩，“五叶”分别是慧可、僧璨、道信、弘忍、慧能；另一是大唐版本，一花还是达摩——“吾来大唐国”，“五叶”则为五宗，分别是临济宗、曹洞宗、沩仰宗、云门宗、法眼宗，其中承上启下的是六祖慧能。

慧能上承五祖，得其所传，宗风一转，下启五宗，开创了中国禅宗。达摩带来的是印度禅——“壁观婆罗门”，神秀的诗偈中，就有印度禅的影响，其偈云：

身是菩提树，心如明镜台。
时时勤拂拭，莫使惹尘埃。

这是从正面说的，道理都对，他一说出来，我们就理所当然地接受了，因为他说的话有一种常识性的正确，从“时时勤拂拭”里，我们不仅能看到达摩面壁的影子，还能听到《论语》里“学而时习之”的余音。但就其思想性的层面而言，还停留在伦理学的领域，未能进入哲学范畴，就如同黑格尔在《哲学史讲演录》里对孔子的批评那样。

由此看来，神秀的思维修，还是“壁观婆罗门”加《论语》式的儒家法门。慧能则不同，他是“反”着说的，其说法非《论语》式的，而是《老子》式的，《老子》说“反者道之动”，到了慧能，灵机一动——顿悟，就变成“反者禅之始”了。

“反”就是破，要破俗见，破常识，破语言障，破思维壁……总之，不破不立，破字当头，立在其中矣！慧能一上来就当头一棒，破了神秀的思维，其诗偈曰：

菩提本无树，明镜亦非台。
本来无一物，何处惹尘埃？

诗偈之前两句是破，反有为无，破色入空，从否定下手，对身心两方面否定又否定。后两句是立，立什么？立“本来”。何谓“本来”？或曰为人之初的赤子，如《老子》所谓“能婴孩乎”，或曰回到如来佛祖的初心，在未有佛教之前，如来佛信的什么教？在未有佛经之前，如来佛读的什么经？他只能读他自己的本心，信他自身的“本来”。

还有一个你看不见摸不着的更深刻的“本来”，那就是人的自我。我们每一个人都有一个我，那是由父母而来的自然的我。光有这个我还不够，我之中还有一个我，那是一个更加深刻的我，我们每个人都应该把它找出来。寻找是发现，同时也是创造，我们除了拥有一个出生的我，还必须从我自身发现自我，或者说创造自我，那是我的“本来”。

《传灯录》里有一则“香严击竹”的公案，曰某日，香严来沩山，与灵祐相见，祐谓之曰：“吾不问汝平生学解及经卷册子上记得者，问汝未出胞胎未辨东西时之本分事。”

香严与灵祐，如百丈门下之神秀和慧能，香严之于佛教经典、佛门清规问一答十，如转法轮，所以，灵祐不问这些，而是像慧能那样，问到香严的“本来”面目上去，问得香严一脸懵然，不知如何回答，故请祐为说。祐曰：“吾说得吾见解，于汝眼目何益？”香严归堂，遍检典籍，竟无言可解，遂尽焚之，曰：此生，不学佛法，且作个长行粥饭僧。

香严泣别沩山，往南阳山中去，某日，于山间除草，偶以瓦砾击竹，鸟鸣花开时，叮咚一声响，刹那间，香严顿悟，遥拜沩山，礼赞灵祐曰：“和尚大悲，恩逾父母。”

为什么这样说？因为我生之前，我本为空，父母生我，如砾击竹，只是个缘，由此因缘，生下了此身我，而灵祐以其一问，却接生了他的自我。自我非父母所生，乃香严自生，灵祐是他诞生自我的催产士和接生人，故谓之“恩逾父母”也。后人有诗颂曰：

> 放下身心如敝帚，拈来瓦砾是真金。
> 蓦然一下打得著，大地山河一法沉。

“放下身心如敝帚”，一放下，就从神秀转向慧能了。神秀端供着自己的身与心，不肯放下，把自家身心供成了“菩提树”和“明镜台”，这就未免小器了，还要“时时勤拂拭”，那就更是庸人自扰，以至于“莫使惹尘埃”，是不是太小心翼翼呢？“拈来瓦砾是真金”，“瓦砾”一说出自庄子，庄子说“道在瓦砾中，在屎尿间”，这让一尘不染似有洁癖的神秀将何以堪？慧能“放下身心如敝帚”，不在“身心”上说事，而在“本来”上立言，突破了神秀身与心的伦理格范和认知局限，如砾击竹，击中了神秀的身心，哐当一声，“菩提树”倒了，“明镜台”碎了，自我出生，“本来”之面目开显，真可谓“通玄峰顶”。

禅宗，是个诗意栖居自我的思想者群落，在走向自我的思想者行列里，在“直指人心，见性成佛”的思想者的哲学王国里，还有一位永嘉大师，法号玄觉。这“玄觉”，就颇有以玄学入佛法而得以自觉的意味，它留有了中国禅宗从庄子来往佛门去的痕迹。

《景德传灯录》言玄觉初见六祖，口未开，便绕师三匝，振锡而立。

六祖问：“夫沙门者，具三千威仪，八万细行，大德自何方来而不顾？”

玄觉说：“生死事大，无常迅速。”

六祖问：“何不体取无生，了无速乎？”

玄觉说：“体即无生，了本无速。”

六祖听了，便印可道：“如是！如是！”

玄觉受印可，礼毕就走。祖问：“返太速乎？”玄觉说：“本自非动，岂有速耶？”祖问：“谁知非动？”玄觉说：“仁者自生分别！”祖说：“汝甚得无生之意。”玄觉反问：“无生岂有意耶？”祖又问：“无意谁当分别？”玄觉说：“分别亦非意。”祖说：“善哉！善哉！少留一宿。”

这就是禅宗里有名的公案“一宿觉”，两个思想者对话，碰出思想火花，一问一答，你来我往，在思想的源头上更接近庄子，其形式，亦似庄子与惠施之辨。

老禅如此善诱，一步步将思想引向高处，如春风接引，似明月遍照，后学精进，步步紧跟，行至高处，且欲更上一层，自达于真理之巅，而独坐大雄峰也！

不意此老禅，瞻之在前，忽焉在后，玄觉到处，他已在那里等候。

所谓“一宿觉”者，非因留住一宿，便豁然而悟之谓也。玄觉知性上的开悟，于求得六祖印可之前便已达成。然，后生可畏，其觉悟如宝剑才出炉，虽然锋利无比，但还带有一股咄咄逼人的火气，而“一宿觉”，就是让如火烈烈的知性稍微冷却一下，退退火，收敛生命的剑气化作一缕清风荡漾，收住思想的锋芒如水自流一任山高水长。

玄觉从江南到岭南，从楠溪到曹溪，从瓯海到粤海，六祖为他开了无生、无意、无别的“众妙法门”，使“玄之又玄”的微妙“玄觉”，到此顿悟而成“宿觉”。

苏轼诗云“归来且看一宿觉”，一看，便将那非时间性的永恒之“玄”

看成时间性的“一宿”，将那高深莫测无从下手的“幽玄”看成当下可以把握的“住宿”。这便是玄学与禅的不同，玄学如“手挥五弦，目送归鸿”，两眼紧盯着无尽天空里那“归鸿”，运思于形而上——玄觉，而禅将玄远之思从天尽头——“无”处拉下来，放在当下“一宿”。

唐诗里，别有玄佛一味，白居易诗云“梵部经十二，玄书字五千”，便趋于禅了，从“玄觉”到“宿觉”，两觉集于一身，反映了中国思想从六朝到唐朝的变化。“玄觉”还留着六朝人玄远之思的尾巴，而“宿觉”则是唐人明心见性顿悟于当下，已从关于自我的思辨转向针对自我的行动了。永嘉大师当机立断，还真有股子争朝夕的劲头，虽求证于六祖，然其先师为傅大士，故其《证道歌》非由六祖《坛经》来，乃从傅大士《心王铭》作。

《六祖斫竹图》轴，（南宋）梁楷绘，纸本，纵73厘米，横31.8厘米，日本东京国立博物馆藏

《祖堂集》二十卷，是中国现存最早的一部禅宗史书，日本学者于二十世纪三十年代在朝鲜发现。《祖堂集》成书于十世纪末的南唐时期，为泉州招庆寺静、筠二禅僧编著。内容从记述佛陀十大弟子迦叶开始到隋唐、五代共二百五十六位禅宗祖师的禅悟事迹及问答语录。

成书时代的泉州，并不属于南唐。那时“泉、漳二州”直接为地方军阀留从效的“清源军”所控。原闽国建州、汀州西部为南唐中主李璟瓜分，福州为吴越国钱氏占有，两国均没能抢到具有“肥州”之称的泉州与漳州。梁楷画六祖像，画面上，《祖堂集》里的核心人物六祖慧能在砍竹子。

03

走江湖的思想者（上）

都说唐朝是一个伟大的时代，那个时代有许多诗人。诗人如群星丽天，即使在今天，他们都家喻户晓。

可思想者呢？对不起，仿佛都从思想史上失踪了。

那些在思想史上失踪了的思想者，他们都跑哪儿去了？回答是：跑到禅宗里去了。他们从科举制里跑出来，从孔子门下跑到达摩那里，走江湖去了。

“江湖”是个什么去处？源头在庄子那里，《庄子·大宗师》说：“泉涸，鱼相与处于陆，相呴以湿，相濡以沫，不如相忘于江湖。”对于鱼来说，与其在陆地上相依为命地行仁义——“相濡以沫”，何如各走各的自由行——“相忘于江湖”？

对于鱼来说，江湖是个自由的去处，对于庄子，亦如是。

对于那些厌倦了仕途，不愿在体制内受束缚，而欲“自由之思想”的思想者来说，那就更是个自由的去处。那么，哪里才是中国最大的“江湖”呢？

江是长江，中国最大的江，湖是洞庭湖和鄱阳湖，也是中国的两大湖泊，若说走江湖，那便是个最大的去处，不仅有足够大的空间，供“自由之思想”起居，让你自由自在，还有足够富裕的一方水土，供“独立之精神”立足，让你自给自足。

大自然早已为追求自由的中国人安排好了这么个去处，在那里可以“襟三江而带五湖”。到了盛唐之时，一代王朝又在行政区划上做了相应安排，设置江南西道，包括江西、湖南两省，虽意在“控荆蛮而引瓯越”，却为“走江湖”开了方便之门。

因此，“走江湖”既是走自然地理的江湖，也是走行政区划的江湖——江西和湖南，刚好禅宗兴起，南来北往，在“走江湖”的道路上先行了一步。

从南北朝至唐，禅宗行脚，走了三条路。自达摩一苇渡江，行如来禅，至六祖，走的都是北上少林一路；自六祖潜行南下，行祖师禅，落脚岭南，走的是曹溪一路；从曹溪出发，南禅又分了青原行思和南岳怀让两支法系，沿着湘赣边北往，接衡庐，走江湖，行的越祖分灯禅，行于马祖道一与石头希迁之间，走一花开五叶的江湖路。当时，六祖门下有五大弟子，青原行思第一，南岳怀让第二，石头希迁出于行思一系，马祖道一出于怀让一系，行思以“众角虽多，一鳞足矣”印可希迁，而怀让以“得我心”印可马祖。

六祖临终前，希迁尚年幼，问：“和尚百年后，希迁未审当依附何人？”祖曰：“寻思去。”

六祖顺世，他日作冥思，人问其由，曰：“秉遗诫。”人笑曰：“汝有师兄行思，今住吉州，汝因缘在彼。师言甚直，汝自迷耳。”希迁遂礼辞祖龛，找行思去。

到了行思那里，行思问：从哪里来？曰：从曹溪来。问：带了什么来？曰：带着“未到曹溪亦不失”的“本来”来。问：那你到曹溪干什么去？曰：若不到曹溪，怎知我“本来”不失？行思以此一问，接引了希迁的“本来”，接生了希迁的自我。

于是，希迁反问：曹溪大师还识和尚否？这实际上是在问：你还是原来那个从曹溪来的行思吗？其中包含了两层意思，第一层是问“你背离了曹溪吗”？第二层是问“你超越了曹溪吗”？而行思的回答却是：“汝今识吾否？”——你看呢？希迁说：“识，又争能识得？”——我怎能认识你呢？其潜台词是：你只能自己认识自己。行思叹曰：“一鳞足矣。”

希迁又问：“和尚自离曹溪，甚么时至此间？”也就是问：你什么时候有了个自己的去处？行思答，不过，我却知道你早晚要离开曹溪——自己去开宗立派。故希迁曰：“希迁不从曹溪来。”——从“本来”处来，往自我去。行思曰：“我亦知汝去处也。”

一日，行思又问希迁：“汝甚么处来？”希迁曰：“曹溪来”。行思举起拂子曰：“曹溪还有这个吗？”希迁曰：“非但曹溪，西天亦无。”那拂子便是行思唯我独尊的标志，集中了他的自由思想和自我意识，他对希迁说：“不辞向汝道，恐以后无人承当。”意思是说，我不是不想对你说，只是担心，我若告诉了你，今后便无人承担佛法了。佛法须是自悟始得。

此番对话应该就是“越祖分灯禅”的开始。禅宗的发展，走了一条“越祖”的路，此前六祖禅可谓“祖师禅”，是对达摩祖师带来的如来禅的一次超越，使印度禅转化为中国禅，亦可谓中国禅对印度禅的超越，此后之禅，则概称“越祖分灯禅”。

迈出“越祖”这一步，要有思想者的担当，不光弟子要有“越祖”之志，为师亦要甘当“越祖”的梯子，让弟子站在老师的肩膀上，甚至头顶上，“越祖”而出，此正所谓“智齐于师，减师半德；智过于师，方堪传授”也，行思之于希迁便如此。

希迁往南岳去，行思让他捎书信与怀让。见了怀让，书信还没拿出来，他便问：“不慕诸圣，不重己灵时如何？”这“灵”指什么？是与心有关的心灵，还是与魂有关的灵魂？抑或为自我存在的虚灵状态？也许是将这三方面都包含了的灵，如不将它放在向往诸圣和爱惜自己上，那么它会是个怎样的状况？也就是说，它的本来面目究竟怎样？

怀让说：你这问题，问得太高深，何不向下问？希迁回答说：“宁可永劫受沉沦，不从诸圣求解脱。”话说得斩钉截铁，像判决词一样，表明了思想者的担当。

此语一如当年行思问六祖：“当何所务，即不落阶级？”祖曰：“汝曾作甚么来？”思曰：“圣谛亦不为。”祖曰：“落何阶级？”思曰：“圣谛尚不为，何阶级之有？”六祖循循善诱，如苏格拉底一问再问，让你自己把结论说出来。看来，怀让不如六祖善引导，未将飞流直下的如瀑之问，顺它的趋势，导入回应的江河中，反使它居高临下，不肯悬崖勒马。

后来，有人说希迁担当过分，过于高调逼人，还有人主张，怀让应当在他背脊上猛击一掌，不该无言便休。这就是怀让与行思宗风不同。当年，两人于曹溪门前对六祖之问，行思电光石火，当下应答，而怀让则要待一抹云开，雨过天青时。怀让初见马祖，马祖尚有懵懂处，而希迁至此，已然瓜熟到了蒂落之期，故怀便休，迁便回。

思问：“子返何速？书信达否？”迁曰：“书亦不通，信亦不达，去日，蒙和尚许个钝斧子，只今便请。”于是，思垂一足，迁便礼拜。为什么行思和尚伸出一只脚来，希迁就拜呢？他拜的是那只脚吗？显然不是。那他究竟拜什么呢？拜的便是那“一”。那“一”很重要，出自老子，“一生二，二生三，三生万物”，“天得一以清，地得一以宁”，包含了“一是一切”的意思。禅宗公案里，除了行思“垂一足”，还有俱胝和尚“竖一指”。

希迁带着行思的“一足”，一把未开刃的钝斧子，再次前往南岳。这一次，他非去拜访，而是去开山。开山，当然不能用钝斧子，得用他随身带的自我意识——“一”来开刃，造就一把永劫不回的利斧子，以此开出一片“一是一切”的“越祖”天地。

希迁到南岳，住衡山南寺，寺东有石，便于石上结庵，人称石头希迁，后应门人之请，下山弘化，和从南岳怀让处前往江西弘化的马祖道一，称“并世二大士”。

而马祖从湖南来江西开山，起初并没有希迁那么高调，他从衡岳出走，先去了福建，后由福建转入江西，在临川和南康住了约三十余年，这才来到洪洲，开创洪州宗。在来到洪州之前，他似乎并未露出超师越祖的苗头，同希迁比，他相当低调。但后来，两人的情形似乎有了逆转，石头依然孤峰特立，需待曲折而上，其门户之深邃，必由蜿蜒而至，如马祖所谓“石头路滑”也。而马祖则龙盘虎踞，连山通海，格局越来越大，不仅为禅宗的发展确立了自由化的思想路线，而且制定了自律化的组织路线，从而使禅宗出现了一个“马祖开丛林，百丈立清规”的局面，为思想者安排家园。

马祖的禅学思想不但是一个个灵犀的散点，如“大珠小珠落玉盘”，还以“即心是佛—非心非佛—平常心是道”形成了一以贯之的明心见性的思想路线，在思想方法上，表现为“触境皆如”“随处任真”的活学活用，在修行方式上，以“道不用修”“任心为修”的接机方式开示真谛，用隐语、手势、吟啸、道具、拳脚等最原始、最简单、最直接的方式接引学人，回到人之初无语言、无文字的“本来”处，进行思想交流。

弟子邓隐峰来告别马祖，祖问：“哪里去？”峰云：往“石头那里去”。祖曰：“石头路滑，你要小心。”峰云：“我有竿木随身，逢场作戏。”峰便去，才到石头处，就绕禅床一匝，振锡一下，问：“是何宗旨？”石头曰：“苍天，苍天。”峰无语，回来对马祖说，祖曰：“汝再去问，见他道苍天苍天，汝便嘘两声。”峰又去，一如前问。不料，石头先嘘两声。峰又无语而归，言于马祖，祖曰：“向汝道，石头路滑。”

看来这位峰和尚已露出超师越祖的苗头，但还没到那火候。当石头曰“苍天”时，有如孔子“天何言哉”的意味。语言至此，趋于极简，近于无言，以“嘘”应之，乃自然发声，破空而入，如“四时行焉”。峰不及此，于天人之际，竟无以应对，被嘘之后，更是落荒而逃，以至于一跤跌倒，马祖说“石头路滑”，在他身上就这样应验了。

但这位峰和尚也有不凡之举。一日，峰推土车经过，马祖展脚在路上坐。峰云：“请师收足。”祖云：“已展不收。”峰云：“已进不退。”说罢，就推车碾过。祖脚损，归法堂，执斧子云：“适来碾损老僧脚底和尚出来。”峰便出，于祖前引颈，祖乃置斧。禅机一动，有进无退，神挡杀神，佛挡杀佛，何况碾压马祖脚？峰亦俨然一副越祖的派头。

僧问：“如何是西来的意？”祖曰：礼拜吧！僧才一拜，马祖便踢他一脚。僧大悟，站起身来，拍掌，呵呵大笑，云：“大奇！百千三昧，无量妙义，只向一毛头上，便识得根源去。”礼拜而退，后告众云：“自从一吃马师蹋，直至如今笑不休。”

马祖踢中了他什么？当然是那“西来的意”。那“西来的意”，无非教人拜佛而已。然而，当他拜时，马祖却突然踢他一脚，使他的注意力一下子就转移到了自己。但那佛依旧，没有任何感觉，当下有感觉的，唯有他自己。马祖一踢，便提醒了他：还拜那没感觉的佛作甚？要拜，就拜有感觉的自己，拜自己的“本来”面目和自我意识。

有位庞居士来问马祖：不与万法为侣者，是什么人？这一问，就问向无对待的唯一者了，《圣经》里的“创世记”便是一种回答。显然，马祖不喜欢这样的提问方式，他说：“待汝一口吸尽西江水，即向汝道。”你能倒吸一口，把西江水喝干了，回到它源起时的样子，我再来对你讲。此话怎讲？连一条西江水都喝不干，就别问宇宙起源。

居士又云：“不昧本来人，请师高着眼。”不要忘了本来人，还得从更高处着眼，从宇宙起源的高处去看本来人，那人便是唯一的创世者，也就是《圣经》里的创世者上帝了。可马祖的本来处不在这里，而在人本心，即心是佛，那佛就是本来人。对于“本来”，勿向无边无际、无始无终求，要从当下有限性的“吾心”中求，“吾心即是宇宙”。

有僧来问马祖：你为什么说“即心即佛”？马祖说：我这样说是为了止住小儿的啼哭。须知此间“小儿”，当非幼童之谓，乃指于佛性上未能成人，因而不知如何安顿身心，终日惶惶不安而啼者，故必须给他们一个确切的真理，让他们能安静下来，所以，我对他们说，有一个地方，能让你们安身立命，那就是你们的本心，佛就在你们的心中——“即心即佛”。僧又问，那么啼哭止了时你又如何说？马祖说：到那时，我就对他们讲“非心非佛”。从方法论上来讲，有正方，必有反方，讲了“即心即佛”，就得讲“非心非佛”，即便是真理，也不能永远抓住不放，也要破执，要经由否定，才能走向更高的真理。

单纯地讲“即心即佛”，并非从马祖开始，六祖在《坛经》里就讲过，六祖以前傅大士在《心王铭》里也讲过，但把“即心即佛”与“非心非佛”

作为一个对子提出来，则是从马祖开始的，可以说“非心非佛”正是马祖挑起的一盏最具挑战性的“越祖”明灯，以至于后来禅风又一变，那些开宗立派的宗师们都跟着他“非心非佛”去了。

也有抱定初衷，不肯跟随的。大梅山法常禅师，初参祖，问：“如何是佛？”祖云：“即心是佛。”法常即大悟，后居大梅山。祖闻师住山，乃令一僧到问云：“和尚见马师得个什么，便住此山？”法常云：“马师向我道：‘即心是佛’，我便向这里住。”僧云：“马师近日佛法又别。”法常云：“作么生别？”僧云：“近日又道：非心非佛。”法常云：“这老汉惑乱人未有了日！任汝非心非佛，我只管即心即佛。”僧回，对马祖说，祖云：“梅子熟也！”

中国禅风，至六祖一变，以“即心即佛”将如来禅变为祖师禅，至马祖又一变，以“非心非佛”将祖师禅变为“越祖分灯禅”，这是禅宗内部的两次思想革命。法常禅师不忘六祖初心，常怀祖师禅宗旨，所以不肯跟着马祖“非心非佛”去，正是有见于此，马祖才说“梅子熟了”。这虽然也是一种褒奖，但非他所提倡，他提倡的并非成熟的主张，而是新鲜的思想，在禅宗内部继续革命，不能靠成熟的主张，要靠新鲜的思想。

04

走江湖的思想者（下）

走江湖，是一个思想试验场，最能产生新鲜的思想。

对于唐朝士人来说，走仕途还是走江湖，是一个问题。科举制下，仕途大开，学子们被“学而优则仕”驱使，走仕途入科举，可偏偏就有不肯入彀中的英雄。《景德传灯录》卷十四曰：丹霞天然禅师，初习儒学，将入长安应举，遇一禅客问：“仁者何往？”曰：“选官去。”禅客曰：“选官何如选佛？”曰：“选佛当往何所？”禅客曰：“今江西马大师出世，是选佛之场，仁者可往。”遂直造江西，见马大师。

选官还是选佛，丹霞选了佛，走仕途还是走江湖，他选了江湖。可他为什么会做这样的选择？因为选择佛，就是选择了自我，选择江湖，就选择了自由。

宋僧志磐《佛祖统纪》卷四十五载王安石问张方平：“孔子去世百年生孟子，后绝无人，或有之而非醇儒。”方平曰：“岂为无人，亦有过孟子者。”安石问：“何人？”方平曰：“马祖、汾阳、雪峰、岩头、丹霞、云门。”安石意未解。方平曰：“儒门淡薄，收拾不住，皆归释氏。”安石欣然叹服。

看来，王安石接受了张方平的说法，承认马祖等人都比孟子强，其中，就有丹霞天然。为什么说“儒门淡薄，收拾不住？”说“儒门淡薄”，“薄”在哪里？我们认为，其薄弱环节就在自我意识和自由思想，儒门“收拾不住”的，其实也就这两样。

在自我意识和自由思想的层面，黑格尔大概不会像他在《哲学史讲演录》中批评孔子及其《论语》那样，认为禅宗里也没有哲学吧，他也许会皱一皱眉头，用一种新奇的眼光来打量一下禅宗诗偈，再以充满疑惑的口吻问道：哲学还可以这样写吗？

哲学都是用逻辑来写的，还可以用反逻辑来写吗？在黑格尔看来，反逻辑便是对哲学的否定，不可能产生哲学。可禅宗就用反逻辑的方式来谈哲学问题。

禅的根底，就在老子，在老子提出的“反者道之动”的那个“反”字，不光反了常识中的逻辑，还反了形而上学里的逻辑，以诗的形式触及语言与存在。

而最早以诗的形式触及语言与存在的，便是老子。《老子》开篇就谈“道可道，非恒道，名可名，非恒名”，谈的就是语言与存在的关系。这样的问题，会使人联想到现代哲学家维特根斯坦和海德格尔，有人已经把禅宗的思与诗拿来跟他们做对比。

不过，我们不想从这里深入下去，那是我们考察之外的一个领域，因此，我们还是回到“走江湖”的话题上来，看看丹霞天然做出选择后，接下来发生的事。

丹霞是张方平所说的那个能跟孔孟相媲美的思想者群落中的一员，而群落之首，便是那位马大师。马大师见丹霞来了，也不管他远道而来，只说了一句，石头是你师，便打发丹霞从江西往湖南“走江湖”去了。禅僧“走江湖”，多半就在马祖道一和石头希迁之间走动，马祖在江西，石头在湖南，在两人之间来回走，那便是“走江湖”。

丹霞到了石头那里，待了三年。某日，石头吩咐僧众锄草去，丹霞便手持刀、水，来到石头跟前，石头就拿起刀来给他剃度，遂了其“选佛”的心愿。剃度后，丹霞又回马祖那里，见寺中唯有一尊圣僧像直立，他便骑上去。有和尚见了，跑去告诉马祖。马祖来，哈哈一笑，说：我子天然。他就下地来拜，从此，便以“天然”为号。马祖问他：石头路滑，你难道不曾跌倒？丹霞豪迈地回答：我要是跌倒，就不来你这里了。

某日雨后，丹霞行脚于途，遇一华服飘然的女子困于泥泞中，他走过去一把将那女子抱起，走出泥泞。过后，目瞪口呆的同行者终于说出一句话来，说出家人不近女色，你不应该抱她。丹霞反问：就那个女人吗？我早已把她放下，你还抱着？

这般天然，宛如赤子，救人之急，哪里顾得什么清规或者戒律！但这只能说是天放，还不能算作狂。丹霞烧佛，那才叫狂！一个和尚，为了取暖，居然把寺院里供奉的一尊木佛给劈了，拿来烧火时，被院主看见，问他为什么烧佛。他说，为了取得舍利子。院主说，这是木头，哪有什么舍利子！他说，既然是木头，那就再拿两尊来烧吧。听他这么一说，院主吓得胡子眉毛都掉了。不过，有人却认为，该遭报应的是那位院主，而非丹霞。因为，丹霞把木佛当木头，所以，在丹霞，烧的便是木头，而院主把木头当佛，所以，在院主，烧的就是佛。烧什么不重要，重要的是当什么烧。

后来的佛教人士就这样为他辩解。其实丹霞本人哪里需要这样的辩解！《五灯会元》卷五中就有一段丹霞天然的开示，他说，他从石头那里学来的最根本的一条，就是自我保护，要保护好自家的“一灵之物”——自我，至于禅啊、佛啊什么的都不重要。他反问道：“禅可是你解底物？岂有佛可成？”并公然宣告：“佛之一字，永不喜闻。”这“佛之一字，永不喜闻”，岂不就是他“即心即佛”的自白？抑或其“非心非佛”的宣言？

“非心非佛”后，心往哪儿搁？不再往玄峰顶上去了，也不再去追求所谓“玄觉”，而是将此心从形而上的寻思处放下来，放到日常生活中，饥来则食，困来即眠，这样就进入了马祖思想第三段——“平常心是道”。这在赵州和尚那里，便是“吃茶去”；在百丈那里，即为“一日不作，一日不食”。而丹霞天然则说，若能使人善巧，你便是文殊，若能与人方便，你就是普贤。对于前来参禅问道者，他说：“吾此间无道可修，无法可证。”何出此言？因为道若可修，一修又坏，法若可证实，必亦能证伪，倒不如从这里面走出来。

任你自我意识如何觉醒，任你自由思想如何表达，你终归还得在百姓日用中生活，以平常心来生活。同样过日子，若用“平常心是道”来过，那就过得不一样。

某日，云门文偃禅师对众弟子说：十五日以前，我不问你们过得怎样，十五日以后的日子，都说来听听！弟子听了，无言以对，他自言自语道：日日是好日。为什么要待十五日以后？因为十五日乃天心月圆时，天人正果开显，所以说“日日是好日”。

好日子该怎样过？要过出个怎样的样式才能算是好日子？说到底，也就是一句话，要把过日常的生活当作佛事来做——“一切声色，尽是佛事”，在生活中修行。青青翠竹，皆为法身；郁郁黄花，无非般若；行住坐卧，挑水搬柴，都是修佛法。

当然，这都是往好里说，说得如花似玉，锦绣一团，往不好处说，也可以说过日子是最难的事。如果说发现自我有如过节，那是“花枝春满，天心月圆”的大喜日子，那么平时看护好自我就是过日子，“平常心是道”就是专门为过日子准备好的说法。

但这看似很平淡的话头，却在佛教内部引发了更为深刻的革命。若谓“即心即佛”和“非心非佛”的革命还在思想领域，不太具有实践性，只能靠“悟”的思维活动来呈现，那么“平常心是道”则更具有实践性，它把禅宗思想领域的革命带到佛教的经济基础里来了，以思想者的顿悟引爆了佛教供养制度，使修行与生产劳动相结合。

过日子有两个方面，一方面要生产，一方面要生活，两者不可或缺。而佛教是不事生产的，因为生产难免要杀生，佛教以此拒绝生产，采取供养制度，多少还保留了印度婆罗门教的一些影响，把种姓制度残余自觉不自觉地带来了，所以，它离不开朝廷的供养，往往被政治左右。达摩逃避梁武帝，就是不想走佛教的老路——通往奴役之路。

可以说，从达摩开始，中国禅宗就在探索一条新的道路，一条适应思想者们需要的“无圣”道路，一条能收拾那些“儒门收拾不住”的思想者通往自由的道路，石头和马祖，开辟了这样一条通往自由的路——“走江湖”，在这条路上，要给往来的思想者们提供一个落脚的安顿处，这就是马祖何以要不断地开丛林，建道场。严格来说，思想者并非佛教信徒，他们选佛，并非选了一个教主，而是选择了一条道路，那是走向自我之路。

真佛内里坐，即心便是佛，自我才是自己的教主，你可以说它“即心即佛”，也可以说它“非心非佛”，但它必须满足两个条件，一是自由自在，若无自由，自我何求？若不自在，自我何在？还要自给自足，以自给求自由，以自足得自在，而自给与自足，除了表现为自我的思维方式及其精神形态，更要在生产和生活上做出相应的物质安排。

因此，禅宗内部必须再一次解放思想，就如同“不立文字”却“不离文字”，禅宗还得脱离世俗而又回归世俗，“平常心是道”是对世俗生活的回归和肯定。

但回归中又包含了否定，或以农禅合一，破了杀生戒律，或以自力更生，毁了供养体制，让受惯了布施的和尚从事生产去，谈何容易！他们拒绝的理由都是现存的，无非杀生而已，不光以之偷懒，还因之而恐惧，故出现了“南泉斩猫”的禅机。

《景德传灯录》卷八《池州南泉普愿禅师》云：东、西两堂和尚争一只猫儿，师遇之，对众僧说，你们讲得出道理来，即救取猫儿，讲不出来，即斩却也。众僧无言以对，师便斩之。赵州和尚自外归，南泉把刚才说过的话又对他说了一遍，赵州和尚听了，就脱了脚下的鞋子，当作帽子戴在头上出去了。南泉师说，你若在，当时便救得猫儿。

对于“南泉斩猫”，有人说是一刀两断，说那是杀人刀，也有人说是一刀一断，就是摆了个斩杀的样子，其实并没有真的斩杀行动，所以说是活人剑。我们认为，这两说都偏了。一刀下去，便是一场革命，对此，只有赵州和尚能理解，他把鞋子戴在头上，就是天翻地覆，要革命了。革谁的命？革佛教里面那印度种姓制度残余的命。

印度种姓制度源于印度教，该制度将人分为四个等级，即婆罗门、刹帝利、吠舍、首陀罗。根据《梨俱吠陀·原人歌》标志的“原人”等级：婆罗门是原人的嘴，刹帝利是原人的双臂，吠舍是原人的大腿，首陀罗是原人的脚。四个等级之外还存在一个贱民阶层达利特，该阶层则被排除在原人的身体之外。本来佛教兴起，就是用众生平等来革印度教的命，但革命不彻底，种姓制度的残余依然隐藏在“不杀生”的戒条里，从佛教内部又出现了新的“阶级”，禅宗继续革命，故行思初见六祖，就说自己“不落阶级”，但那还在认识领域，还停留在“原人”的嘴上。而南泉斩猫则深入“不杀生”的戒条，欲除去种姓制度的残余，被赵州和尚准确地表达出来了，他把代表“原人”脚的鞋子——首陀罗，放到了“原人”的头——婆罗门上，揭示了南泉斩猫的根底，若非出此血性手段，焉能将僧众从“不杀生”中唤醒。

当南泉禅师见两堂众僧无所事事，为一只猫而起纷争时，想到了什么？他应该想到了百丈老和尚说的“一日不作，一日不食”。怎样才能让那些懒散的和尚自食其力？他以霹雳方式作雷霆一击，一刀下去，不但斩断了是非根，而且开出一片农禅新天地。可惜的是，他必须用那只猫为农禅新制献祭。不过，若众僧都有赵州和尚那样的觉悟，懂得以头立地，知行合一，把鞋子穿到头上去——拿着锄儿下地，或可免了那猫儿一死。

百丈老和尚留给人间的最大禅机，不是他如何“独坐大雄峰”，怎样“独与天地精神往来”，而是“把锄去”，用“一日不作，一日不食”的信念，建立了生产与修行相结合的农禅新制，使得中国禅宗不仅以佛教形式的心性标志复兴了老庄思维方式，还以农禅制度建立了思想者的共同体——丛林组织，并以“百丈立清规”为丛林立宪，复兴了春秋时期的墨者团体。墨者本是一个披着“天志明鬼”宗教外衣的思想者的共同体，那些禅者也选择了佛教的形式，如果说六祖和马祖，就如同禅宗里的老庄，那么百丈则如同墨子。

庄子在《天下篇》里曾说，墨子“自苦为极”，然奈天下何！我们从百丈身上又看到了那个“自苦为极”的身影——“一日不作，一日不食”，数十年如一日把锄下地的老者。弟子们怜他垂垂老矣，把他的锄头藏起来，不让他下地，他竟然决不食言，真的一日不食，饿了一整天。弟子们见无法改变他，只好把他的锄头拿出来，陪他下地去。“一日不作，一日不食”是丛林宪章——《百丈清规》里最重要的一条，百丈竟以生命捍卫。

初时，禅僧依附律寺，别设禅院，但于说法住持，却又自立一套，显得与寺院规度不合，到了马祖时，便自开禅山，自建丛林，安顿禅僧，从此脱离律寺而独立。

百丈此时立于马祖门下，以为“天子定礼乐而王道兴，佛寺有规制则佛法兴”，故参照律寺，作制度安排，制定《百丈清规》，为禅宗丛林立宪章，定法制。

或曰，佛教之于中国，教义虽有可观，而教制仍由国家来管，任命僧官，服从并服务于王权。禅宗自达摩渡江，即未循此路线进退，而是游化为务，起居山林，行走江湖，另辟一路，面壁之后，便不测所终。敦煌文书中，发现唐杜朏《传法宝记》一篇，言及达摩及其门下行止，提到慧可、僧璨等虽得真理，也是“行无辙迹，动无彰记”。

《传法宝记》属于北宗一系，所言“传法”，传到神秀为止，对于南宗一系只字未提。两宗虽然分道扬镳，但禅僧托钵云游，“曾无栖泊”的状况倒也一致。禅宗内部，需要一位能建制、能立宪的人物，但此人物没有出在北宗，而是出在南宗，从达摩到六祖，从六祖到马祖，马祖开了丛林之后，就有个百丈山前的怀海和尚脱颖而出。

住山的和尚越来越多了，但江湖习惯未改，游民习气还在，因此，要立个法，才能将他们安顿下来，于是，作为丛林宪章的《百丈清规》就应运而生了。

《百丈清规》原名《禅门规式》，又称《古清规》，分上、下卷，计有九章。上卷有祝厘章第一、报恩章第二、报本章第三、尊祖章第四、住持章第五。下卷有两序章第六、大众章第七、节腊章第八、法器章第九。其中：尊“长老”为化主，处之“方丈”；不建佛殿，只立“法堂”；僧众尽居“僧堂”，依受戒年次排列顺序；设“长连床”，供僧众坐禅偃息；僧众“朝参”“夕聚”，长老上堂，徒众侧立，宾主问答；事务分置十“寮”，置首领主管；又行“普请”法，上下均力，以此奠定了“身份平等，集团生活；劳役平等，福利经济；信仰平等，言行守律；众生平等，天下为家”的农禅文化的样式。

当时寺院经济兴起，和尚们在城里过上了安定富足的好日子，除了国家供养和民间香火，他们还开启了寺院经济的经营模式，竟然敢挖国家财政的墙脚，让农民带着土地转入僧籍，以逃避徭役，还以钱赚钱，居然放出高利贷……可禅宗里的那些思想者对此不仅毫无兴趣，甚至有些鄙夷。他们原本寄居寺院，以期“藉教悟宗”，多少也能分享一些寺院经济的成果，但他们却选择了离开，不但从思想上走了一条“教外别传”的“自由之思想”的路，还在经济上追求“独立之精神”，上山下乡，走了一条农禅合一的路。

好日子过到头了，接下来就是唐武宗灭佛。当会昌法难兴起时，寺院经济遭了灭顶之灾，财产没收，僧众还俗，寺院关闭……王朝不光是一座财富之山，还是一个火山口，到王朝去追求财富，那是金玉其外，徒有其表，因为不知何时火山会爆发。

当佛教于王朝衰落时，禅宗却从上山下乡中生存下来，而且发展了起来，还“一花开五叶”，开出一片属于自己的文化的江山。从“藉教悟宗”到“教外别传”，从“不立文字”到“不离文字”，从文字禅到看话禅与默照禅，禅宗的宗风激荡着思想者的江湖，风云所至，思想缤纷，化为心性天雨，风花到处，精神烂漫，别有真如春枝。

云门宗有“云门三句”，以“涵盖乾坤，截断众流，随波逐浪”，开启学人三门——心门、真如门和生灭门；法眼宗有“法眼看六相，六相皆为空”，并以“四机”引导学人看破“六相”；临济宗有“三玄三要”，以“一句语须具三玄门。一玄门须具三要”接引学人来到语言与思想的深处，“玄”乃运思所向，“要”为话头所至，话头落在“三玄”处——体中玄、句中玄、玄中玄即为“三要”；曹洞宗有“宝镜三昧”，如“银盌盛雪，明月藏鹭”，那个美呀！还有沩仰宗“九十七圆相”，一一开显出来，都是“空”的自由款式。

此为思想成果，还有经济成果，从农禅合一的生产方式中又兴起茶禅一味的生活方式，思想者们不但用自己的生产方式解决自身的生存问题，还用自己的生活方式开辟发展的契机，如果说农禅合一还属于自给自足的自然经济，那么茶禅一味就已开始走向自由贸易的市场经济，不光茶叶，还有茶艺、茶道和陆羽的《茶经》，都从思想者的丛林中兴起。思想者走江湖，终于从文化的江山走向了市场经济。这一行径被赵州和尚起了个话头，叫作“吃茶去”。试问天底下有哪一句广告词用了千年以后还在用？只此一句。

第4章

文艺复兴的艺术与天下

一　一个后主美学的标志

01

诗人死于诗

乱世对于个体命运来说，有一种不确定的悲剧感。但是，不确定性带来的自由度，却适合艺术的蓬勃生长。王国维《人间词话》说："词至后主，眼界始大。"这位"后主"，便是五代十国时期的南唐后主李煜。顺着王国维的指点看去，我们看到了他的命运。

不光家与国之命运，还有个体命运，都被"流水"带走，"一江春水向东流""自是人生长恨水长东""落花流水春去也"，便是他那命运的写照。

词至于此，堪称"孤绝"，已非从歌伶博取铜币转到士人抒怀那么简单，也没有停留在所谓家国志趣上，而是个体生命对自我意识的那一份独特体认。

王国维说，生于深宫之中，长于妇人之手，是他为人君的短处，也是他为词人的长处。李煜幸会王国维，乃赤子相遇，而能共鸣之，遂成千古知己。

对赤子，我们只能在审美的维度与他的"天真"达成共识。对韩熙载，他不放心，本来派个特务去就行，可他却偏要派个画家去，政治上扑空了，却留下一卷千古名作《韩熙载夜宴图》，搞了一场行为艺术的政治。

王国维的《人间词话》把诗人分为主观和客观两类，认为“主观之诗人不必多阅世，阅世愈浅则性情愈真”，他说，李后主就是这样一位“主观之诗人”，唯以血性写诗。明知诗可致祸，却因了自我意识的绝响，而坦然走向死亡——诗人死于诗！

不是每个人都如此幸运，有人是历尽悲痛而顿悟，有人是天生赤子禀赋，如后主李煜，他原本是君主，却偏以赤子之心，我行我素于审美的异途。被婢侍宫娥感动时，他随手小令一咏，“云一涡，玉一梭，澹澹衫儿薄薄罗，轻颦双黛螺……”便给出一个丰富的意象以及动人的姿态，叮咚在心田。当他为命运而惊讶时，那股清泉便可化为一江春水，让美奔腾，但又受阻于诗人自我意识觉醒的闸门，在悲剧之眼的敏感缝隙里，化为涓涓诗眼。

“砌下落梅如雪乱，拂了一身还满……离恨恰如春草，更行更远还生”，诗人没有给出君王赞天化地的宏大叙事，因为诗人更愿意做一个梅花雪中人。落梅、雪片、春草，那个美呀！带着离恨，“更行更远还生”。

生命如同花期，都是时间里的存在，人不仅把自己放到时间里去伤感，也把万物放到时间里去度量，这就有了生死、兴衰和消亡等变化产生的悲剧感。要在无法把握的存在中，品味和磨制切割时间的悲剧之剑，在“拂了一身还满”的“落梅”前，逗留片刻，他就发现，还有春草“更行更远还生”……

李煜与苏东坡的不同，是基于家国情怀之上的命运不同。他们两人，一为士人，因诗受难，一为君主，为诗而死。李煜是任性的诗人，以血性的诗句在微笑的垂泪中沉思。李煜痴迷，苏东坡放达，放达与痴迷，是人的个性的两极。

国破之前，李煜痴迷于宫娥，痴迷于风月，家亡之后，又痴迷于“愁”，痴迷于“恨”，痴迷于故国山川，甚而尤甚者，尤痴于诗，亡国之音，如同招魂。

可是，不管怎么说，诗人死于诗，总还算是“死得其所”。若谓痴迷于政治不宜，那么达观又如何呢？同样不宜于政治。若能从政治中跳出来自由一把，也许这就叫“放达”。苏东坡曾经被官场放逐了，可谁能想到，他从此就“上下与天地同流”，开始了自我的“放达”。

而李后主却没这样幸运，他痴迷于家国，忽略了自己身后还有一个更为辽阔的文化的江山，还在把春江花月当作他的故国风土，这让新朝情何以堪？

苏东坡是士人“艺术伦理”的代表，他是“后主文化”的代表。中国历史上，开国多雄主，后主多为文艺范儿，因此，中国文化史上有一种“后主”现象。

有不少亡国之君都能诗善赋，多才多艺，其中最有名的莫过于李后主了。由于他们的君王身份，而又“观之不似人君”，所以，他们不善于在诗里端拱——作身份认同，不会写帝王气象的“政治正确”的诗，而是更多地表现为“艺术任性”。亡国以前的后主们，都说是“生于深宫之中，长于妇人之手”，写出来的多半是宫体诗，多半是爱美人不爱英雄，重床笫不重江山，言情欲不言志略，总之，是预告了的亡国之音。

而真正的亡国之音乃千古绝唱，李后主于绝望中，家国情怀涌上心头，作天人吟：“四十年来家国，三千里地山河。凤阁龙楼连霄汉，玉树琼枝作烟萝，几曾识干戈？一旦归为臣虏，沈腰潘鬓消磨。最是仓皇辞庙日，教坊犹奏别离歌，垂泪对宫娥。”

这便是李后主吟咏的“亡国之音”了，词牌名叫《破阵子》。据说，此曲为唐太宗李世民所制，为唐开国时之大型军乐舞。那时，太宗为秦王，故曲名《秦王破阵乐》。词牌《破阵子》双调小令，乃截取乐舞一段，声调激越，词中“教坊犹奏别离歌”，将《破阵乐》奏成了“别离歌”，那不是亡国之音是什么？《破阵子》也变调了，由铿锵而沉吟，由激越而幽咽，由铁马金戈变成“垂泪对宫娥”。

这样的诗若放在中国传统里来看，可以作为“政治正确”的反面教材和帝王学的一个失败案例，而且是不带一点儿英雄气概的没出息案例。可就诗论诗，却是难得的艺术任性的好诗。诗人一起笔，就是“四十年来家国，三千里地山河”，千言万语都拢在这里了。就这两句，收敛了激越，慢慢道来，有一种不失身份的沉郁，显得人贵气，诗亦贵气。紧接着，那“凤阁龙楼连霄汉，玉树琼枝作烟萝”的天堂就沦落了，他喟然一叹：“几曾识干戈？”由君王变作臣虏，本来就要天崩地塌的架势，被他的一个自问解脱了。

他在诗里早已想好了后果，也做了选择，那就是“沈腰潘鬓消磨”。沈约腰细，潘安鬓白，都是美的标志，他也要像沈、潘那样，死也要“带着美去死”。虽说“仓皇辞庙”，但还得有个君王的样子，总不能对着教坊中人和宫女们说他亡国了。于是，他们还在为君王演奏《破阵乐》，可他怎么听都觉得变了调，《破阵乐》变成了“别离歌”。乐里似有默契，那是对于死的默契——“带着美去死”，人性之中，还有比这更加激越的吗？他却不带一点儿悲壮的声色，已然选择，便无话可说，只是还有宫女，她们怎么办？

“垂泪”二字对情感的拿捏，分寸恰到好处，有着任性亦任情却又从容的静美。愤怒与悲哀都是人之常情，此刻却显多余，不光怒发冲冠、挑灯看剑显得多余，就连凄凄惨惨戚戚也多余。情感的多余宣泄，哭天喊地如窦娥，那是冤情，并非悲剧的本色。被理性节制的悲哀，以及坦然接受命运安排，才能放出具有悲剧尺度的光彩。

中国传统诗话里，多有对悲情的品味，却罕有对悲剧的审美。对于李煜词，世人多从悲情的层面上解读，没有作悲剧的理解。当士大夫群体人格的“艺术伦理”遭遇李煜的“艺术任性”时，悲剧的理解便处于失语状态，幸亏王国维用尼采突破了传统语境，把他放到血性中来。

有人说，中国人不太有悲剧精神，“感天动地窦娥冤”不是悲剧，剧中有冤情，有悲情，就是没有悲剧精神。因为，悲剧精神不怨天，不尤人，但要爱命运。按照古希腊人对于悲剧的理解，演出时若悲情过度，催人泪下，悲剧诗人非但不能受奖，反而要被罚。为什么？正如情感必须服从理性，人类应该接受命运。

王国维第一次用了悲剧精神的尺度来衡量中国文化，衡量《红楼梦》，衡量唐宋词，还衡量了他自己，为中国文化打上了独立人格和个体命运的烙印。在《人间词话》里，他放下中国诗话传统的神韵、性灵、格调等优雅的陈词，另辟“境界”一说，用悲剧精神解放了李煜，宛如面对自己。当“五十年来，唯欠一死”的王国维，相遇“沈腰潘鬓消磨”李煜词时，两个赤子的灵魂会有怎样的共鸣？

那真是一个性情天才遭遇另一位性情天才，一个个体生命体认另一个个体生命的诗谶。诗人就是诗人的事，别跟诗人讲政治，这是后主的脾气，而且一讲就俗。

当年，毛泽东批评“书生办报”时，就拿李后主举例子，说“南唐李后主虽多才多艺，但不抓政治，终于亡国”。其实，古今中外，文明史数千年，何曾有过不亡的国？亡是都要亡的，不过时间早晚的问题。南唐是亡了，可那个灭了南唐的宋朝，不也亡了？当然也有不亡的，李煜的诗就没有亡，他的诗已经存在了上千年。而亡他的人，从死的那天开始，就彻底死了。也许在《宋史》里还有个“本纪”什么的，可那已是历史的遗迹，对于今人基本不产生影响。

诗人就不同了。诗人的本质是诗，他的生命还在诗里流传，他的情感还在感动今人，他的精神还在影响我们，从某种意义上，我们可以说，他依然活着，因其具有现代性。就此而言，政治的现实功利性还是敌不过诗性，若非以制度化来生存，就当是过眼烟云。政治家若想不死，就要建制，要在制度上留下他个体生命的印记，就如秦始皇，只要中央集权和君主专制还在，他就没死，还活在制度里，要不，何以今日还有人言必称“秦始皇”？

不过，制度也有历史的局限性，它虽然可以超越朝代，可以用千年的尺度来衡量它，但它不可能永远存在。一种制度用到了头，就要终结，如王朝中国的帝制。

帝制已死，即便你能言必“秦始皇”，也不能真的就做皇帝；即便你有做皇帝的胆，再也没有做皇帝的命了，不信请看袁世凯和张勋复辟，历史已经立此凭据。

而人性不然，人性趋于永恒，即便考虑到进化的可能，那起码也是万年，更何况诗性和理性，都在人性精微处，若不出意外，人的进化应该表现为诗性和理性的进展。

因此，诗人李煜要比李后主高贵，不仅比制度化里不及格的后主高贵，也比一代王朝中的帝王高贵。制度化的等级难以长久，而诗性的高贵则永垂不朽。

当诗人李煜以赤子之心呈现诗性，以个体人格开显命运，让不确定的政治生命担待必然性的悲剧精神，那就不仅会感动古人，还会感动今人，以至后人，这样，他就有了永恒性——超越自然和历史的生存。法国诗人缪赛说，最美丽的诗是最绝望的。《虞美人》就是李煜的绝命词："春花秋月何时了？往事知多少。小楼昨夜又东风，故国不堪回首月明中。雕栏玉砌应犹在，只是朱颜改。问君能有几多愁？恰似一江春水向东流。"

公元978年，七夕日，李煜诞辰，小周后问李煜，祝寿唱何词？李煜惨然道"即用此词"，小周后读罢，恐生不测，欲止又不忍。宋太宗闻得"故国不堪回首"，即命赐酒，鸩杀之。不久，小周后哀绝而亡，而暗恋李煜陪其终老的女官黄保仪亦投缳自尽。

诗人死于诗，可谓死得其所。大多数人习惯说"死去原知万事空"，但那是针对物质而言的，对于精神来说，死是一个新的开始，尤其他带着凄美的绝命词去死，把一腔赤子之心，家国情怀，放在明月中，泊在春水里，让"一江春水向东流"到永恒去。

唐朝开科举，以诗入仕，诗人治国。唐朝的思想家进山走入禅林，儒释道融合，形成了一种新的思想风景。而这个时期的绘画艺术家也走出唐朝宫廷，从帝王、僧道圣人、女教人物，走向独立的绘画艺术。绘画艺术的滥觞期在五代十国，谈宋代文艺复兴，应该从这一时期开始。

五代十国在唐、宋之间，艺术的渡口有三个：开封、成都、南京。开封是山水画的中心，成都是花鸟画的中心，南京是人物画的中心，绘画题材的三大类始有鼎足。同时代的成都和南京设置皇家画院，汇聚了很多宫廷御用的职业画家。北梁的开封没有设皇家画院。

这是一个割据时代，脱离了王朝的正常轨迹，让大一统稍息了一会儿，虽是唐朝藩镇遗风，但也真不能说是一件坏事，因为乱世的自由度适合艺术生长，承唐启宋，艺术之花盛开在各自的小王国里，缤纷自在，自成一格。因没有大一统的紧箍，反倒给思想腾挪出了空间，使艺术多元成长，至北宋而结出文艺复兴之果。

公元 907 年，唐朝最后一个皇帝李柷为朱温所废，第二年被毒死，死时才十七岁。撇开皇帝头衔不说，单一个花季少年的命运被拴在这垂死的王朝上，哀莫大焉！继之而起的是朱温建的后梁，都开封，山水画鼻祖荆浩就是后梁开封人。不出二十年，后唐继之，然后是后晋、后汉直至后周武将赵匡胤发动陈桥兵变，建立北宋。其间，在南方还有十国并立，大约从公元 902 年杨行密受唐昭宗册封为吴王开始，前蜀、后蜀、南唐、吴越，都在各自的地盘上成为割据一方的小国，直到公元 979 年北汉的版图并入北宋为止。

五代在中原更替，延续王朝惯性，追求大一统；而南方却在众建小国，保境安民，让大一统脚步慢下来，歇歇脚，透透气。这口气，一透就是几十年，透出个小国多“偏安”的局面。用大一统来衡量，“偏安”只是个小时代，但它见证了中国历史上多元并存的一段历史时光，向我们提示了割据条件如何有益于艺术的自由成长，“百姓日用”可以不要皇上。

十国铆足了劲头，也难以施展地缘政治的抱负，便尽可能去追求艺术风雅，偏安的日子使他们有余力顾及有趣味的精神生活，首先在绘画领域，将天命无常安顿下来，让美来说话。直到北宋统一，这七十多年的时间，什么样的人间奇迹都有可能发生。

战乱频仍，天下分立，为那个时代的艺术家提供了更多的选择性，他们可以自由选择自己的“国家”。各国纳贤也不问出身，使得艺术家们在各自的精神领地追求自己的艺术目标。

五代十国就出现了一批绘画诸子，著名如后梁荆浩、关仝，南唐董源、巨然、徐熙、顾闳中、周文矩，后蜀黄筌、黄居寀父子等等。荆浩为山水画之拓荒者，行于高处，常以凌云之笔提亮灵魂，关仝师承而有发展，转向江山辽落，擅画山河之耸势，两人并称“荆关”。董源、巨然，擅用水墨描绘江南烟雨，以不动声色的写实笔法呈现天道自然的本色，从远山近水的时空中“究天人之际”，将王朝更迭的“古今之变”终结在对桃花源的永恒憧憬里，世人称之为“董巨”。此外，顾闳中所画《韩熙载夜宴图》，周文矩的《宫中图》，也向我们展开了一幅幅人性与政治的绘画长卷。总之，从六朝山水诗到五代山水画，从南朝宫体诗到南唐宫廷画，绘画终于赶上了诗歌的步伐，成为据乱世而初绽的文艺复兴的萌芽。

五代时期的皇帝大多由藩镇割据的军阀转化而来，出身贫寒，起家行伍，读书少，亦不曾经历帝王学的培训，有天下格局或君王抱负的不多。不管哪位打下地盘，只要能控制有限区域，便称帝建朝，同时会有各种割据势力与之抗衡。

北方从公元 907 年朱温建后梁开始，经沙陀族李克用、李存勖父子建后唐，石敬瑭建后晋，刘知远建后汉，基本来不及建设就亡了。直到后周第二任皇帝柴荣，北方开始有所起色。柴荣出身北方邢州大族，为人谦谨笃厚，勤奋用事，善骑射，家道中落后，过继给姑父郭威，襄助郭威，尽显治理才干。公元 951 年，郭威建立后周，定都开封，三年后病逝，柴荣自立为帝。发誓：十年开拓天下，十年养百姓，十年致太平。朝廷进行廉政建设，地方以养民为重，开垦新田，减税于民或民不加税。柴荣提出“均田赋”，让那些享受不纳税的特权大户，诸如曲阜孔府都要与平民一样纳税，以此解决军饷，这一时期应该是北方进入五代以来最好的时候，于是柴荣开始统一大业。

经历了四五十年的历史积累，各割据势力的子弟也都成长为皇二代或皇三代了。柴荣向西大败后蜀，对手就是后蜀皇二代后主孟昶，被花蕊夫人悲叹“更无一人是男儿”。与南唐作战，对手是李煜的父王李璟。淮南之战爆发时，李璟给柴荣写信，称“唐皇帝奉书大周皇帝”，并以兄相称，待战败乖乖去“帝号”，自称“江南国主”，并使用大周年号。正在泉、漳二州割据的留从效,趁势向柴荣表白,要在大周京城设办事处,柴荣为李璟面子未准。公元959年柴荣病逝，大将赵匡胤在陈桥兵变，逼周恭帝禅位，建立北宋。

据说柴荣对烧瓷情有独钟，这也许与他曾经做过茶商有关。他对瓷器烧造工艺有很高的的造诣，据说显德初年，他在河南郑州新密月台建御窑，人称“柴窑”，并规定，烧制出来的精品仅供宫廷御用，残次品毁掉，不得流入民间。宋太祖赵匡胤反对铺张浪费，一即位就关掉了柴窑，因此，柴窑没有瓷品传世。柴荣要求青瓷要“青如天，明如镜，薄如纸，声如磬”。如果“柴窑”的出品具备上述“四品”的话，那么该窑出品应该是继承了唐以来的秘色瓷工艺，又启发了宋代瓷器的飞跃。“雨过天晴云破处，者般颜色作将来”，有人说是柴荣说的，很可能是针对吴越国钱氏向后周的瓷贡所提的要求。其实，第一句已经把柴荣要求的“四品”道尽，青瓷的润、透、亮、雅以及如丝如缕的开片都有了，说明柴窑已入魂宋瓷。因此，在宋瓷五大窑口前加上“柴”并不为过，应为“柴汝官哥定钧”。可见，五代十国除了绘画之外，北方的“柴窑”与南方吴越国的“秘色瓷”，其美学水准为宋代瓷化天下做了文艺复兴式的预告。

在唐末镇压黄巢起义中，成长起来一批具有实力的军阀，朱温就是其中之一。因镇压黄巢有功，被唐昭宗赐名朱全忠，任命河南招讨副使，封梁王，成为唐末最大的割据势力。公元901年朱温进入长安，三年后，他迫使唐昭宗迁往洛阳，然后杀死唐昭宗，立唐昭宗第九子李柷为帝，逼李柷禅位之后杀之，自立为皇帝，建后梁，都开封。

南唐李昇钦陵
出土的男俑

唐末南方军阀混战之际，出身贫苦农民的杨行密因善战脱颖而出。公元 883 年唐僖宗时晋封为庐州刺史，从此割据庐州。随后，杨行密东征西讨，扩充地盘，与吴越钱镠在苏州和杭州都有交手。公元 902 年，唐昭宗赐封杨行密为吴王，命之勤王讨朱温。当然朱温没讨成，唐朝也亡了，各军阀开始由藩镇割据转向称帝建国。朱温去建他的后梁，杨行密一边四面征讨，一边经营吴地。公元 905 年，杨行密去世，长子杨渥继吴王位。徐温是江苏东海盐贩子，为杨行密手下“三十六英雄”之一，公元 908 年，他杀死杨渥，立杨行密次子杨隆演即吴王位，自任大宰相，封温国公，独揽大权，勤俭经国，深得民心，于公元 927 年去世。徐知诰原姓李，为杨行密捡来的养子，因亲子不容，交给徐温抚养，随养父姓，养父去世后，徐知诰掌

南唐李昇钦陵出土的玉哀册

握兵权，为吴国太师、大元帅，封齐王。公元 937 年自称帝，复原李姓，改名李昇，自称为唐宪宗子李恪的四世孙，改国号为“唐”，史称南唐。李昇是南唐的始祖，也是后主李煜的爷爷。中主李璟是李昇的长子，就是那位想灭掉“肥州”清源军的南唐二主之一，是后主李煜的父王。至后主李煜，公元 975 年南唐为北宋灭，共享国 39 年。公元 978 年，李煜在自己的生日——七夕这一天，被宋太宗赐毒酒饮亡，葬洛阳北邙山。

爷爷李昇与父王李璟皆葬于江苏省江宁县牛首山南麓，李昇与夫人宋氏合葬，李璟与夫人钟氏合葬，称“南唐二陵”，是十国王陵墓葬中规模最大的墓葬群。玉哀册是帝王家葬俗。一般将帝王和后妃的生前功德刻于玉上，在葬礼上，由太史令读毕，再葬于墓中。

02

笔墨纸帛上驰骋自由之心

李后主不光有诗流传，还有书画传世，宋人是见过李煜书画的。

谈五代文学艺术，不能不谈李后主；谈五代绘画艺术，同样不能不谈李后主。李后主天真贵气，是南唐艺术的底蕴，从他的书画里，能看到他的心灵。

《宣和画谱》卷十七“花鸟三”提到了“今御府所藏”李煜的九幅画，据说，李煜死前曾叮嘱女官黄宝仪将他的画都烧了，这些画也许是生前流传出来的。

台北故宫博物院藏有一幅南唐画家赵幹《江行初雪图》，上有行书一行：“江行初雪画院学生赵幹状”，据考证，有人说是李煜真迹，与唐代韩幹《照夜白图》题字“韩幹书照夜白”相类，似乎出自一人之手。许多画史亦皆以为“照夜白”为李煜所书。

李霖灿说，《江行初雪图》似命题作文，“状”是交卷或交作业。徐邦达评赵幹《江行初雪图》说，原以为赵氏自署，然细看书法，颇似南唐后主“金错刀”意，启元白（启功）先生论之在先，我亦同意其说。按李主书有古摹韩幹画《照夜白图》上标题，书虽出临仿，但书法与此卷首题字极肖，可见韩画上题字必有来历，仍堪与此题作证。

赵幹是南唐皇家画院的学生，当然也是李后主的学生。“江行初雪”是他写生的长卷，描述了南唐冬雪之际渔村的生活景致。雪花漫天飞舞，如扑眉睫，用的是“弹粉”法。“白粉”真是画家的宠儿，有了它，江南初雪才有雪点纷纷，却又不沾地气般落在瑟瑟的人们身上，不知是因寒冷而笑，还是因瑞雪而笑，似都在憨笑中，可见作者那活泼泼之心，千载犹新。画院生赵幹的山水写生能力，证实了十世纪的中国山水画水平。

李煜亲笔题款，批阅画院学生的作业，由此看来，他是满意的。若谓荆、关、董、巨的传世作品还难免有存疑处，此画则让我们领略了南唐画家的真实状态。

“江行初雪”，《宣和画谱》有著录，盖“明昌七玺”印，有金章宗仿宋徽宗瘦金体的题签，卷面上有元文宗天历之宝御印，后面有柯九思的名押。

李煜真迹据说还有《入国知教帖》，帖后有米芾的跋语：“右江南李煜真迹，臣米友仁奉敕审定恭跋。”米芾生活在宋仁宗赵祯时代，离李煜生活的年代还不算久远，作为书法家居“宋四家”之位，他的题跋应该是可靠的，而况他还是奉诏审定。

宋人郭若虚《图画见闻志》说，他看过李煜画的林石飞鸟，以为“远过常流，高出意外”。黄庭坚《次韵谢黄斌老送墨竹十二韵》诗云“古今作生竹，能者未十辈”，而他推崇的，除了“吴生勒枝叶”，便是“江南铁钩锁”。“吴生”是吴道子，那是有唐一代最伟大的画家，而“铁钩锁”的主人便是李煜。黄庭坚认为，吴、李画竹，古今独步，相比之下，就连黄荃父子也不如——“筌寀远不逮”。“筌”，指黄筌，“寀”，指黄居寀，还为其诗作注，曰：世传江南李主作竹，自根至梢极小者，一一勾勒成，谓之“铁钩锁”。

从《宣和画谱》的记录来看，黄庭坚也许有幸过眼了李煜的《柘竹双禽图》、《竹禽图》或《色竹图》，他仔细研究了“铁钩锁”的绘竹技法，断言此笔法颇似柳体“骨法用笔”。《全唐文》卷一二八确有一段李煜对柳体书法的评价：“善法书者，各得右军之一体……柳公权得其骨而失于生犷……”李煜认为，历来书家仅得“右军之一体”，像柳公权那样，便是仅“得其骨”，难免于“犷”。而李煜之于柳体，已能去粗取精。

论右军“法书”，多引《洛神赋》之“翩若惊鸿，宛若游龙，荣曜秋菊，华茂春松”四句。“惊鸿”与“游龙”，乃神与形也，是运笔速度赋予时间的线条形式美，而“秋菊”与“春松”之态，则肌与骨也，开显了笔墨线韵结构的空间张力。柳体仅“得其骨”，而李煜则能得其骨而神秀之，穿越柳体，直奔王羲之。“铁钩锁”源于“二王”，经由柳体之变，“失于生犷”。“生犷”意谓野生、粗犷，其间，自有柳个人的教养起底，亦有唐风使然，时代不同了，唐朝西北风与南朝风味毕竟有所不同，到了南唐后主时风又变。

说李煜比柳公权更懂“二王”，大抵不错，究其原因有二：一是基于风土，李与“二王”都生活在江南，是在同一方水土里活动的人物，人格之中应有相近的水土属性，故易相通，而且又都是北人南渡，身世也差不多，故易交感，而柳居西北，未历江南，其于“二王”，终是纸上所得，未有风土体验；二是缘于时代，柳处大唐统一时代，虽然盛世不再，但统一的格局还在，而李所处的时代则是大唐分裂后的土崩瓦解，恰似“二王”所处的东晋时代，其文化个体性从大一统里跑出来，或多或少都要跑出个自由的款式。沈尹默曾赞王羲之不曾在前人脚下盘泥，李煜深知“二王”，如何能不在“二王”脚下盘泥？曰不失赤子之心。

《宣和画谱》说，李煜“后画竹，乃如书法，有颤掣之状……其画虽传于世者不多，然推类可以想见。至于画《风虎云龙图》者，便见有霸者之略，异于常画，盖不期至是而志之所之有不能遏者，自非吾宋以德服海内而率土归心者，其孰能制之哉？”宋人对南唐欺压再甚，也还是无法否认李煜的艺术才华，说他“画亦清爽不凡，别为一格”。但宋人懂艺术也懂政治，他们从李煜的书画中亦窥探到他的政治抱负，说他若以画竹笔法来画《风虎云龙图》，那是有霸者之气的，若非大宋以德服海内，有谁能控制此等野心家呢？唉！人啊人！他毕竟是个主君，其性情亦自有其龙虎风云气，施展不得，便缩手缩脚，做成个“铁钩锁”。

南宋词人周密在《志雅堂杂钞·图书碑帖》里提到一事，李煜曾将南唐秘府所藏书法作品命人勒碑刻石，取名“升元帖”。“升元”是南唐开国年号，李煜即位时，南唐已在北宋治下称臣纳贡，李煜不得已取消帝号，称“南唐国主”。可“升元帖”刻石上有“升元二年三月建业文房模勒石”字样，“升元”为故国年号，“建业”指故都金陵，内心之志溢于言表，正所谓“故国不堪回首月明中”。宋人一直盯着他心里那把“铁钩锁”，那是赤子之心与王霸之略互动形成的“颤掣”笔法，有一股遏制不住的精神力量被扭曲，我们从李煜的“铁钩锁墨竹图”里，只能读出心酸的两个字：不服！

《宣和画谱》曰“李氏能文，善书画，书作颤笔樛曲之状，遒劲如寒松霜竹，谓之金错刀”。其中，又提到李煜“自称钟锋隐居”，或曰“钟隐后人”。据米芾《画史》载，李煜“每自画，必自题曰‘钟隐’”，遂自号“钟峰隐者”，题款，并加盖“钟隐”印章。据说，在书画作品上盖章自李煜始，这是为了向当时的太子表白他无意王位。

《宣和画谱》将南唐画家唐希雅与李煜列为同卷，说唐初学“李煜金错书，有一笔三过之法，虽若甚瘦而风神有余。晚年变而为画，故颤掣三过处，书法存焉”。这里，倒是把“金错刀”的要点都说清楚了，要“一笔三过”，瘦而有神。杜甫诗云“书贵瘦硬方通神”，用来指“金错刀”，真可谓恰如其分。柳体如骨，贵在“瘦硬”，但“通神”不足，这在李煜看来，便是仅得“右军之一体”，未免“生犷”。李煜“金错刀”以后，又有赵佶“瘦金体”，虽然都在“瘦”上下功夫，但又分了贵贱。赵佶数落李煜“略无富贵之气”，一副穷酸相，“不复英伟，故见于书画者如此”，还说：我祖上早有所言，煜虽有才，也不过一翰林学士。不似“瘦金体”，能表明他“贵为天子”。

这番话当然是在“靖康耻”以前说的，经历了“靖康耻”以后，他还会这样说吗？若谓“金错刀”是穷酸相，那么“瘦金体”岂不要称作“奴隶体”了？李煜还敢让人唱“故国不堪回首月明中”，唱得自己以身殉国，他赵佶敢这么唱吗？唯有偷生。再说，艺术就是艺术的事，艺术上，别显摆什么天子的贵气，在《诗品》里，帝王诗不但没有任何优势，反而要被打折，反倒像李陵、曹植那样的“失败”人士，他们的诗处在上上品。有道是，“国家不幸诗人幸”，正是“国家不幸”造就了诗人的悲剧精神，唯有悲剧精神，才够得着最高的诗魂。可同样遭遇“国家不幸”，李煜留下千古名句，而赵佶却从此归零。

赵佶以天子之尊俯瞰那位亡国之君，其实，他又是最懂李后主的人，说到底，他也是一位后主，也有一颗后主之心，所以，他深谙“落笔瘦硬而风神溢出”。

“金错刀”乃铸币文体，或曰“一笔三过”，说是一笔下来，笔锋三折，即便微如米的一点，也要一笔三折锋，即落笔藏锋为第一折，提笔转锋顿挫为第二折，回锋收笔为第三折。运笔如刀，笔下应有刀的杀气，那是他骨子里那一点儿王霸之略的显示，可运笔的，却是那赤子之心，这就使得王霸之略未免可笑，而赤子之心又难免可悲了。“一笔三过”，不再流丽养眼，而以“颤掣”夺目。“颤”为颤抖，“掣”为牵、引、拉、拽，有牵制、控制以及抽和拔等意思。这是怎样的纠结之力呀！

从内心的纠结到笔墨的纠结，天命如刀，以笔运之，将他那个矛盾着的自我不断地开显出来，开出他的自由意志的“金错刀”——在手腕的“颤掣”中，方向相反的力运作于同一个笔锋内，与纸墨较劲，线条上的折腾，应验了一句“人格即命运”。

“颤掣”，是在细润的绢质上增加阻力，依靠手腕内蕴的劲力在悬空中拿捏上下求索左右纵横的分寸，破笔的张力不圆润，不肥滑，不规矩，甚至有些歪扭，不抱团，甚至向外挣扎，实现了一种突破汉字结构束缚的艺术展现；在绢上飞白、凹凸、枯皱的细节，使主体结构呈现为一种有质感的审美体验，速度之后或似匆匆不及的斑驳，或细若游丝，却如惊鸿飞过，或时间失忆的瞬间留白，等等，突破一切阻力之后的颤笔气质，却原来“骨气惊绝”。前人书论，有所谓“善笔力者多骨，不善笔力者多肉。多骨微肉者谓之筋书，多肉微骨者谓之墨猪，多力丰筋者圣”一说，李煜“颤掣”之笔可称“多力丰筋”。金错刀，是对太过华丽的宫廷风味的刀切，这位“生于深宫之中，长于妇人之手”的王子，偏偏不要那么顺溜的生命流程，欢乐中，偏偏要去咀嚼痛苦的滋味，用痛苦去触摸自我意识。

人生的艺术，多偏向于悲剧的表达，偏向于自我意识的痛苦挣扎，更何况李煜整日面对种种天命无常的激流险滩，对此，他有哈姆雷特那样的青春之问吗？有的，他甚至每天都在面临着生存还是毁灭的抉择。他精神的抗争，恐怕都在他的笔下了，仔细辨析他那些投射自我意识的笔迹以及笔法线条的内涵，每一笔都带着对命运的质疑，寻找生命底蕴的阻力感，而阻力感则来自对不自由的突破，在笔墨纸帛上，驰骋一颗自由之心！

“金错刀”遒劲的笔法就像他由生命感发而来的坐骑，是他得心应手的剑戟，带着自由的爆发力在绢帛上拼杀，丝毫不可松懈，不可迟滞搁浅，在行进的速度中，颤笔如惊鸿一瞥，又如飞鸟不动。那是苦寒费思量的瞬间，是生命短暂的焦虑，是命运裸露被烈日风雨撕裂吹皱的痛感。他在自己的命运线上一刀一钩地反噬，为内在的精神不致堕入平滑，每一笔线条都充满了刀斧搏击的力度，而每一弯钩的决绝，又将自由的张力拽回到审美的法度里，在毫不迟疑的速度中，因轻重缓急带给线条起伏跌宕的时间节奏，褶皱间留下了寒松霜竹的枯涩之美，意外地收获了自由的无常美，如他命运的无常。

《清异录》里讲李煜艺事，说他喜欢写大字，而且不用笔，将散帛卷起来，蘸墨就写，人称“撮襟书”。《宣和书谱》也说，李煜作大字不用笔，撮绢帛而书之，世谓“撮襟书”。如此挥写，看似豪放，实则精细，若非将“拨镫七法”都用上，墨汁怎能在枯干以前洒脱帛上？“拨镫法”非李煜所创，但将“拨镫法”分为七种笔法却是他的贡献，他在《书述》中说：“书有七字法，谓之拨镫，自卫夫人并钟、王，传授与欧、颜、褚、陆等，流于此日，然世人罕知其道者。孤以幸会得受诲于先生。……所谓法者，擫、押、钩、揭、抵、拒、导、送也。”李煜谈“拨镫法”来历时，提到一位“先生”，就是这位“先生”将“拨镫七法”传授于他，可这位“先生”于史无考，那就权且将“拨镫七法”挂靠在李煜名下吧。

“镫”指灯，“拨镫法”指古人拿针拨灯芯之法。古人持针，式如今人执笔，简称单钩用笔，可见李煜对线的诉求，其欲墨行于帛，或凹凸有致，或轻重朴滞，在笔势相生相克的缓急中表达时间有型的质感，一如时光的刻度所展示生命之线，划过的轨迹带着黑白的颤抖，以一种疼痛的姿势抑扬地飞，提撕了筋骨奔放的受挫与曲折，没有一帆风顺的开场白，没有风调雨顺的小顺溜。《笔阵图》也有“七法”书论：“横”如千里之阵云，

“点”似高山之坠石，“撇”如陆断犀象之角，“竖”如万岁枯藤，“捺”如崩浪奔雷，“努”如百钧弩发，“钩”如劲弩筋节。论者法天象地，给出一个有迹可循、有相可摹的动感式喻体。

《笔阵图》从卫夫人到“二王”，越过大唐到他跟前，又从他本人出发，建立了自我意识的书法谱系——超越前唐，直达“二王”，并上溯至卫夫人，直至源头，觅得钟繇。钟繇是“楷书鼻祖”，其小楷被南朝人称作“上品之上”，唐人亦称“神品”。卫夫人是钟繇的学生，唐人说她的字“如插花舞女，低昂美容，又如美女登台，仙娥弄影，红莲映水，碧沼浮霞”，被宋人陈思在《书小史》中引用了。这样的评语，如花似玉，着眼于光昌流丽那一面，但这显然不入李煜赤子的法眼，他对“二王”的理解就与前唐不一样，他有自己的理想。

他不想笔锋沿着惯性的滑行去临帖，而是将笔墨沁入他所景仰的个人精神的骨髓里，揣摩他们的性灵诉求，端详他们的思想路径，再打磨他自己的人生线条。他懂钟繇，懂卫夫人，懂王羲之，因为他们的精神气质是如此相像。从“铁钩锁”到“金错刀”，从“拨镫法”到《笔阵图》再到“撮襟书”，是他与书史上群贤聚会时的灵感，是他如曲水流觞一般去拜谒每位先贤、一饮而灌顶的醒悟，美从险中求，以“蓬首”而“神秀”。

这种独步历史的能力，是一种与自我对话的行动艺术，它不反映社会现实，而是精神上的高来高去。但这足以让他在历史上彪炳出一个独特生命的别样风景，一个关于个体精神成长的成功案例，因此而遗赠后人的精神遗产，理应获得“现代性”的嘉赏。

因为有关个体精神成长的话题，是人之所以为人的永恒主题，这也恰好是对他“失败的君王”的历史证词，何况李后主不是孤证，这类被艺术唤醒本性的君王，在成王败寇的政治斗争中几乎都是失败的君王，与他同时代的还有后蜀主孟昶。他不是一个特例，而是一个范例，不仅是一个后主的范例，还是一个具有悲剧精神的个体人格的范例。当其他的君主们都在为“马上得天下”作殊死之争时，他却在红巾翠袖堆里写他的“撮襟书”，这就是他的命呀，因为他在“撮襟书”里发现了自我，有了自我，还要君王干什么？

《照夜白图》，（唐）韩幹绘，纸本，设色，水墨线描，纵 30.8 厘米，横 33.5 厘米，美国纽约大都会博物馆藏

据说，唐玄宗将义和公主远嫁西域大宛，宁远国王向玄宗进贡了两匹“汗血宝马”。唐玄宗为两匹宝马坐骑，分别名之“玉花骢”和“照夜白”。“照夜白”系一木桩上，昂首嘶鸣，四蹄腾骧，似欲挣脱缰索，画面上凝结了令人屏息的紧张气氛。西域汗血宝马，桀骜之性，千古不驯，画出唐人对马的了解与尊重。上“韩幹画照夜白”行书是李煜手笔。与之呼应的还有一行画押：“南唐押署所识物多真吴人吴说”。左边上方有“彦远”二字，是唐代鉴赏收藏家张彦远的题名。看来，唐亡，此画为南唐御府所藏，南唐亡，自然流入北宋皇家。左下有宋米芾鉴藏题名，并盖有“天生真赏”朱文印。晚清流出宫廷。恭亲王之孙溥伟为恢复帝制开始变卖家藏，《照夜白图》浮出，英国收藏家戴维德得知，请上海收藏大家叶叔重从中斡旋

《江行初雪图》卷（局部），（五代）赵幹绘，绢本，设色，纵 25.9 厘米，横 376.5 厘米，台北故宫博物院藏

收购。张伯驹得到消息后，立即写信给主持北京大政的宋哲元，请他截留，万勿出境，但为时已晚。几经周折，迪隆基金会（The Dillon Fund）1977 年捐赠给美国大都会博物馆。

值得注意的是，该画为纸本设色，韩幹是宫廷画师，才能使用刚刚兴起的宣纸。韩幹早年是酒馆里打杂的小厮，常去王维府上送酒收账，一次，王维不在家，韩幹只好坐在门口等，无聊中，他拿了根小树枝在地上画了一匹马，王维回来看马，决定资助并教他绘画。命运的转折点，不早也不晚，就在一个时点上等着韩幹。入宫后，唐玄宗命他跟随宫廷画家陈闳学画马，韩幹拒绝了。他指着皇家马厩，对吃惊的唐玄宗说，臣下的老师是它们。

《照夜白图》在安史之乱时陪唐玄宗度过了一生中最为落魄的时期。

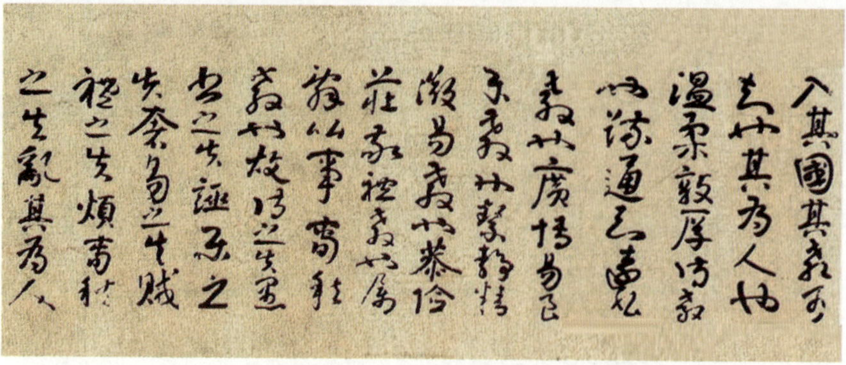

李煜手迹《入国知教帖》（局部）

《入国知教帖》

据说，《入国知教帖》出自李煜手笔，1975年香港《书谱》杂志曾刊发《入国知教帖》，帖后有米芾长子米友仁跋语："右江南李煜真迹，臣米友仁奉敕审定恭跋。"李煜死前，遗嘱其女官黄宝仪将他所有的遗物烧掉，所以李煜真迹极少，极珍贵。

释文："入其国，其教可知也。其为人也，温柔敦厚，诗教也。疏通知远，书教也。广博易良，乐教也。洁静精微，易教也。恭俭庄敬，礼教也。属辞比事，春秋教也。故诗之失，愚；书之失，诬；乐之失，奢；易之失，贼；礼之失，烦；春秋之失，乱。其为人也，温柔敦厚而不愚，则深于诗者也。疏通知远而不诬，则深于书者也。广博易良而不奢，则深于乐者也。洁静精微而不贼，则深于易者也。恭俭庄敬而不烦，则深于礼者也。属辞比事而不乱，则深于春秋者也。"（录自《礼记·经解》）

二　卷轴里的政治与人性

01

千载寂寥，披图可鉴

谢赫《古画品录》将人物画列于篇首，定调为绘事的主旋律。其影响至宋代以前，有关绘事品录，皆以人物置首，以便提撕人伦。此非因人物画之技艺更为复杂抑或它在艺术表现上更具张力，亦非因人物画之倾力勾勒人的精神成长而促使人在对自我的自视中获得灵魂的启示，而是由于人物画是人为自己画画，为自己摹写一个人的样子，以人物画规定人的本质，来教化人要做一个什么样的“人”。

无论欢乐还是悲伤，艺术本来只关注人的精神成长，可政治要参与进来，形成政治文化，对人进行规范。无论中外，早期绘画都以人物画为主，而且大部分是重要的政教人物肖像画。中国早期壁画多半是讲述一些帝王、圣贤以及王公大人、女教垂范的故事，借助绘画艺术达到宣教目的，或曰“文以载道”，“文”的本意指“纹饰”“绘事”。

谢赫说，人物画要“明劝戒，著升沉，千载寂寥，披图可鉴”，看得出他为艺术之美所激发的政治使命和人文情怀。基于人物绘画所具有的拯救或感召能力，以及以图像直接呈现记录历史的功能，中国传统人物画从一开始就从自我意识的表达和个体人格的呈现转了向政治伦理的诉求，转向了非以艺术本身为目的，而以艺术为圣人教化手段。

所以，绘画要强调“政治正确”，画帝王圣贤，要“大而化之之谓圣”，对于其他人，则以矮化，或微缩，以表明他们微不足道，以反常识的人物比例高扬“天地君亲师”的国家意志，使得本来应该成为人物画主体的个体性人物变得无足轻重，只能被点缀在山水画上，终致以一种“归隐”的文化符号走向无我——断舍离了个体人格。

谢赫对绘画顺序的排列，依照“明劝诫”的道德标准去关注人伦，借助绘画为人的心灵和精神建构一个外在的道德秩序，而不是内在的心灵与精神的成长。

关于美，可以说它参与了神的世界，并在神的世界里获得了与世俗沟通的桥梁，所以，审美属于人的灵性层面，并与信仰层面的神性相通。当意识再次意识到自身的存在时，思想便成了它自己的对象，而这一人的自我状态，唯有突破文明的各种制限，摘掉各种“政治正确”的紧箍咒，回到原本的审美状态，才有可能达到，也许仅仅是瞬间，便出现了终极感受的奇点，个体人格的美，在某个时刻突然爆发了，把自我创造出来。

顾闳中与谢赫各有其时代，南北朝与五代十国便是历史舞台。五代十国在唐宋之间，是接着安史之乱而来的一个乱世。可就在那乱世，艺术的长河依然不舍昼夜，滔滔奔流，其时艺术的渡口有三个：开封、成都、南京。以绘画而论，开封是山水画的中心，成都是花鸟画的中心，南京是人物画的中心，大致来说，这三个地方分别奠定了中国绘画艺术题材的三大门类。

这一时期，不光绘画人的自我意识觉醒了，绘画人的国家形态——皇家画院也出现了，成都和南京都设置了皇家画院，汇聚了很多宫廷御用的职业画家。

乱，虽是唐朝藩镇遗风，但也不能说就是一件坏事，因为乱世的自由度适合艺术生长，若用艺术的尺度来衡量，那一段历史正因美的支撑而有了色彩和温度。

由于没了大一统的约束，反倒给思想腾挪出了建构多样化艺术范式的自由空间。各国的竞争是全方位的竞争，大体而言，政治与军事方面还是中原优先，思想与文化方面则是江南领先，不仅思想上，南禅压倒了北禅，而且绘画也是南派占优。

王朝统一战争，中原依然是赢家，可文艺复兴却在江南别开生面。

公元 908 年，唐朝最后一个皇帝李柷被毒死，才十七岁。皇帝头衔先放一边，一个花季少年的命运被这垂死的王朝牢牢绑定，哀莫大焉！由朱温所建的后梁继之而起，不出二十年，后唐、后晋、后汉、后周，直至后周武将赵匡胤发动陈桥兵变，建立北宋，次第收服南方各国，才告一段落。

其间，还有十国并立，前蜀、后蜀、南唐、吴越诸国，各自为政。五代在中原更替，延续王朝惯性，追求统一，南方众建小国，保境安民，让大一统脚步慢下来，歇歇脚，透透气。这口气，一透就是几十年，透出个“偏安”局面。

用大一统来衡量，“偏安”只是个小时代，但它见证了中国历史上多元并存的一段历史时光，向我们展示了艺术的自由成长。十国铆足了劲头，也难以施展地缘政治抱负，便尽可能去追求艺术风雅，偏安的日子使他们有余力顾及有趣味的精神生活。首先在绘画领域，将天命无常安顿下来，让美来说话。七十多年的时间，什么样的人间奇迹都有可能发生，尤其在艺术上。战乱频仍，天下分立，那个时代的艺术家可以自由选择自己的“国家”，艺术家们在各自的精神领地追求精神生活的目标。

历史是人性化的，是人性开启了文明进程。艺术或许可以不必回答文化的根本问题，但它能够表现人性的形态，建构一种文化或时代精神在当下的审美样式。人性的复杂常常因我们思维的懒惰而被认知简化为善恶两面，时间在记载了黑暗与罪恶的同时，也会记载光明和美善，而艺术则把被简化为善恶两面的人性裁断，再度还原为丰富的呈现。

艺术如何说出自己的语言？有那样一些卓越者，一如天启般脱却既定范式，以一种新的品位胜出，去重新定义审美对象。

顾闳中创作的《韩熙载夜宴图》作为中国传统人物绘画的转型，却像是在完成谢赫的命题作文，是对“明劝诫，著升沉，千载寂寥，披图可鉴”的印证。中国传统著史有“左图右史”一说，以图示，载浮沉，序往昔，将逝于时间的寂寥以具有美学意味的绘画样式呈现出来，使历史获得感性直观的形式。所以，当人们评价顾闳中的《韩熙载夜宴图》时，注意力几乎都集中在了这幅画产生的历史背景以及再现历史场景的文献价值上，似乎这幅画的古董价值高于它的艺术价值。世人津津乐道的是因政治权谋而产生这幅画的历史故事，以及故事本身所呈现的公元十世纪前后上流社会的娱乐趣味。这幅画的构图的确给予了世俗的丰富想象，单就食色本性来说，是不必要苛求的，它是人的生活不可或缺的趣味基础，是世俗性里最值得尊重和提升的一项。

据《南唐书》记载，韩熙载出身北方望族，祖籍河南，为避战乱迁居河北昌黎，因唐宋八家之一的韩愈自称“郡望昌黎”，昌黎韩氏开始声名远播。说韩熙载出身北方望族也许由此而来。至少在唐朝后期，韩熙载这一支已然为官，祖父韩殷任侍御史，父亲韩光嗣任秘书少监、平卢观察支使，算个不大不小的官宦人家。韩熙载少年游学苦读，天资超迈，长成，才高博学，文章书画名震南北，尤其擅长碑碣铭文，制诰典雅，润笔甚多，其撰述有《韩熙载集》五卷，《格言》五卷，惜今不存，有诗五首收于《全唐诗》，一首为《全唐诗外编》补收，投奔江南时，上书《行止状》，收入《全唐文》。江左人称“韩夫子”，时人亦多视之为神仙中人。陆放翁说他“放荡不守名检”，应该是那种傲视名利、不拘俗礼的名流范儿，由内而外，自带一种奔放的自由气质。有顾闳中的神来之笔，才有夜宴图上韩熙载的逼人之气，韩亦因此画而扬名。

韩父为后唐诛杀，他渡淮，奔江南，侍奉南唐李家二主，中主李璟，后主李煜。李璟居东宫时，韩侍讲，李璟登基后，被重用。后主李煜时，出任中书舍人。其时，李煜之于北宋虽恭顺求和，但对“脱北”之臣又有所顾忌，韩苦闷之余，为自保起见，散家财，纵声色，专为夜饮，远离朝政。

据说，每月俸禄一发，他便分发给侍妾乐伎，自己没钱了，再向她们乞讨，实在讨不回来，就向李煜哭穷。原本他家财丰厚，据说求他一文，便要千金，可千金散尽不再来，后主无奈，也时常接济他。

李煜那根专制权力的神经本能地衰弱，想重用韩熙载又有所忌惮，不用又惜其才，犹疑之间便只好暂置他不问。《五代史补》卷五也有记载，韩熙载出仕江南，晚年不羁，家有女仆百人，每延请宾客，先令女仆出来相见，女仆与客人或嬉戏，或殴击追打，甚至争夺客人的官笏和官靴，各种玩闹，无不曲尽；然后韩熙载才缓步而出，并视之以为常。类似场景画卷中也有出现，如第二段画主盥手，群女与画主同榻而坐，这在北宋以前是不曾见过的。还有，连医卜星相三教九流等辈，每来亦无不升堂入室，与女仆女伎杂处无碍，甚至，侍妾外出寻欢，夜不归宿，他也装作没看见。结果声传朝野内外，沸沸扬扬。

有说，李煜虽怒，但因其大臣位尊而不愿当众直指其过，便想出“画之使其自愧”的办法；也有说后主好奇，欲知韩在樽俎灯烛间觥筹交错中的囧样儿，故命皇家画院的待诏顾闳中和周文矩夜探韩宅邸，完成君王对大臣的一个“批图明劝诫”的使命。

也许是一夜或数夜，顾闳中和周文矩混迹于韩宅夜宴中，默记场景，凭记忆画出。画成于公元 964 年，不出十年，南唐亡于北宋，李后主被宋太宗饮鸩。据说，后主观画，展出以劝韩，并警示众臣，韩看后，处之安然。后人有诗曰：“熙载真名士，风流追谢安。每留宾客饮，歌舞杂相欢。却有丹青士，灯前密细看。谁知筵上景，明日到金銮。”

顾闳中理解李煜的忧虑，也懂得韩熙载的苦闷，他要以艺术化解有可能流血的君臣冲突，用审美来拯救一场政治危机。他的做法是，将所见逐一默记，以绘画再现，终于应了自己的预期，其画受李煜赏识，化解了君臣猜忌，韩熙载因而得以善终。

他在绢本的经纬里，构思周致而又一波五折，叙事缜密却又不失趣味，使时间在画面上充满了饱满的动态感。尤为难能的是以绘画手段表达韩氏乐而不淫的士人分寸。韩每一次出现，都会给予画面一弛一张的节律，以一种美学的矜持，从容地表达了画者与画主各自的意志。五个场景，无论怎样声色繁复，画主一招一式，一个眼神，一个微笑，直到最后一个笔直的侧立，都会以内在的沉郁给出“著升沉，千载寂寥”而难以言喻的悲情呼应，在“披图可鉴”的“明劝诫”中，开显了王朝中政治生活的文化样式。

一幅横335.5厘米、纵28.7厘米的卷轴画，换算成我们比较熟悉的平面概念，就是大约三米多长，半米多宽，这样的尺幅，与《清明上河图》《千里江山图》等五到十米长的卷轴画相比，《韩熙载夜宴图》应该算是中卷，图为绢本设色，手卷形式。

宣纸出现以前，除了壁上作画，最好的绘画介质应该就是绢了，质本柔软，手感细腻，尺寸可大可小，胸中气象，洒落千丝万缕，透过纱支密，适度地表现在一匹绢的经纬上，然后，以手卷的样式呈现，既便利了纳于宽袍长袖携带，亦可悬挂，或于几案，缓缓延展，节节清赏，审美的欢愉在时间流逝中慢慢展开其空间形式……宣纸的出现，似乎回应了绢帛的呼唤，不但延续了丝绸介质的特性，且因廉价而更容易普及。唐以后，绢本和纸本并行，使得宋代绘画在更为广泛的普及中，矗立起中国绘画艺术的高峰。

人们欣赏“夜宴图”时的审美体验，有一种可笑的盲从，多半来自主流话语的灌输而陷入观念先行的沼泽，而非真正参与到艺术家苦心经营的艺术过程中。因为并非人人都可以通过绘画欣赏走进艺术家的心灵，那种高峰体验如徒手攀岩，抓住艺术语言的锋角，才不至于堕入平庸的险境。人在表达绝望抑或在绝望和希望之间的不确定时，仅靠哲学给出的语言思考总是力不从心的。关于韩熙载与李后主，以及关系到南唐一国存亡的政治博弈，文献基本流于政治险恶的记载，不及“夜宴图”给出的艺术图解来得震撼。以写实叙事为主题的工笔人物肖像，所谓神形兼备还不够，重要的是创作者对被创作的对象的内心和精神的关照，且所有构思都是围绕这一关照进行的，诸如虽是夜宴却不见狂欢的夸张，舞蹈以及各种肢体语言虽欢乐却含蓄有度，设色浓丽而不失典雅，风物、风貌以及人物的每一个细节都参与了叙事过程，画面上全力喷涌的是人性之于美的呈现以及人性在历史深处的千载寂寥。

艺术家的职业本能，促使他在下手创作之际，首先要投注对艺术本质的忠诚预期，然后便是遵循艺术语言的逻辑，完成对美的追求。在大自然的自在生成中，在人间杂芜的乱象里，去发现美的内在秩序及关系，提炼艺术关怀的对象，以人性对真与善的渴望，去创造美的形式，用美来自救，才是艺术的终极选项，艺术目的纯粹的嚆矢。

作为宫廷御用画家，顾闳中既有艺术的灵性，又有朝夕与权谋相处的政治敏感，否则他无法领会李煜的意图而完成主命，从艺术与权力之间拿捏的分寸感来看，还是艺术占了上风。看得出顾闳中正竭尽全力维护艺术的尊严以及人性孤独的尊严，画面上呈现出了美之于真善与人之于良知的惺惺相惜。韩熙载居高位，却不惜以自黑自污而自毁，“士人人格”是获得社会价值认可的通行证，是支撑中华精神的根骨，是中国传统文化绵延至今的脊梁，可这背后是何等强大的力量，使韩熙载宁愿自黑自污自毁其士人人格的形象？

李煜诛杀异己之惨烈，由此可见一斑。幸而李煜还不是那种有雄才大略动辄大开杀戒的野心家，而是一位具有艺术灵性的君王，前有长他十八岁的后蜀后主孟昶，后有宋徽宗赵佶，几乎不受制约的最高权力掌握在他们手里，那就高抬权力的贵手吧，如李煜对韩熙载以艺术的方式解决政治问题，似乎艺术的灵感在起作用。以其自黑自污的示众方式解决权力的心病，以现代人格之眼观之，虽然带有“诛心”这一道德绞杀的狰狞，但专制独裁权力在它形成的机制里就没有预留人格尊严和个体权利的价值维度，是艺术家顾闳中以涵容古今的胸襟和艺术的解决之道，在权力意志与艺术之间游刃有余地给出真善美的结局。

顾闳中看到了夜宴上豪华缤纷背后的苍凉，看到了韩熙载自黑自污自毁的辛酸和世态。既然韩熙载下决心非要通过自黑自污甚至不惜自毁人格来保存自己，那么，顾闳中便精心谋篇布局，和画上的那些配角一道配合韩熙载，进行一场精英人格的自我屠杀，以精湛的画技以及思想的逻辑展开了喧笑而不见泪水的悲剧，升华了艺术表达的极致。

当他审视着夜宴的每一个场景时，他看穿了韩熙载在歌舞声色中的脱俗与高傲，那喧闹的场景上演着上流社会夜宴繁华背后的千载寂寥，无论怎样逢场作戏，强颜欢笑，也掩不住偶尔上脸的孤独与寂寞。也许，这是画家内在的纯良和美的质地，要他扮演一个拯救者的角色，将他主观的期望投射到了他所要表达的对象上，开辟出救赎之道。

他的画取得了巨大成功，是因为在邪恶中远离邪恶，阻止了屠杀降临。他在宣喻当下的同时，也在告之未来，艺术的魅力，就在于它可以使那个时代的良心，在历史的阴影中不必死去，能离开政治而艺术地活下去，还能召唤良知，与良知对话，直到良知交出它的隐秘——良知与邪恶较量被置之死地而后在艺术里重生的一个成功案例。

不要忘记，当王权欲以各种手段摧毁个体的尊严，而迫使个体匍匐于它的脚下时，还有一种艺术的拯救；不要忘记，当持守尊严与活下去存在两难选择时，还有一种艺术中立的办法，那就是跳出“诛心”式的道德评价体系，回归人性的本质，回到人道的起点。

顾闳中是韩熙载的知己，人世的非议都被他收藏在这一点点打开的时间卷轴里，以审美融化并终结了那一场自污的游戏，在全图五个场景中，韩熙载高冷的游戏态度被他拿捏出士人的尊严及其矜持的分寸，于是，我们就有了“千载寂寥，披图可鉴”。

02

一场艺术与政治的夜宴

张大千在北京时，曾借居颐和园内，本打算买一处王府定居。碰巧，他从一位古玩商口中得知《韩熙载夜宴图》被北京玉池山房主人购藏，便很想从这位主人手里买下这幅画。对方索价500两黄金，张大千识得画的价值，决定暂缓购房，买下这幅画，还在画上加盖了一枚藏章："南北东西，只有相随无别离。"后来，这幅画又随大千先生到了香港，不久，又转到港人手中。

二十世纪五十年代，这幅画被故宫博物院收藏。徐邦达在故宫博物院鉴定过这幅画，在《古书画过眼要录·晋隋唐五代宋绘画》中，他指出《韩熙载夜宴图》有可能是"南宋院体"摹本，不过，他对此画评价颇高，还把它与北宋末年的《听琴图》以及《女孝经图》并举，说："屏障上有一些松石等画法接近南宋人，亦不是五代时人的风格。孙承泽称之为'南宋院中人笔'是很有见地的，我同意其说。""五代时人"，那是什么风格呢？应该是从唐人的"丰腴"向宋人的"瘦削"过渡吧，而松石草木也自有其枯寂蟠折虬曲的瘦透之内敛，至少《韩熙载夜宴图》里的女人已然弱柳扶风了。

五代绢本设色绘画虽为滥觞，然其水准实为两宋格范，诸如黄筌父子的花鸟画，荆浩、董源的山水画，还有顾闳中、周文矩的人物画，都被两宋画院奉为圭臬，成为两宋院体画的标准。南宋时，顾闳中版《韩熙载夜宴图》真迹落入权臣史弥远囊中，经元代班惟志手，至明末清初著名学者孙承泽、宋荦等，直到乾隆，从私家收藏转入清宫，并著录于《石渠宝笈初编》，1921年，溥仪从宫中转出变卖。此画流转千余年，向我们讲述了五代十国时期，发生在南唐国里“后主上位，猜忌老臣”的老掉了牙的故事，可偏偏作为诗人的李后主有了新的创意，他没派特务去刺探，而是派了画院待诏去画老臣韩熙载的日常起居。本来这应该成为艺术为政治服务的一个范例，结果却变成了艺术高于政治、拯救政治的奇迹，艺术家对美的忠诚，超过了对君主的忠心，通过不带政治偏见的审美，揭示人性与政治的矛盾。

为便于布局和观赏，《韩熙载夜宴图》三米多长的画面分为五段。具有分隔画面效果的屏风，又似连接每一个故事的桥段，在慢慢展开卷轴的时间里，拓展了空间的视野，画面上，人与人以及人与物之间的关系渐次明亮起来。工笔设色，色调圆润，涵容了笔锋，浓淡相宜而边界清晰却又不突兀的过渡，给出了视觉形式的舒适区域，渲染细腻的色彩语言，淡雅高贵中烘托出人物因身份不同而呈现的情绪甚至个性异趣，在各种对比关系中，一种内在的精神张力使他们各自进入角色，给急于窥探者展示他们对权力的无感，对声色的开心。自沉于欢乐中的每一个细节的描写，都在陪衬一个时代的风华，诸如衣冠文物礼制，樽俎灯烛，帐幔乐器，皆为考证其时代的审美意趣，提供了可资佐证的绘画语言。

第一段，声情。夜宴开始，众宾客听琵琶独奏。画面上有两件匡床，一面单屏，匡床围屏和单屏上面均绘有松石，浓淡枯润，高古俊伟。其时，流行在家具屏风上作画，将室内空间重隔之后，精神游弋如至旷达悠远，将自然苍秀浩渺收纳于盈尺，营造一个士人家居的空间。几案上，酒器、果盘、糕点盒、瓷器等一应俱全，尤其两件湖田窑青瓷温酒壶，不仅因其釉色玉润夺目，更由其凝聚了丰富的时代信息而引起历史之思的侧目。

雪夜围炉，温酒取暖，最早出现在绘画中，就是这幅《韩熙载夜宴图》了。据《东京梦华录》记载，京城风俗奢侈，凡酒店中，不问何人，仅两人对坐饮酒，亦须用注碗一副，盘盏两副，果菜碟各五片，水果碗三五只，皆用瓷器，费银近百两，更何况在韩熙载的夜宴上？主人必不吝购买时尚酒器茶具。顾闳中对此也不吝靡费笔墨，将几案上各款精品的款式耐心描摹，一一呈现，画面上自言自语的角色，既不喧宾夺主，又礼致周全。

当帷幔拉开之后，政治权术的使命再也掩抑不住艺术家的灵性，在奢华布景预热之后，画家的意志若离弦之箭，立刻射入审美领地。一女伎端坐屏前，蓝袍、白裙、高髻，手拨曲项琵琶，七男五女布局紧密，错落有序，凝神于琵琶女。画面是有声的，传递着琵琶的美妙音质及其旋律，浸润了所有人的耳朵，将心灵的视线凝眸于这一美的象征上。韩戴高帽，正襟端坐在床榻上的最佳位置；其上方身着红衣盘坐的，是二十多岁的状元郎粲，身形不自觉早已前倾；琵琶女身边侧身侧耳倾听的坐者留着三绺清髯，据说是琵琶女兄长教坊副使李佳明；李佳明身后的那位淡蓝紧衣女子可能是王屋山，由徐邦达先生据第二段舞者推知而来；两位端坐者应该是太常博士陈致庸和中书郎朱铣，都是有名望的高官；另两位站立的年轻人，有一位想必是韩熙载的门生舒雅；而立在韩熙载身边的应该是他的宠妓弱兰。

第二段，观舞。韩熙载脱了清灰外衣，高冕，葛麻外衫衬白袍，自击羯鼓为舞娘伴奏，家伎王屋山跳六幺舞正酣。该舞又被称作“绿腰舞”，曾经是唐代宫廷与上流社会最为流行的软舞，与唐代男子“健舞”正相反，此为女子独舞，因长袖漫卷，延展了空间的张力；节奏舒缓，先慢后快，营造并赋予时间的形式美。大概，这便是古人所说“以手袖为容，踏足为节”。王屋山舞姿优美柔婉，蛮腰迤逦含蓄，踏足劲道，轻盈飘逸。《全唐诗》有一首李群玉的《长沙九日登东楼观舞》，诗中这样写舞姿：“慢态不能穷，繁姿曲向终。低回莲破浪，凌乱雪萦风。坠珥时流盼，修裾欲溯空。唯愁捉不住，飞去逐惊鸿。”

一人牙板，两人鼓掌，主人亲自击鼓，舞娘踏足为节，节奏如莲叶滚浪，似乱雪萦风，扑面而来。却有两朵愁云，静悄悄伏在两人脸上，一动一静，一明一暗。动的或明的，是主人击鼓，即便王屋山舞姿入魂，但那矮小的背影也无法承受画面的倾斜之重，似在主人的眉宇间。画面重心偏向主人，为此，还以红羯鼓、红衣状元郎粲烘托，只要将目光从聚焦的红色向上一挑，就会为主人紧锁的眉头所震动。其实，他并不开心，混迹于声色，万不得已。与王权周旋，与权谋捉迷藏，那一点儿眉愁，已是他的最后一点儿尊严。画家点睛之笔点到那眉头上，那是“唯愁捉不住，飞去逐惊鸿”的一撇。

暗的，其实也不暗，既然是观舞，整个现场就必然聚焦于王屋山的舞姿，其中设一暗笔，就在眼神绕不过去的焦点上，当视线从主人的眉宇间向舞娘游移时，必定经过击掌和打牙板的两位年轻人，而就在打牙板人的身后，有一位在场者，全场唯有他，目光不在绿腰舞姿，隐于光线暗处，眼帘低垂，双手握胸前，做“叉手礼”，以窘态呼应主人眉宇，那双手叉合的手势，便是宋僧致礼的手语。画家让德明和尚立在暗处，袍服不着色，但特别着意了线条，以便给予僧衲特殊的立体感，意在以宽大而非色彩突出他的空间张力。德明和尚被安排在画面正上方，整个画面给人的第一观感，就是他这个眼神有别于所有目光的人，其眼微闭，给夜宴平添了些许不和谐的暗调，以凝重平衡了画面的轻浮。

从第一段到第二段，从听曲到观舞，从耳朵的立场到视觉的观点，画家有预谋，但谨慎地一层层引导观者，在渐次展开的审美体验中，他逐步淡化了权力参与带来的笔下的紧张感。就这样，我们开始进入以主人洗手与众女侍谈笑为主题的夜宴第三段。

第三段，沐手。夜深了，宾客散去，画家还在讲述一男七女的自家故事，没忘在细节上留点风趣之笔。反正他将画面定格在沐手的瞬间，其实是故意拉长时间，带出迟缓的笔意。主人稳坐床沿，似与舞娘说笑，却不失端庄，另有诸女子同榻而坐，各自说笑，不太拘礼，又有女侍数人，一女侍肩擎曲项琵琶，逗趣十足，另有一矮小女侍送饮具，榻旁一黑几，几旁，一笔直立的烛台，有一种凛然简洁风，这一切都是铺垫，在为沐手的迟缓动作经营轻松的氛围。在此，画家让我们看到了主人进退自如的淡定，毕竟专制权力治下的中国士大夫精英们积累了丰富的韬光养晦的经验，能够在权力旋涡中平安着陆，只有高手过招的政治游戏才会有如此平静的审美呈现，尽管背后的每个人都走在激流险滩上。

第四段，竹管飘着笛音，五女清吹，一男子背依大屏，按牙板节拍，大屏另一侧，一对男女正隔屏私语。主人兴酣，脱了罩衣，只剩下一件贴身白衫，坦腹高坐，执扇轻摇，同身旁侍女谈笑。夜宴就要结束了，曲终人散，天下哪有不散的宴席呐？

第五段，欢宴的人们在用自己的方式告别，主人重新罩上褐色外衣，一手倒握双鼓槌，似乎击鼓方停，几番喘息，才淡定下来，另一只手立掌礼别。看起来，敲鼓并不轻松，在茂密的阴谋丛林里，在权力意志的十面埋伏中，那述怀言志的鼓槌，沉浸在汗津津的斗智斗勇的纠缠间隙，主人侧身的高大形象——清流之姿，士人风骨，耸立起来，似乎无视前后两组矮到视线以下的缠绵告别，即便在夜宴欢乐场，韩熙载依旧不失士人品格。

顾闳中再现夜宴场景，一共描绘了四十六个人，女子二十一人，男子二十五人，其中，多人重复出现，被他安排在一场惊心动魄的叙事中，一见此画，后主李煜也就释然了。

他懂得，人的尊严是一个士人活下去的底线，他尽量不去触碰那底线，连正面的呵斥都没有，只是派个画家去看看，只要不是政敌，画一幅画去劝劝他也就算了。

从开场到终场，韩熙载都头戴一顶黑色高帽，那是他独立人格的标志。夜宴上，无论肃立，还是端坐，抑或坦腹盥手，或者击鼓伴舞，他都戴着那顶黑色的帽子。他为什么要戴顶黑帽子？难道他尚“黑”？也许他在内心深处，是个崇尚大禹的墨者？

戴着那样的帽子，活动于声色场所，显然不合时宜，形似轻佻，神却沉郁，同那红男绿女场合，其实貌合神离，而那顶黑色高帽，就是他“神离”的标志，宣告他在风月场中的独立。这道具的真趣，就是他在无法掌控命运也无法不低头时的人格独立。

所以，那鼓槌最宜于他，他用持续不断的击打，使舞蹈变得激越，舞姿更加奔放，将他内心的鼙鼓之气和凌云之志都打出来，将鼓点都敲在他的心头上——当，当，当！就如同命运在敲门，哪里还听得见什么浅斟低唱？世无英雄，伤心人别有怀抱！

混迹于红颜堆里，内心如发酒狂，忽而荒诞，忽而庄严，忽而幻灭，忽而真诚，忽而酸楚，忽而欢快，忽而冷峻，忽而温情……那是自黑而又心有不甘的幽默。

泪点与笑点从顾闳中笔下优雅地流淌出来。五段叙事里每一位在场者的内心都如飞瀑落崖，百转千回，险境跌宕，但那顶戴在主人头上的黑高帽却屹立不动，这就是士人的操守。高耸的黑帽子是个象征，标志着士人的精神高度，无论如何，韩熙载和顾闳中都要把它戴在头上，不落亦不能歪斜，有子路“结缨”之悲壮，在不离不弃的对黑高帽子的坚持中，尊严获得超拔，至此可见韩熙载的底线，亦见顾闳中之“绝笔”。北宋人陶谷在《清异录》笔记里，提到韩熙载自制轻纱帽，人称作“韩君轻格”，时人也多有仿效，《韩熙载夜宴图》上，韩氏所戴那顶黑色高纱帽，应当就是当时所谓“韩君轻格”了。

“韩君轻格”一度在士人中流行，从五代流行到北宋，虽称“轻格”，实则重如泰山，此体可污，此容可辱，唯此头颅，不动如山，当年韩君投奔南唐，就颇有“英雄进当铺，用头颅作抵押”的气概。画中他头戴黑色高帽，手拿一对鼓槌，看得出他初心未泯，以鼓鸣志，豪气犹在。然而，流行的格调总是避重就轻，在流行中，轻纱的玲珑取代了头颅的沉重，示以“轻格”，忘却“重范”。画面上，韩屡次更衣，但这顶帽子一直戴在头上，无论帽子下面那张面容的表情如何变幻，不管全场的宴乐有多纷繁，它始终不为声色所动。在顾闳中笔下，他脱到最后一件衣服，甚至坦腹、摇扇驱热纳凉，也不肯摘下那顶黑色高帽。那帽子是他的设计，他的风格，他的风骨，他的精神寄托。即便襟袍被权力意志剥光，只要头在，帽子就必须戴在头上，还要端端正正地戴着——“君子死，冠不免”。

还有一个不可忽略的细节，便是可与“韩君轻格”对称的“顾君轻格”。顾闳中在那顶高帽子下面的下巴上，细细勾染着韩熙载的胡须，每一丝都显示着他对美的耐心，每一丝都承载了他的使命。胡须在五个场景里屡屡出现，是甚于他对衣皱、裙裾、发髻、床帐、帷幔等更为细腻明晰的描摹，因为它承担了与黑色高帽同样的衬托使命。于是，他的大笔便在细节中沉潜，悄然抒发着炫技炫格炫幽默的艺术笔触，书写生命在艺术里的自由状态，可细腻流畅，可蓬松飘逸，使会心的观者在啧啧赞叹中，恍然认出这就是传说中的“美髯”——士人胡须的格范。政治风云在面部表情上显示着变幻的不确定，而胡须始终分明缕析地体现着淡定的士格底线；无论悲喜都以美的呈现，与韩熙载一同开启了一场命运的格式。

《韩熙载夜宴图》卷（宋摹本，局部），（南唐）顾闳中绘，绢本，设色，故宫博物院藏

《韩熙载夜宴图》卷，横 335.5 厘米，纵 28.7 厘米，南唐待诏顾闳中作绘。有人说，如果可以穿越时光隧道，回到古代的某个片段生活，那么最应该选择的就是宋代。因为当时物质富足、艺术繁荣、社会生活丰富多彩。事实上，宋代的这些为后世人们向往的风貌在南唐已现雏形。南唐和宋朝相仿，一方面是国势日危，不断地丧失土地，另一方面却是歌舞升平。所以，如果不必担忧那日益逼近的中原军队的脚步，那么南唐会是一个最适宜生活的时代。顾闳中的画主韩熙载就由北方迁来，投奔这块宜居的土地。

三　中国山水精神的构造

01

一个人的文艺复兴

有宋一代，艺术上最闪耀的便是中国山水画的兴起。尤其水墨山水的兴起，成为宋代中国文艺复兴的标志。

欧洲文艺复兴从十四世纪到十七世纪，历时三百多年，在回归古典的希腊人文传统中，开始文艺复兴运动，完成了整个西方世界向近代社会的转型。放到人类文明史上来看，东西方不约而同，前后相随。或回归自然，或回归古典，各自的起点皆始于绘画。

意大利人是幸运的，只要他们回一下头，眼界就立在了文明的高处，直接从曾孕育他们生长的古典时期的丰厚遗产中，汲取文艺复兴的思想资源。

回归自然是中国文化的宿命，也是自由的第一个出口。山水画作了这个出口的标志，成为耕读社会理想国的图示。

王朝中国有两次盛世崩盘，一次是汉，一次是唐，一旦王朝不行，国人就到文化的江山去，中国因而更新了发展空间，就会有相应的自由的款式出现。汉以后，三国纷争，五胡乱华，而晋人却“人与山川相映发”，有了新的山水诗；唐以来，历经五代十国，王朝更迭，不变的是江山，因而又产生了文化江山新样式——山水画。

王朝的江山靠不住，还有文化的江山可去，所谓回归自然，其实就是回到文化中国的自然形态——文化的江山里去。如果说率先跑到山头上去写诗的谢灵运，成了中国山水诗的第一人，大约过了五百年之后，又有一人接踵文学和思想的山水路径，再一次开始了进山运动，他就是荆浩，在山水画里建构了中国士人的山水精神。

公元十世纪，艺术的独立之精神在中国的绘画里萌芽了。走进山水画才发现，我们迈进了一个伟大时代的门槛。

荆浩，五代后梁人士，博通经史，曾于唐末做过一任小官，入梁后，仕途多舛，又加以战乱，他没有皇家画院可去，就往山林去，或曰回归自然。他一个人走进大山里，像老和尚那样，“独坐大雄峰”。

这时候，你不追求自由，自由也会向你逼来，因为除了拿自由来证明自己的存在——自由故我在，其他一切都消失了，最起码暂时消失了，你已经“一无所有”，没有了社会化身份，也不再成为体制性符号，你就是个体——你自己。

谁敢对自己做这样的“断舍离”？荆浩就这样放逐了自己。他以自然山川为镜子来认识自己，他从自我意识里发现了“自我的江山”，他要将“自我的江山”表现出来，变成一座属于他自己的“文化的江山”，变成独立人格的理想国。

以这种独立的方式认知自然，在中国艺术史上他是第一位。他在大山里，完全摆脱了体制化的评价体系，舍离了熟悉的生存环境，在自然山川与自我意识的互动中，他开始了一个人的观念转型和一个人的文艺复兴。

他隐于晋豫太行王屋之间黄河洛水之北的开封林县，唐称林虑县。《林泉高致》曰：“太行枕华夏而面目者林虑。”林虑是太行山的脸面。

太行山脉在此地绵延近百公里，号称“林虑山”，其中一段近南称“洪谷山”，荆浩便在此躬耕。《笔记法》开篇，他便自我介绍道：“太行山有洪谷，其间数亩之田，吾尝耕而食之。”作为独立者，他不食官家，然此地距开封不远，故亦时有“润笔”贴补。

有了经济自由，我们可以为荆浩过一种有尊严的生活放心了。他一个人进山去，带着他的画笔，有点像那位美国人梭罗。当年，那位梭罗先生为了远离“社会关系的总和”，只带了一把斧子，便独自走进森林，于林中湖畔筑屋而居，他要回到自然状态，重新认识他自己。荆浩也如此，你可以说他进山趋避乱世，也可以说他进山是为了认识他自己。梭罗是作家，留下一本《瓦尔登湖》成为全人类的读物，荆浩是画家，开启了中国山水画对人性的救赎。

两人一前一后，相隔已有千年，一中一西，相距何止万里。看荆浩的山水画，读梭罗的《瓦尔登湖》，发现《瓦尔登湖》才是对中国山水画最好的解读，两个完全不同的个体竟然如此相似，荆浩可以说是梭罗的先驱。他们相似，是因为他们都是自己给自己定义的个体，当这样一个纯粹的个体来临时，就像梭罗在《瓦尔登湖》里给自己的定义一样——我是我自己的国王。

唯其孤独，所以原始，唯其原始，所以创造，过去不复存在，那就创造未来。太行山之于荆浩，就如同瓦尔登湖之于梭罗，虽说古今各异，地域不同，但只要回归自然，回到个体，重现个体生命的孤独原点和寂寞本色，他们就不仅在个体性和原始性上相通，还能在人类性和未来性上相会。唯其个体，才属于人类；唯其原始，才直抵未来。

《瓦尔登湖》是梭罗为自我立言，表现了他的文化个体性。荆浩的山水画，也是为自我立言的，也是他文化个体性的开显。

有人说，荆浩未参与到社会变革中去，这是对社会变革的误解。在齐家、治国、平天下的语境里，荆浩的回归可以说是出世。以出世和入世来划分人的类型，便是用了两条标准，一条是儒家政治伦理化标准，还有一条是史官文化的标准，用这两条标准来衡量，三教之中，释、老都是出世的，唯有儒教入世。这样划分当然是出自王朝政治需要，与文明的进程没有关系。一切政治，尤其是王朝政治，都希望能解决所有问题，但它实际上能解决的问题很有限，它在尽可能地扩张其能域的同时，也为其所能统辖的范围划了一个尽可能大的圈，圈内的是入世，圈外的便是出世。

那么“圈”是怎样的呢？“五服”是个“圈”，那是个体国经野的“圈”；“六合”是个“圈”，那是个宇宙意识的“圈”，庄子说“六合之外，圣人存而不论”，那“六合”就是宇宙，“四方上下曰宇，古往今来曰宙”，这“四方上下”的空间加上“古往今来”的时间就构成了“六合”；还有一个“圈”，从正心、诚意、修身到齐家、治国、平天下，是“内圣外王”的“圈”，在这些个“圈”里面，就叫作“入世”，出了这些个“圈”，当然也就是“出世”了。还有人将出世与入世合起来，做成“儒道互补”的“圈”和“三教合一”的“圈”，总之，你不入这个“圈”，就入那个“圈”，你“无逃于天地之间”。

可总有一些人不喜欢圈圈，他们的自由意志谁也圈不住。《庄子》开篇就是“逍遥游”，“四方上下”它嫌小，“古往今来”它不去，它的去处，天地未分，无古无今，是个混沌，可那些圈子里的人却不把它当真，只当作寓言和神话来看。起初，有的人也是不自觉地待在那些圈子里，但他们的独立人格圈不住，于是乎“归去来兮”，自己给自己立一个圈，我们就看到了陶渊明的“桃花源”。

陶渊明在山水之间终于找到了自己的精神家园，荆浩也在山水之间发现了自我的江山，他也要给自己立一个圈，那就是山水画了。这世上真正伟大的人，便是那些自己给自己画圈的人，没有什么社会变革比自己给自己画圈更为深刻。

到如今，六朝已非，“桃花源”却理想依旧，唐宋虽然不再，但山水画气韵犹在，他们自己也没有想到，本来给自己画的那个圈圈，居然影响并改变着世界。

山水画不关心政治，将乱世甩得很远，它为众生提供一点诗意，提示一个远方，只想告诉人们在那圈子外的山水之间，还可以诗意地栖居，在柏拉图那里，它被称为“理想国”，到了我们这里，就叫作“文化的江山”，而山水画便是荆浩自我的江山。

从《宣和画谱》可知，宋人见到荆浩的作品至少有二十二幅。宋人对荆浩的山水画有一个很高的评价，叫作“全景山水”。

“全景”是指山水画中景物之全，有山有水，有草有木，有花有鸟，有溪有瀑，有云有路，有四季变化，还有渔樵耕读，如此山居，便是个天人去处。

一个“全”字还另有一番意味，它意味着要能在经济上自给自足，虽然只是底线，但它决定了人的诗意栖居的基本面，这便是要求着自然山川的“全”。

但这还不够，因为，仅仅为了满足日常所需的物质上的“全”，就不一定要回归自然，那是“苟全性命于乱世”也能得到的“全”，所以，“全”还另有其精神的一面，除了物质上要“自给自足”，精神上也要“自由自在”，此二者加起来才是“全”。

与主体相对应的，还有客体的一面，对应于物质便是自然山川，对应于精神则是文化的江山，这样就有了客体性的“全”。将客体性的“全”与主体性的“全”统一起来，就形成了“大全”。对于“全景山水”，我们可以从这样的“大全”上来参观。

山水画独立，从荆浩开始，从王朝的不确定性里，他发现江山永恒，在王权流离中，他拥有了自己的精神家园，没有宗教信仰的天堂可去，那就到文化的江山里去。而山水画就是他赋予的文化样式，是与其独立人格相应的独立形态。

从荆浩开始，中国画界风向为之一转，绘画语境从传统人物画的宣教意识，转向山水画的精神风景。此前的山水不过是人物的陪衬和背景，如今人物谦卑为山水的点缀。一个人的观念转型，本来是他给自己画的一个圈，结果却引来了无数追随的人，有人跟他一样，也进山去了，去体验“全景山水”，但更多人待在家里，挂一轴山水画，或展开一幅长卷，神游其间，因而有了山水收藏热，要把文化的江山带回家——自有一个“家天下”，故郭熙《林泉高致》曰：“山水有可行者，有可望者，有可游者，有可居者。”

这一变化带来价值观的振荡，导致主流文化分野，士大夫游离其间，多了一重选择，虽养成朝野双重性格——儒家庙堂君臣文化与江湖野逸庄禅文化二重性，但毕竟为自觉或失意的文人提供了一个选择自我的“意义合法性”空间，给出了一个内在自由反刍的路径——艺术的与自然的，在山水画的形式里，为独立人格保留了一块审美的方寸。

可当审美忘情于山水，且满足于从山水中领略自由时，往往就会忽视自由的社会属性及其政治权利，使理想国的沃土流失为个体人格的荒漠，留下了审美后遗症。

据荆浩自述，某日，他攀山入云时，迎面见一大岩似扉。行于露水苔径，透过“怪石祥烟”，眼前便是一片古松林。林中，古松争奇，树皮苍老，藓斑若鳞翔，蟠虬似御风，难伸展者，便抱节自屈，迥根出土，偃仰断流，挂岸盘溪，披苔裂石……婉转着各自的生命姿态。荆浩为之惊愕，运笔写生，“凡数万本，方如其真”。“本”指树，当以“棵”计，“真”指松姿隐约显示的内在性，他要把这内在性的“真”写出来。从此，他便褪尽那种“作画只为取其华美”，只求相似而不求“真”的浮华，摒弃“画者，华也”的积习，回到“画者，画也”的本真上来。艺术就是艺术的事，要为艺术而艺术。

但人性并不排斥华丽，艺术就得呈现真实的华丽，若华丽非真，就要穿透“华”表，直抵本真，去“写真”——“物之华，取其华。物之实，取其实”。

可“写真”又有外表的真和内在的真，都能写出来那便是“全真”。然，“图真不可及也”，故曰“苟似可也”。“似”，即外表的真，可用写生来表现，而内在的真，须以“写意”来表达。将写生的真和写意的真相结合，才能达到“全真”。

由此看来，他画山水不仅是“全景山水”，还是“全真山水”。

那时写意画尚未出现，对于写意的追求也多半停留在“画中有诗”的层面，还是诗意向画面的延伸，没有作为一个画派、一种画风出现，但这种写意的趋势，已包含在了荆浩的写真里。写真对于写意和写生来说是一种更高的追求，可惜后世绘画的路走偏了，或走写意一路，走到文人画那里去了，或走写生一路，进入院画之中。各走一路，均非写真，而是求似，写意求神似，写生求形似，这在荆浩看来，都属于“若不知术，苟似可也”之流，而写真者，既要形似，亦要神似，既要写出自然的真，也要写出自我的真，要写出自然与自我天人合一的真，这样的真，便是如荆浩所说的，“真者，气质俱盛”。

气，在中国哲学里具有宇宙观和本体论的意义，天地一气也，万物一气也，气为物之本原，聚而物生，散则物亡。以此为据，人类的审美活动就不能停留在物的形象上，应当深入到气的宇宙观和本体论里去，所以，谢赫六法首推“气韵生动”。

而荆浩则提出了“气质俱盛”一说。“气韵”和“气质”不同，“气韵”表达意境，颇有神似意味，“气质”追求真理，要深入到事物的本质里。何以见得？气为物质本体，因形见气，故得其真——本体，但真不能以“气韵”呈现作氤氲状，必以“质”的规定性——“理”来显示，所以“气质”说是以审美追求真理。这里，特别强调了“审美意义上的真”，是要与哲学意义上的“真相”与“真理”有所区分，荆浩所谓“气质”，虽兼具“真相”与“真理”的属性，但还是被局限于绘画一隅。

“思”是荆浩《笔法记》中关于山水画创作的“六要”之一要。我思故我在！这句西哲名言对于荆浩来说，有着别样的意义。那意义就是审美，以审美重启“我思”，在审美活动中认识自己。

《五代名画补遗》载荆浩《山水诀》一卷，与《唐书·艺文志》载《笔法记》当为同篇，篇中所论“六要”“四势”，完整地保留了荆浩有关山水画的创作思想。

在绘画理论上，荆浩“六要”与谢赫“六法”有得一比，两者都讲气韵笔墨，但荆浩“六要”——“气、韵、思、景、笔、墨”之中有“思”，使他超越谢赫。但荆浩对此未能自觉，仍以“气韵”为首，以“六要”因循“六法”，“气质”让位于“气韵”。

在绘画的形式上，他没用长卷以时间换空间，而以立轴自上而下开启山川。《笔法记》提到，尖峰、平顶、圆峦、连岭、穴岫、峻壁、崖岩等，是为山之根骨；而“路通山中曰谷，不通曰峪，峪中有水曰溪，山夹水曰涧”，则给出了路与水的定义。水是大山的血脉，滋养山体万物的母源，从飞瀑呼啸到溪流潺潺，它变幻着，是大山的节奏，无论阳刚之气，还是阴柔之魅，都是大山之美。其运思则如搬运，追随山中审美的脚步，将山的姿态、山的结构和山的要素都搬到一个全新的画面中去。

“思”是存在者存在的反映，它提醒你，你的存在是因为“思”。荆浩之“思”，因其具有行动力的理性“气质”而成为“全景山水”和“全真山水”的灵魂，“思”表现为一种审美能力，为“全景山水”和“全真山水”的出场做好形而上的准备，让“思”为自我立言，为审美立宪，但“思”却未能成为中国绘画的主流，还是“气韵”优先。

荆浩对中国山水画的另一大贡献，是率先运用“水墨法”。《匡庐图》是第一幅被称作“水墨画”的山水画，叫“绢本水墨”。不过，《匡庐图》所显示的墨法已相当圆熟，而《钟离权访道图》则带有开创期的生长气象。此前，画人物、花鸟多以线条，也有水墨探索，但未成气候。仅用线条似乎难以表现山水“气韵生动”，荆浩画山水，先以线条确定山体形状，再用侧锋皴擦，形成小斧劈皴，最后用水墨渲染，以墨法兼容笔法，便是荆浩水墨江山的突破。

用水调制浅墨，可以晕染高远的山水景致，烟霞朦胧，云雾缭绕，山脊若隐若现，皆为淡墨花开；浓墨则表现眼前景物或渊壑，为画面皴染出有凹凸感的肌理层次。墨色原本单纯，却因水的参与而分化，形成了一个自由化的水墨空间，深浅浓淡，渐次展开，不断转化，在高远、深远和平远的视野和架构中，墨分五彩，自成一新世界。忽而淡远，忽而浓近，忽而光芒，忽而阴沉，在“我思”的指挥棒下，生成了墨韵的节奏，以墨韵之舞开启山水画的“写真”。还有什么比纯粹的黑色被水包容所生成的画面更适合于中国的大自然呢？尤其在经纬纵横的绢帛上，特别是本草式宣纸出现后，水墨就更普及了。

“水墨”打开了山水画的众妙之门，从表现形式和技法来看，荆浩解决了如何表现空间形式感的问题。《图画见闻志》《宣和画谱》都提到了荆浩对唐人滥觞期的水墨画技的批评，诸如李思训“大亏墨彩”“吴道子画有笔而无墨，项容有墨而无笔”。对于“吴带当风”，荆浩颇恨其无墨，线条再飘逸也不会起波澜，用笔越流畅就越难蓄幽妙；而天台处士项容则因过于宠墨，致使“棱角无足追”，“用笔全无其骨”。但荆浩能见吴道子笔下“骨气自高”，项容用墨放逸，“不失真元气象”，故“吾当采二子之所长，成一家之体”。

这便是荆浩之于笔墨，如草叶山花，如飞瀑戏水，至细腻处，笔下精神一丝也亏不得；而天远山石，云霞雾雨，则皴擦泼墨带出的自由底蕴，来不得半点凝滞。

据说，荆浩师承唐代张璪的“破墨法”，而张璪又传王维的水墨理念。荆浩评价其师说：“气韵俱盛，笔墨积微。真思卓然，不贵五彩，旷古绝今，未之有也。”

中国传统绘画中的“五彩”是指矿物颜料青、白、黑、红、黄五种，就画面本身来看，皆以矿物五色“随类赋彩”填充。正像荆浩所说，“随类赋彩，自古有能，如水晕墨章，兴吾唐代”，自王维、张璪便开始在墨色中寻找突破，超越线描与矿料“随类赋彩”的局限，到荆浩终于找到了墨色自身所蕴含的浓淡，最适于表达大自然的不确定，所谓“雾云烟霭，轻重有时，势或因风，象皆不定”，这些都能在水墨中得到充分的反映。

线描不仅难以描绘山水间的不确定，还为“五彩”设色了各自的边界。唯有水墨可以一色晕染万千，岂止墨分“五彩”？此五彩，也许来自对上述五种矿物颜料的对应，纸帛上水墨的层次感无限可分。这一便利，来自对黑色的恪守——黑色是表达光明的前提。墨色由浓而淡是对光的渐次让步，对透明的宽容吸纳。就这样，水墨在黑白过渡地带的自由度足够光的徜徉，而远近、高低、雾霭、光芒等，都需要水墨才能尽兴。而水墨漫染出黑白交融后的灰色调，丰富并平衡了各种理想元素的孤立，将它们统摄在一个空间里，使一幅山水画面不再是孤立的、不同样态的集合，而是完整的境界，这要归功于墨法的表现，在水的配合下，墨统帅了全局。的确，没有水墨的方法，就没有中国山水画。

突破线描，皴法成为水墨写实技巧，宜于表现山石之顽涩、树木之枯荒、大地之皴裂、江河之缓急等大自然的肌理感，荆浩所用皴法如斧劈、锤捣、云卷，雨泼、雪乱、披麻、旋涡等并不固定，他在尝试多种“写真”后，确认斧劈皴最宜表达北方山水。

荆浩将“墨”置于“六要”最后，促成山水画最终完成。黑色是宇宙之色，是大地之色，是大自然的底色，最具包容胸怀，揽山怀水，表达光明，不弃一草一木，在中国的水墨山水里得到了充分的展示，借助大地之色无中生有，一层一层分水涟漪，涵容大自然风云变幻的不确定，隐藏神秘的美感，在水天一色、山水连天中得大自由矣。荆浩作为开山者，开拓了一个时代的审美领地。他喜欢大量使用笔墨兼具的各种皴法，来讲解山水空间的每一个细节的美好，用水墨宣喻大山的丰饶，以水墨泼染，带来一场美学的拯救。

《匡庐图》轴，（北梁）荆浩绘，绢本，水墨，台北故宫博物院藏

《匡庐图》立轴，纵185.8厘米，横106.8厘米，右上角有“荆浩真迹神品”题款，据说出自宋高宗赵构之手，并附有南宋内府宝印，为鉴定者第一依据；还有元人韩屿以及书画大家柯九思的题诗，柯九思在元内府负责鉴定书画，属于五品官阶。他的题诗：“岚渍晴薰滴翠浓，苍松绝壁影重重。瀑流飞下三千尺，写出庐山五老峰。”应该是第一个提出此图为庐山五老峰的人。有限的文字资料中，没有记载荆浩去过庐山。事实上，他的大部分生涯都是在太行山中写生中。他在那里过着一种耕画隐居的生活。荆浩开启了中国水墨山水画，也是第一位脱离体制、谋求独立的职业画家。

散乐图彩绘石雕，后梁，高 82 厘米，河北省曲阳县灵山王处直墓出土，河北省文物研究所藏

散乐图彩绘石雕

据考古发掘，在河北曲阳灵山发现了一座后梁大墓，墓室有彩绘、彩绘石浮雕，墓主为王处直。王处直是后梁藩镇割据的大将，后梁德龙三年（公元 923 年），王处直被养子王都所杀，下葬他生前为自己修建的坟墓，虽然还未能完工但足够奢华。这件“散乐图彩绘石雕”仍沿袭了唐朝风格，侍女们皆关闭了心灵的窗口，整个气氛阴沉、僵硬，似乎预示了旧的一切将要死去，与新生的后梁山水画以及五代时期南方的人物画形成鲜明差异，一方死，一方生。

02

中国山水画的审美救赎

一个浩瀚的灵魂，有如山水长卷，可以拉长至无限……

董源为南唐画院待诏时，主要活动在南唐中主李璟年间。中主李璟文武皆能，对外用兵，后庭谈诗，指点江山，把个南唐小朝廷经营得云起风生。后主李煜即位第二年，董源就去世了，其与后主不知缘深缘浅。

董源在江南生计优渥，加以兼任北苑副使，管理皇家茶苑，一碗喝下去，连精神都能生出清风来，所以，绘画之余，又添了一份春天的风雅——吃茶。

但凡产好茶的地方，都有一片好山水。他一边吃茶去，一边寻山问水，这在乱世便显得弥足珍贵，他与春天一期一会，与江山一期一会，明年江山属谁？

赶紧把春天的气息带回家，把好山好水带回家，画画吧！他善画人物禽鸟瑞兽，那是宫廷画师的看家活儿，可他更想把与他一期一会的江山画出来。于是，他师法荆浩，开始钻研水墨山水，其灵感来自艺术家对艺术独有的敏感，对新事物的喜悦，这敦促他不仅超越了以往人物花鸟画，而且助他成为与荆浩齐名，又别具开山的山水画家。

《潇湘图》是他的代表作，是中国山水画的“南派”开山。卷裱有董其昌题跋，讲述董与此图的奇遇。《宣和画谱》录董作计有七十八幅，多在南宋离乱中失去，《潇湘图》在三百多年后，重现于董其昌之手，虽已落得半截残躯，毕竟还是回归。

十六世纪的某个夏日，董其昌在长安偶遇此图，卷上有文三桥题“董北苑”三字。文三桥是文徵明长子，又名文彭。待董其昌慢慢展开看时，图虽仅存一半，但还是让他想起了《宣和画谱》所载的《潇湘图》，他开始在记忆里搜索一年前“持节长沙”，途行潇湘道中的片段，“蒹葭渔网，汀洲丛木，茅庵樵径，晴峦远堤”，竟然“一一如图”。

一般来说，确认审美经验里的真山水，除了自然山川的真，还有自我意识的真，更有将它们合成的真，以及能化合的真人——北有荆浩，南有董源，还得有鉴真人。

董其昌就是这样一位鉴真人，六百年后，仅有半截残卷到他手上，他依然觉察了画中山水的真。他曾在潇湘一带身临其境，故一眼所见，就认出是《潇湘图》。

除了山水的真，还有笔墨的真，因为山水的真仅能确认《潇湘图》中的“潇湘”二字，还不能确认这卷《潇湘图》就是董源所画，只知道董源画过《潇湘图》是不够的，还必须对画面本身进行考证。董其昌之考证，不仅通过文献索引，更有其笔墨体认。

董其昌临摹过董源的作品，对其画之精微，尤能神会。对《潇湘图》的考证，他用了两重证据法，一重是还原山水的真，二重是体认画面的真，此举尤为得体。

因为写真时代的山水画属于原创时期，荆浩与董源，一北一南，无师门能师承，无摹本可临摹，唯有师法自然，写真山水。荆浩在北方太行山中，以高山为主体，故多写立轴，而董源人在江南，起居于江湖之间，故以水为主，多画长卷。自二子之后，山水一脉，始开师门，且立师法，其门下也多有师承，荆、董巨作，后世多以临摹传承。

写真为荆、董本色，即便如荆浩建构理想山水，那也是在大山里与山水相处，以艺术的思想之眼，择入山水元素，从自然山水到山水画，是画家主体从认知到表达的过程。董源画中山水，烟峦出没，便是江南真山水写实，正所谓“溪桥渔浦，洲渚掩映，一片江南也”。董其昌流连于《潇湘图》间，恍惚中，犹自问曰：“余何幸得卧游其间耶？”

三年后，董其昌又到湖南，对照《潇湘图》寻觅图中之境，一一对应，亲自印证，这便是他说的“余三游湘江矣”，以身临其境验证写真。董其昌于1636年去世，《潇湘图》转到好友袁枢手里，前隔水处，添了王铎题证：“亲家收藏如此至宝……王铎。”

一千多年后，我们尚能有幸观赏荆浩与董源的水墨山水。让我们开眼的，是他们不同的江山感，带来艺术风格的异趣。可他们的诉求却是一致的，水墨里澎湃的都是独立之精神的笔触，山水间生成了自由之思想的图式。荆浩在北国山中描述理想国，董源则以江南淡写桃花源。

后梁盘踞太行，有背靠大山的底气；南唐跨越长江两岸，有江河湖汊扁舟垂钓的安逸，以及丘陵逶迤错落处耕读人家的笃定。与荆浩不同，董源不避世就已出世，至少从山水气象来看，整个南唐家国就像一轴出世的仙山画卷，他不必像荆浩那样自我放逐，他有皇家画院可居，若嫌画院烦闷，那就到茶苑去，他画丘陵，可见茶林起伏。

董源身在皇家，但精神早已游离，新兴的水墨江山气质敦促他从金碧山水中出走，带着皇家江山的赭绿，走进水墨皴染的世界，沐浴更衣后，眼前已是一片淡设色的桃花源了。宋人郭若虚《图画见闻志》说，董源“画山水类王维，着色如李思训”。

“类王维”，是说董源山水如“诗中有画，画中有诗”，已然诗画一体。“着色如李思训”，则指出董源出身还留着皇家山水遗范，兼有院体贵格。李思训生于大唐，且为宗室之嫡，他用重青浓绿画山水，直奔贵气而不妥协，成为皇家山水的典范。董源设色源出于李思训金碧山水，但新兴的水墨的影响，不啻一场精神“诱拐”，在水墨上，施以淡淡的青绿，是从皇家遗范的一次个性出走，是任性于艺术呼唤的自我放逐。

他独行于水墨山川，既不着金碧之调承载政治意义，亦非以高冷之色引导出世，而是为常人提供可游可居、可渔可樵、可耕可读，如平常心的桃花源，仅以“净静”的美学维度，将重青浓绿过滤为淡淡的绿，便带来一场对金碧山水的悄然改制，在人们还未及惊叹他的伟举时，他已淡淡地走进文人与皇家的合苑，握手谈笑间，还原了江南烟雨中的真实色彩，水墨之间，皴染一抹淡淡的绿，开启了中国文人画淡设色的心情和意境。

董源平和，“不为奇峭之笔”，亦不为“金碧”折腰而亏损自由。那就从董其昌收藏的《潇湘图》谈起吧。那是一卷淡设色的桃花源。残卷《潇湘图》，绢本，淡设色，卷长141.4厘米、纵50厘米。潇湘皆水，可画面上不施一笔水纹，却有烟波万顷的舒阔，借助绢底色反映光与水的融洽，才会有云雾晦明的效果。晦明，是光在空气中被水分解后的隐约状况，是对江南烟雨的微妙写照。画中圆峦绵延，迤逦到江天尽头，山脊线在“披麻皴”细腻而密集的拥趸中给出远远的天际茂密，偶尔雾霭泛涌却带来山头呼吸光的通透。淡淡的笔墨还是以“披麻”为山坡草地皴出丘陵的舒展态。

山石点染，从容淡定，坡地间丛树深蔚，有茅屋两栋，隐约而居。山坡伸向水面，如山的襟袍衣摆，作了江湖的岸边，为归帆的靠岸，为旅人的作别，为红颜的折柳，为捕鱼的生计，为蓑翁避世的垂钓，那山与水才相挽相拥，彼此契约，永不分离。而那深入江心的洲渚，争相邀约两岸，却又衔水擦肩形成湖岔，隔水注目，纵横繁复，滋养着芦荻草木繁密而为鸟禽栖息的湿地。截半处的沙洲上有数丛芦荻，萧疏若梦，恰到好处。远处，散落三五渔船，似柳叶御风，近处一大船，许是刚刚离岸，抑或即将靠岸，可见艄公与舵公分立船头船尾，伞盖下，坐紫衣白衣人，岸上数人，彬彬有礼，揖别或迎归。再远的对岸，水中与岸上，有十人一同结网，未见鱼跃，却是鳜鱼正肥时。只是不知残损的那另一半画了怎样的图景，仅此亦有不可续之美。

一卷淡定，水墨里没有横空出世的喧嚣，而是静若处子；淡绿设色，并非外在涂抹的追求，而是持守赭绿的老派所支撑的端拱与体面，在笔舔“净静”中新生出一种精神洁癖，对任何审美之外的意识形态杂质都充耳不闻，唯与同时代人李煜的“故国明月”——那点自我意识的乡愁共鸣。宋人米芾评价董源，叹曰“平淡天真，唐无此品”。董源的山水画内存一种救赎的力量，蕴于“淡墨轻峦”中，造景中的远山近水之澄明，可以洗涤所有穿透它的视线，江渚浩渺里，有一种美学信仰的初衷。

我们读《潇湘图》，完全感受不到乱世的喧嚣，嗅不出一点儿血雨腥风的味道，乱世宛如被隔离在这江山之外，桃花源就在这江山中，不信，你去问那潇湘云水中的渔舟，问那舟上的渔翁，可知有什么十国有什么五代？他们宁静得不带一点烟火气，仿佛从来就是个纯粹美的存在。董源用了审美的力量，把无限江山从刀光剑影中拯救出来。

淡设色，最适宜表达江南山水的淡远，在表达与被表达的“淡境”中，淡化了人的欲望。水墨淡，青绿也淡，山不动，水也不动如山，一切静默如天，但它所呈现的美学意味，却如同一个信仰层级的过滤器，过滤了人间所有情绪的杂质。没有任何宣喻教化等人为的企图，没有帝妃缠绵的潇湘传说，没有神人交感的暗喻，唯有恬淡的富足。

“恬淡的富足”，是山水本色和生活本身给予心灵的尺度，可用来衡量人的精神富裕程度，并为心灵提供一个不再拥挤的“净静”空间——人文只是船和渔网，以及山居岁月，那岁月跟历史无关，跟传说无关，跟信仰无关，那是自我意识的时间。《潇湘图》不但“净静”，而且“生动”，“净静”是画面本身，“生动”是画面呈现的灵魂姿态。以一个“生动”的灵魂，去触动另一个静中欲动的灵魂，为江南烟峦注入一道灵魂的走势，救赎之力浩浩荡荡，却又不起波澜，不见风浪，有如江清月近人那么平平常常。

还有另一幅画，《北苑山水图》，也是卷轴绢本设色，纵 38.8 厘米，横 593.8 厘米，上有宋御府宝藏大印以及多枚藏款钤章，并有跋曰“当为北苑真迹”。观其笔法设色，确与《潇湘图》似。近六米长的卷轴上，淡设色的峰峦起伏，似山风奔跑。若谓《潇湘图》“净静”到几乎容不下一根针的跌落，那么《北苑山水图》的山脉运动则像流浪远方的长江之水，永恒无止地逐浪飞花却又波澜不惊。两幅画，一静一动，是董源对江南山水丰富内涵的精准提炼。无论其“静如处子”，还是“动如脱兔”，皆发自他“平淡天真”的内心。他在《潇湘图》里浸淫平淡，与自然的淡定相呼应，却在观者的心灵里引起波澜；而在《北苑山水图》中，他画山丘绵亘则如脱兔，灵魂浩瀚之后，却平复了观者的心灵。

形式主义者认为，艺术的卓越在于将熟悉的对象陌生化。毕加索之流算是现代例子，我们不妨再看看一千多年前中国的董源。董源已经开始将他熟悉的山水陌生化，被拉长了的变形的峰峦，还有奔放的山脊线，这哪里是临摹自然，分明是把自然作为释放自由意志的空间，借助自然形态放飞自我意识。他暂时悬置了善恶，与他笔下奔跑的山脉一样，迫切追问人在自然中生存的审美意义以及生命应有的样态。因此，他不给你静止不动的大山，而是让你与他的山脉一起奔跑。灵魂因奔跑而焦渴，如夸父逐日奔向光明便愈发焦渴，金碧山水里安顿不了这样焦渴的灵魂，需要一场灵魂的及时雨来解脱，于是，有了水墨，新的宇宙意识觉醒了。

《北苑山水图》奔放着山水画开创时期的自由精神，活跃着画家惊人的形式能力。峰峦憨稚，体态圆融，被山坡携着，向着远方，绵延不已。追随山岗，起伏光的欢乐；缭绕草木，翻滚风的笑声。光与风，即便气喘吁吁，也不能让它们散落在草丛水土里，让它们跟着山岚奔跑，掠过林木间秀密的枝叶，吹拂草廊茅舍，山道上偶有行人，草庵偶见门童持帚，再爬上一个又一个山岗，奔下一道又一道山坡。一路上，远山朦胧，远水无痕，山带着水，水追逐山，只有遇到清寂单薄的木栈时，山水才渐渐舒展了江河湖岔的雍容，渊渚烟汀上，苇草华滋。画家的欢快成了山脉的一种节奏，在一个速度的伸展中，在一个时间的形式里，上演着生命的接力赛，起舞着生命的底色，直到抵达他的桃花源。

如西哲云，只有当形象反抗既定秩序时，艺术才能说出自己的语言。一代代王朝解体，反映到山水画上，便是代表王朝江山的皇家遗范出局，代表王权主义的金碧山水更新，让位于更宜于表现自由意志、更适合表达自我意识的水墨形式的文化的江山。

董源写实，但他未止步于写实的固有形式，而是走向“境由心造”。“心造”是主体性的飞跃，本质是创造，是心力突破存在的包围，是生命力上升遇阻的升华，面对先于个体表达的大前提所带来的压力，艺术的使命就是让艺术的创造说出自己的语言。在解构中生成，在反抗中创造，那作品必定是震撼而又刻骨铭心的。《北苑山水图》中，那奔放着的沉郁和沉思着的浪漫，显示了审美的分寸，有一种趋险而又复归于平衡的艺术矫正力。他享受着天纵之才的恩泽，只要率性，美的理想就会活灵活现。

文艺复兴以来，人文主义的尺度指向个体解放，承担批判使命。而中国山水画，虽然与之同在一个人文关怀的界面上，皆在理想的、唯美的维度里传递审美救赎的能量，但“焦点式”与“散点化”的指向却不尽相同。中国山水画的笔墨效应，无法成为一把手术刀去解剖人性，但它可以成为桃花源里的一把锄头。

虽说理想国与桃花源都有其乌托邦属性，但理想国所具有的现实批判性，是桃花源难以提供山水画无法表达的。桃花源并非国家形态，而是聚族而居在乎山水之间的边缘存在，它不是作为否定的力量横空出世，而是作为一种素朴的文明样式的美而存在，在现实的处境外做了新安排。它吸引人的，不是治国平天下的帝王将相的功业，也不是寄生于政治文化的才子佳人的情怀，而是自由和美。它只对人以精神救赎，并自有其社会基础，此正因了所谓“山高皇帝远”，而有了在山水之间聚居而成的宗法社会，也就是在山水画中所描述的自然生活、诗意栖居的桃花源，才展现了文化中国美丽生存的一面。

回到董源，我们来看他笔下的画面，他绝不会让笔下奔跑的欢乐之光散落在人性的不毛之地，抑或人性的幽暗处，而是引导人性向往他指引的桃花源。

而毕加索对人性的焦虑，恍若被哲学绑架的医生，胁迫他不停地为艺术对象做手术，将陌生的哲学内质以图像的形式公布出来，寻找人性恶的根源，哲学被当作治疗艺术的精神疗法，对人类的迷茫、陶醉以及无所适从，必于“存在”做施救。

但哲学要完成原本的使命，亦必有艺术参与，因为美也是整个哲学批判的根基，所谓“批判”不是预设对立的“丑”，而是基于人性的要求，确立真、善、美。

当是非难辨、善恶难分时，美，就成为人类精神的终极追求。中国山水画在君主专制追求大一统的常态下，开启了审美救赎的自由一隙。一般来说，西方人有天堂可去，中国人则有江山可往；西方人画了多少天堂，中国人同样就画了多少山水。由此看来，所谓“文化的内在调节机制”，无他，唯美而已矣。

我们不能因为历史上专制主义的强势，就无视人道在文化传统中争取生存空间的努力，就忽略人性在美的夹层中寻找独立之精神释放的渠道，尤其是在山水画里开拓文化的江山，才是自由之思想的一个好去处，是对文化中国一次审美的救赎。

文人画溯宗王维，是王维用“破墨”笔法，为文人画开宗。所谓“破墨”，就是浓墨未干再施淡墨，淡墨未收又抹浓墨，层层递染，浓淡氤氲带出深浅的质感。若无驾驭水墨之笔，易乱分寸，而成为一团脏墨。

董源有“破墨”的底气，在江南山水上点染披麻，皴出一派淡雅的视野；而留白，则是灵魂无言的馈赠，一个浩瀚的灵魂，从那里生长出人韵的根系。

根从文人画的源头来，向江南山水展开，皇家遗范的金碧给它让路，一种新的格调在淡设色的笔墨中生成，山水便泛泛淡淡起来，却是江南烟雨的写实。荆浩以其文化个体性开宗立派，而董源则具有大宗师的格范。

董源把荆浩那种尖锐的精神穿透力，涵养成平淡天真的圆融，将设色与水墨、写实与写意统一起来，开了从院体画向文人画过渡的先河，随着他将皇家金碧山水降解到水墨，又让设色走进水墨中而缓解，山水画就从皇家金碧走向了民间的平淡。他不仅开出山水画一宗，还开出山水画里的文人画的一脉。他身后，有个追随他的一脉相承的山水画和文人画的谱系。

同时代，追随他的学生有巨然和尚，宋代有米芾、沈括拥趸，宋元之交，汤垕《画鉴》认为，从唐朝开始的山水画，到了宋朝，各家各派才发展起来，而董源在各家之上。又说，宋代山水画超过唐代的，只有李成、董源、范宽三人，这三人的画，各有各的特点：董元得山之神气，李成得体貌，范宽得骨法，故三家照耀古今，为百代师法。

元代以后，董源的灵魂更加浩瀚了，他的声望越来越大，受他影响的人越来越多，经过时间的拣选，李成、范宽都难免落选，唯独董源，还是一片天真本色。

那本色，不仅丝毫未打折扣，居然还在增值。当年米芾就说过，董源天真，无半点李成、范宽俗气。后来，黄公望老话重提，在《佩文斋书画谱》中，有黄公望的《论画山水》，其中重提当年米芾说过的老话，最后，就连黄公望都认为：画山水一定要师法董源，就如同作诗要学杜甫一样。这种说法本是夫子自道，其于北宋诸家，主要学董源，可以说是真正理解了那个浩瀚的灵魂，真正懂得了什么是真山真水的天真。对于董源的“一片江南”，《辍耕录》卷八有黄公望的《写山水诀》，提到“董源坡脚下多有碎石，乃画建康山势”“董源小山石，谓之矾头，山中有云气，此皆金陵山景”，可以看得出，他对董源的山水画几乎都做了两重证据的确认，其于金陵，有如潇湘之于董其昌。一个浩瀚的灵魂，终于在不同时代找到了可以为之代言的深邃传人，宋有米芾，元有黄公望，明有董其昌。比起荆、关力道，董源显得轻灵，若谓荆浩在北方构建理想国的样式，那么董源则在江南述说桃花源的愿景，而那幅《潇湘图》正好表达了“桃花流水鳜鱼肥”的江南山水的民生景观。

董源还有一幅《洞山天堂图》，可知他对桃花源天堂般的憧憬。他每一笔都落在江南的真山真水上，山头苔点皴密，水天云晦氤氲，峰峦若潜龙隐约，汀渚溪桥连接垂钓人家，民生的风土是他笔下常态，一如沈括所言“多写江南真山，不为奇峭之笔”，此真可谓对金碧山水画的一次拯救，其实，桃花源就在你我眼前、身边、脚下。董源无须炫技，亦不做惊人之语，但皇家贵气、文人书卷气、院体大匠气，都集合在他身上，形成平淡天真的从容格调，唯美是用，全无迎合。因此，后世临摹董源，也许会有一种消解虚高自我的天真愉悦感，以及对膨胀的情怀做减法带来的笔意轻松。元末四家和明代吴门画派皆奉董源为典范，明末“南北宗”论者虽然在理论上尊王维为“南宗画祖”，但实际上却是在祖述董源。

《潇湘图》卷（画心），（南唐）董源绘，绢本，设色，纵 50 厘米，横 141.4 厘米，故宫博物院藏

四　宋代文艺复兴

01

宋代文艺复兴的国家样式

十三世纪末开始的意大利文艺复兴，是回归人性的一面镜子。在以后的时代里，它成了艺术、文化以及社会品位的标准。

当下是一个人欲过度膨胀将精神挤丢了的时代，无暇顾及原创艺术，时尚在匆忙与粗鄙的商业化运作中，散发出精致的贵金属味儿，人文思想靠边站了。在此，我们非以“文艺复兴”的镜子来对照当下，而是用它去鉴定十二世纪的中国宋代，去鉴定那个比佛罗伦萨的文艺复兴运动还早了一个多世纪的宋代。

用观赏意大利文艺复兴的眼光瞭望中国宋朝，同样看到了艺术贯穿于精神生活中的繁忙景象，在汴京、杭州，从十二到十三世纪，艺术带来人性解放。

公元十三世纪末，在意大利半岛上，人们将可爱的世俗欲望从教堂的顽石缝里悄然释放出来，竟然兴起了一场回归古典的文艺复兴运动，回到古希腊。

“文艺复兴”有特定含义，它要摆脱中世纪神学束缚，在对希腊古典文化复兴中，回到两千多年前那个人性觉醒时代，那个被雅斯贝斯称作人类历史“轴心期”的时代，那是古希腊哲人时代和中国诸子时代，“文艺复兴”就是回到那个时代从头再来。

日本学者内藤湖南认为，唐朝是中世纪结束，而宋代则是近代开端。宫崎市定也在其著作中反复强调了宋代是东方的文艺复兴时代。他在《东洋的近世》一书中指出：“中国宋代实现了社会经济的跃进，都市的发达，知识的普及，与欧洲文艺复兴现象比较，应该理解为并行和等值的发展。”其《中国史》亦指出，一旦进入宋代，社会突然生机勃发，告诉我们中国的文艺复兴开始了。不光以文学、经济呼应古代复兴，而且在绘画上，特别是山水画方面，已经达到世界最高水平。宋代的文化在当时的世界中，恐怕与任何地区相比都是能以先进性而自豪的优秀文化。宫崎市定在《宋代的煤与铁》中特别强调：宋代是中国历史上最具魅力的时代。中国文明在开始时期比西亚落后得多，但是，以后这种局面逐渐被扭转。到了宋代便超越西亚而居于世界最前列。然后由于宋代文明的刺激，欧洲文明向前发展了。到了文艺复兴，欧洲就走在中国前面了。

他们这样来解读“宋代文艺复兴”，表现了一种对世界文明史的可贵的通识。

欧美学者中，如汤因比，在《人类与大地母亲》中也说：“十世纪、十一世纪、十二世纪的后起蛮族，被宋朝的中国文明强烈吸引，除了自身采纳中国文明，他们还在自己统治的领土上传播了中国文明，而这些领土又从未纳入过中华帝国的版图。因而，中华帝国的收缩由于中国文明的扩张而得到了补偿。不仅在中华帝国周边兴起的国家如此，在朝鲜和日本也是如此。”汤因比在这里指出了一个非常重要的问题，对此，我们是这样认为的：“帝国的收缩”那是王朝中国的事，“文明的扩张”则是文化中国的事，而有宋一代，便是王朝中国的失败，是文化中国的胜利，宋代文艺复兴，可以说是文化中国胜利的标志。

费正清的《中国新史》第四章的标题就是“中国最伟大的时代：北宋

与南宋”，他指出，这个时代的中国是欧洲的先驱，文明远远超前。作为文明“先驱”的中国，显然不是王朝中国，而是文化中国，而其所谓“先驱”或当以文艺复兴视之。

北宋始于十世纪末，南宋终于十三世纪末，算起来有三百多年，南宋为元所灭之时，正是意大利文艺复兴之始。从人类历史的整体格局看来，宋代“近世”文艺复兴或可视为意大利文艺复兴运动的“先驱”。放眼历史，进化之迹随处可见，而一个民族创造历史之综合能力并非顺应王朝盛衰而消长，有时甚至相反。如王朝史观，即以汉唐为强，以宋为弱，然终宋一朝直至元世，王朝虽然失败，但若以文明论之，详考此时代之“文物”就会发现，两宋时代文艺复兴和社会进步大大超乎想象，诸如民生与工艺、艺术与哲学、技术与商业无不灿然，域外史家谓之“近世”，或称“新社会”似不为过也。考量宋代，无论是功利尺度还是非功利尺度，宋代都是一个文教国家而非战争国家，是市场社会而非战场社会。当美第奇家族凭借其雄厚的银行财力在佛罗伦萨推行城市自治，建立市民社会时，此前的宋代早已通过科举制开放了平民主义的政治立场，并向着文人政治推广。

社会安定，经济富庶，文人为政，带来了复古主义的思潮。唐以来，以“唐宋八大家”为号召的文学复古运动尚未退场，王安石又提出了以《周礼》变法的政治复古主张，而宋徽宗师古更是推动宫廷上下在热衷礼器的古典主义法度的同时，又兴起了收藏古典的风尚，使古雅成了绘画以及工艺美术的新潮流，使中华文明如青瓷开片般迸发出审美体验的洪峰，更在应天命的花鸟品位和诗意栖居的山水，也就是我们所说的“文化的江山”的体认中达到最高峰。文人在政治斗争中失败，还可以回到民间书院自由讲学，政治只是人的一部分，此乃士人共识，士人之间可以政见不同，但必须坚守共同的道义，让超越政见的宽容之花开放，在苏东坡与王安石的彼此谅解中，浮动的是审美带给整个时代的优雅气息。总之，无论“近世”的精神数据，还是“文艺复兴”的人性指标，它们都在审美里萌芽。这应该是一个好的历史时期了，在一个好的历史时期进入一个好的文明里，宋人如此幸运。

这个充满文艺复兴的“近世”和“新社会”，究竟是个什么样式？

让我们来看一看两宋时期的两座城市——北宋汴州，南宋临安。如果说唐人长安有一种大国格调，汴京在《清明上河图》里则是市井繁荣了。张择端画《清明上河图》时，也许就坐在汴京闹市中心的某个角落里，他必定获得了文艺复兴的市井启示。茶楼酒肆，店铺码头，每天都有他的身影。他不画上层贵族的矜持，也不画富豪的奢华，更不会画他所在的皇家画院是怎么回事儿，而是专注于商铺的繁荣以及各色人等的活动，商品经济在这里“柔情似水”，进入百姓日用里，被陶冶出了诗情画意。虽说是东京，皇都气象却在沸腾的市井里偃旗息鼓，几乎看不到有什么庄严肃穆的场景，画面上充满了活泼的市井气息，劳作奔忙的市井小民。其中有木匠、银匠、铁匠、桶匠、陶匠、画匠，有箍缚盘甑的、贩油的、织草鞋的、造扇的、弄蛇货药的、卖香的、磨镜的、鬻纸的、卖水的、卖蚊药的、卖粥的、卖鱼饭的、鬻香的、贩盐的、制通草花的、卖猪羊血羹的、卖花粉的、卖豆乳的、货姜的、贩锅饼饵蓼檄的……据日本学者齐藤谦《拙堂文话·卷八》统计，《清明上河图》共有各色人物 1643 人，动物 208 只，比古典小说《三国演义》（1191 人）、《红楼梦》（975 人）、《水浒传》（787 人）中任何一部描绘的人物都要多。画面上各色人等，应该将众生相都画尽了吧？他们才是构成中国近世文明的基石，是汴京文明风景线。

在消费文化里安居，就有了《清明上河图》那样繁荣而优雅的世相。那是以消费为导向的艺术化的小商品经济的卖场：纸札铺、柏烛铺、刷牙铺、头巾铺、粉心铺、药铺、七宝铺、白衣铺、腰带铺、铁器铺、绒线铺、冠子铺、倾锡铺、光牌铺、云梯丝鞋铺、絛结铺、花朵铺、折叠扇铺、青蓖扇子铺、笼子铺、销金铺、头面铺、翠铺、金纸铺、漆铺、金银铺、犀皮铺、枕冠铺、珠子铺……共有 410 多行，如花团锦簇般开放，又似鸟鸣悠扬，钟鼓交响。除了物质消费以外，他们还要在勾栏瓦肆里享受耳目之乐，诸宫调吟出了那时的民间风情，繁华里平添了几许喜怒哀乐，那是对人性的自信，是市民社会成熟的态度。

《清明上河图》里有 200 多只动物，却没有一匹马，为什么？马呢？王安石不是立了“保马法”，号召天下人都来养马吗？他就在汴京发号施令，可偏偏就在汴梁城里看不到一匹马。看唐朝长安街上，有川流不息的胡人牵马走来，带来五花八门的贡物，走在繁华的长安大街上，热闹非凡。诗人更是意气风发，在长安街上跑马——“春风得意马蹄疾，一日看尽长安花”。可张择端画了 1600 多人，就是不画胡人！画了多少船和驴，就是没有马！看来他不怎么满意王安石变法，他用绘画表明了自己的看法。

张择端眼里只有市民，没有胡人，他画市井气息，不画帝王气象。有人说张择端在《清明上河图》里不画城墙，是向宋徽宗暗示城市没有设防，以及繁华背后的风险隐藏。1004 年，即宋真宗景德元年，北宋与辽国签订了历史上著名的“澶渊之盟”，换来两国百余年和平。有时，一个统治者放下政治虚荣，会给多少人以生命的尊严？至少使两国得以休养。

可王安石不这么想，他追求内圣外王，可不能这么窝囊，所以他要变法。如果王安石走在汴河旁，看那漕运繁忙，他大概会想，要供养这样一个充满艺术风流的汴梁，消费的天堂，还不得累断了烟雨江南的脊梁？他会一声叹息！若是苏东坡漫步在这里，他自会投入风流中去，与民同乐。而王安石反而生忧，他会自问，这样的消费是在提升国力，还是消耗国力？都是为了维持这个文艺复兴的格局，苏东坡要美的生活，人性化的生活，小民百姓的好日子，对汴梁这一充满艺术气质的城市给予直接的肯定；而王安石则不同，他要让国家参与进来，还要提高经济总量，促进国有经济发展，这一点司马光、苏东坡没看懂，现在看来王安石主张重商主义，强调国家干预经济，而非图中的消费导向。

重商主义反对消费经济，反对将国家财政重心放在消费领域，因为热衷于消费，如何能富国强兵？重商主义者就像守财奴，双手紧紧握住货币，除了让手中的货币在流通中增值，决不让它流失。正是这样的重商主义，以战争和贸易推动欧洲列强崛起。

而中国的商品经济，此前从来就没有发展出类似的重商主义。据重商主义来看北宋富庶，迷失在消费主义的品位里，难怪王安石要忧虑。如何评价那些为人性带来欢快的消费，为精神丰满带来的消费，那些出自人性以及人的精神的艺术创作的精神消费？宋城故事讲的就是近代化的选择，要重商主义还是要消费文化？两宋的国策基本上就是消费主义，而不是重商主义。消费主义丢了北宋，又迎来了南宋，社会依旧富庶，杭州一如汴州。几年以后，王安石的忧虑来了，张择端画完长卷，北宋半壁江山便落入金人手里。金人把开封的繁华悉数掳走，收藏到北国，而流落到民间的瑰宝，南宋又开始重拾，遗留给后世。想必北宋灭亡的过程，张择端都亲历了，他在1145年才眼睁睁地故去。南渡后，张择端笔下的市井文明春风吹又生，不出几年，南宋都城临安的市井风情，便与汴京相像无几了。

宣和是宋徽宗最后一个年号，从公元1119年开始，到1125年徽宗时代结束。在这七年里，他开始了对此前所有的艺术活动进行总结和编纂的国家工程。《宣和睿览》《宣和画谱》《宣和书谱》《宣和博古图》的完成，是宋代艺术及其收藏的一个高峰展示，从书的编纂体例到收录的作品，称之为“中国古典艺术之四大名著”亦不为过。

谈起中国古典艺术的美好，宣和恐怕是最火的年号。若说宋代是文艺复兴运动方兴之时，两宋二三百年间，宣和那七年，便是这一运动水到渠成的结集期。北宋沦陷，文艺复兴的晚霞以四大艺术名著最后的结集黯然收官，随着宋人衣冠南渡，复为南宋文艺之朝颜。

宣和年为有宋一代皇家艺术创收年，除了赵佶开创“宣和体”绘画外，四大艺术名著竖起了一个时代的文艺风标，它们以凌空之姿，高蹈之态，如白鹤起居在国家艺术宫殿——睿览殿，那是宋徽宗从事艺术活动的空间，是宋代文艺复兴的一个制高点。他在那里亲自带领皇家画院诸生，边收藏边创作，留下了一部《宣和睿览》。《宣和睿览》分为两部分，一部分是收藏，名曰《宣和睿览集》，一部分是创作，名曰《宣和睿览册》。收藏部分，上自曹弗兴，下至黄居寀，集为一百秩，列十四门，总一千五百件。

创作部分，由于在宫廷创作，为国家“祈福致祥”便成了当时最重要的艺术主题。祈福之物，动物则赤乌、白鹊、天鹿、文禽之属，植物则桧芝、珠莲、金橘、骈竹、瓜花、米禽之类，乃取其尤异者，凡十五种，写之丹青，集为一册，又有种种朝贡异产，载之图绘，续为第二册，亦十五种，如此这般，而有第三、第四册，增加不已，至累千册，这就是《宣和睿览册》的由来。这些作品应该说是由徽宗牵头，集体创作的，参与创作者没有一人是当时有名的画家，也并非由哪一位待诏代笔，而是在徽宗亲自指导下，由画院画工分头执笔、通力合作完成的。当时，画工每作一画，必先以草稿进呈，得到徽宗认可，才可以进入正式绘画环节，因此，画自珍贵，稿本也多有妙味，徽宗在创作过程中，既是国家艺术工程的总设计师，又充当了代表国家观念的艺术导师，还在艺术上言传身教。

其时，国家绘事皆出画院，由徽宗亲自抓，南宋邓椿《画继》卷一“圣艺”中说他对画工要求极严，“少不如意，即加漫垩”，“漫垩”即涂抹，抹了重画。即便如此，还是有人“所作多泥绳墨，未脱卑凡”，连邓椿也忍不住喟叹曰“殊乖圣王教育之意也”！但徽宗还是满意的，《宣和睿览册》皇皇千册，凡十五种为一册，共有一万五千幅图，每一幅他都要题款盖印，亲自验收，想必心头充满了“粉饰大化，文明天下”的喜悦。

完成《宣和睿览集》后，徽宗又着手了《宣和画谱》和《宣和书谱》的编纂，应该说，“二谱”是由徽宗挂帅，由蔡京、米芾等负责主持的国家艺术工程。《宣和画谱》将内府所藏魏晋以来的历代绘画作品6396件，画家231人，按题材分为10个门类进行编辑。编纂体例，分门别类，先作叙论、辨源流，再按时代先后排列人物小传，包括籍贯、仕履、才具、学养、擅长、故实等，传后附列作品目录，共有20卷。《宣和书谱》全书也有20卷，著录内府所藏书迹，历代帝王书1卷，正书4卷，行书6卷，草书8卷，八分书1卷。自篆以下，亦各有叙论，述书法各体源流及其变迁与著录标准，终以制诏、诰命、补牒附录。各卷分目，人各一传，传主197人，另有所藏法帖1240余件，立目不录文。“二谱”之外，还有《宣和博古图》，宋徽宗敕撰，王黼等编纂，30卷。这是一部皇家收藏图录，集中了宋代礼器精华，包括一些著名重器，为宋代金石学重镇，大观初年（1107年）始纂，直到宣和五年（1123年）成书。各种器物均按时代编排，每一类有总论，每一器都摹绘图象，勾勒铭文，或注铭文拓本及释文，记录器皿尺寸、容量、重量等，间附出土地点、颜色和藏家姓名，对器名、铭文也有详尽的说明与精审的考证。每一图旁标注器名，器名下注有“依元样制”或“减小样制”，说明图像之比例。

宋人还根据这批国家收藏的器物订正《三礼图》得失，为宋代国家大典制作礼器提供依据，规定标准名称，如鼎、尊、罍、爵等，沿用至今。《四库全书总目》评述《宣和博古图》所录铜器，形模未失，而字画俱存，读者尚可因其所绘以识三代鼎彝之制。据王国维先生考证，书中所录的铜器在“靖康之乱”时被金人辇载北上，而其中十分之一二曾流散江南。国之重器，不可以流失，高宗时，不惜花费重金搜寻。

这种有着“文艺复兴意味”的皇家收藏，带有一种自觉创造历史的使命感，表现了国家对文化的自觉，那是在利益共同体的基础上建设精神共同体的自觉，在王朝中国的基础上确立文化中国的自觉。国家作为政治实体，不仅参与经济，还参与到艺术工作中来，以一国之力去创造人类的精神财富，这是个愿意为艺术而工作的国家，也是个有能力为艺术而工作的国家，有幸能够进入人类精神历史的国家，是无比荣幸的国家。

宋徽宗完备皇家画院制度，从提升画院规格着手，设翰林图画局直管，考试由他亲自主持，四方应试者源源而来，考试分佛道、人物、山水、鸟兽、花竹、屋木六科，由徽宗命题，多以古诗为题，考的不单是绘画，而是“诗中有画，画中有诗”。

此类考题甚多，如“嫩绿枝头红一点，动人春色不须多”，凡以桃红柳绿之春光盛景绘之者，皆不入选，独一人以美人红衫与垂柳相映相依，得以入选。又如“蝴蝶梦中家万里，子规枝上月三更”，有人画苏武牧羊于北海，万里之外，被毡枕节而卧，蝶舞翩翩，梦想归汉，又画草木荒凉，月影泻地，更以杜鹃夜啼，含泣血之意，遂入首选。

还有“竹锁桥边卖酒家”，众人皆在酒家上落笔，唯李唐在桥头竹外画一酒帘，能尽“锁”意；“踏花归去马蹄香”，若画马踏落花，便大煞风景，有人画蝶舞马蹄，遂魁；“野水无人渡，孤舟尽日横”，多以空舟系于岸侧，或鹭立于舷，或鸦栖于蓬，而夺魁者反而以一人卧于舟尾，任舟自横，其意不在空舟无人，而是渡口无行人。

有一次画院考试，由郭熙出任考官，出“尧民击壤”题，应考者“作今人衣帻”，便大错特错，要被斥之为“不学”。宋人方勺《泊宅编》卷一谈到“徽宗兴画学，尝自试诸生”，徽宗出了一道试题，也是一句诗：“万年枝上太平雀。”这一句考的并不是什么诗情画意，而是格物致知的功夫，结果没有一个考生能画出来，后来有人去问答案，回答是：“万年枝，冬青木也；太平雀，频伽鸟也。”“冬青木”不算稀罕，不过常绿乔木而已，可要将它联想到“万年枝”上去，就必须在国家观念上来思考，只有在国家观念的倒影上，平常的“冬青木”才能变成非凡的“万年枝”。“频伽鸟”产于印度，出自佛经，色黑似雀，羽美，喙赤，善鸣，未出卵壳就鸣，其音美妙，为天、人、一切鸟声所不能及，就连“紧那罗”——印度的“音乐天”和“歌神”都不及它，在佛经里，常以其鸣喻佛菩萨妙音，或谓此鸟为极乐净土之鸟，人头鸟身，能为国家祈福致祥开太平，所以，叫作“太平雀”。

“万年枝上太平雀”是徽宗最美好的心愿——为万世开太平！他不是乱世“马上得天下”的雄主，那是他祖辈的使命；他也不是治世“治国平天下”的明君，那是他父辈的责任；他就要开创新纪元。用什么“开”？不以权力开，不以理政开，以审美开，他要用艺术开创新世界。太平世就是他的艺术乌托邦，他的审美理想国，那些治国理政的事，争权夺利的勾当，都让别人去做，而他要做的就是做那只“太平雀”，用极乐净土的“频伽鸟”之妙音，宣告一代王朝的“冬青木”已开始向着新纪元的“太平枝”转型，从普通花鸟里格出“万年枝”和“太平雀”来，这难道不是格致审美的王道境界？可他的抱负——以审美为王道走向平天下的艺术追求，那样一条文艺复兴路线的天下观，谁懂？

中国传统的“内圣外王”的序列里，分了这样几个程序：正心、诚意、格物、致知、修身、齐家、治国、平天下。在艺术上，徽宗没强调“正心诚意”，而是更为关注“格物致知”，将“格物致知”坐实于绘画，那便是写生，《画继》中讲了他“格物”的两个小故事。

一是龙德宫建成，徽宗命待诏作宫中壁画，画成之后，徽宗来看，于待诏之笔并无称赞，却问一斜枝月季画者是谁，听说是一位刚来画院的少年，他很高兴，就赐了一匹红帛——绯，做成绯衣、绯袍，那便是升官了。一个初来的小子，不经意间便得了如此恩宠，待诏们云里雾里搞不懂，就请徽宗身边的侍从去打听。徽宗说：月季很少有能画好的，四时朝暮，花蕊叶都在变化，这一枝月季，作于“春时日中，无毫发差，故厚赏之”。

另一则是宣和殿前种植了一棵荔枝，还结了果实，那是岭南才有的水果，居然在北国，而且还是在宫廷里，就在他的宣和殿前，这当然是国家的大祥瑞来了，自然要“喜动天颜”了。凑巧的是，有一只孔雀也来到荔枝树下。徽宗急召“画院众史”，也就是那些画师和画工都来画，画得“各极其思”，各尽其妙，真可谓满幅光昌，一派流丽，可徽宗不以为然，因为画面上孔雀欲升“先举右脚”，所以说了句“未也”。“未也”就是不行的意思。为什么不行？各位摸不着头脑。过了几天，徽宗又把他们叫来问，还是没人回答出来，于是，徽宗降旨曰：“孔雀升高，必先举左。”此言一出，众人大悟，无不骇服。其格致功夫之深，由此可见一斑。一件作品，不管多么诗情画意，不管怎样多彩多姿，不管如何神似形似，都必须服从一把最重要的艺术的尺子，那就是格物致知，先要能过格致那一关。

徽宗亲自抓绘画，除了抓绘画本身的写意和写生，还抓了国画队伍建设和画院体制化建设。皇家画院虽非他始创，但确立画院国家观念，形成画院国家体制，制定画院国家标准，赋予画院国画属性，在这些方面，没有人比他做得更多了。当时，瓷器有官窑代表国瓷，而绘画则有院体代表国画。北宋开国后，汴京就成了国画中心，画院先后集中了来自西蜀黄居寀、黄惟亮、夏侯延、赵元长、高文进等，南唐董羽、厉昭庆、蔡润、徐崇嗣等，还有中原一带的王霭、赵光辅、高益等。陈师曾《中国绘画史》谈到“宋朝之画院”说：“宋朝画艺之盛况过于唐朝；而帝室奖励画艺，优遇画家，亦无有及宋者。”有宋一代，画院盛况，极盛于徽宗之时，此前，南唐李后主已设画院，以待诏、祗候官位优待画人，及至宋初统一，后主归宋，画院随之，其藏品与人才亦归宋所有，规模益宏，故设翰林图画院，聚天下画人，因其才艺分别授以待诏、祗候、艺学、画学正、学生、供奉等职。

在画院供职，还要根据出身，分“士流”与“杂流”，“士流”通常有文士背景，而“杂流”多为工匠身份，他们都要学习《说文》《尔雅》《方言》《释名》四种书，此外，“士流”还要选习一“大经”、一“小经”，而“杂流”则诵个“小经”或读“律”就行。宋代所谓“大经”，一般是指《道德经》《黄帝内经》《周易》，“小经”有《孟子》《庄子》《列子》，“律学”包括断案和律令。其时，画院不光一时高手云集，而且代有新人，不同绘画题材，均有代表人物出现，诸如以山水画知名的燕文贵、翟院深、高克明、李宗成、屈鼎等，擅长宗教壁画的有高文进、武宗元等，花鸟画则有赵昌、易元吉、王友等，擅画市井百业的张择端，擅画百马、百雁的马贲，据说，还有为徽宗代笔的刘益、富燮等人，都是一时之选，而于他们之中真能金声玉振集大成而为国画者，则非宋徽宗莫属。

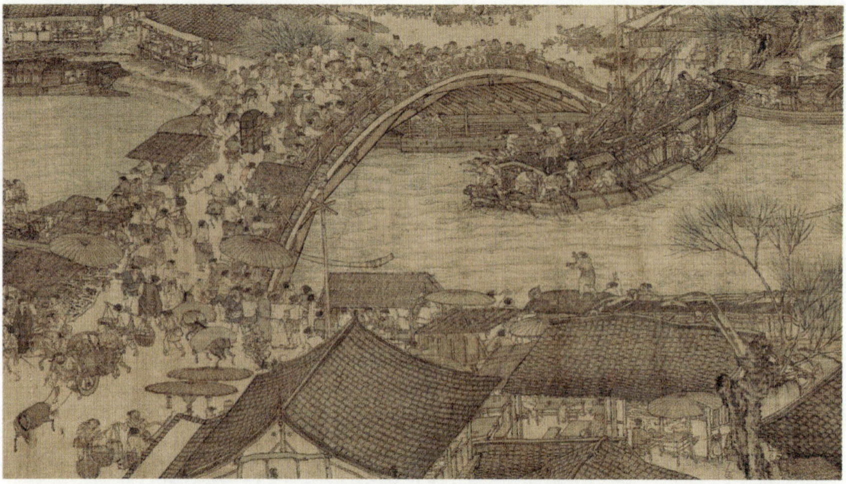

《清明上河图》卷（局部），（北宋）张择端绘，绢本，淡设色，纵 24.8 厘米，横 528 厘米，故宫博物院藏

在唐人优美的宇宙意识——“春江花月夜”里，有一种大国格调，而“清明上河图”里的文化品位，则宣泄着宋人的市井风景，走向消费主义。据日本学者齐藤谦《拙堂文话·卷八》统计，《清明上河图》上的各色人物、动物，比古典小说《三国演义》《红楼梦》《水浒传》中任何一部描绘的都要多。在一幅画上，出现了如此多的人物形象，应该将芸芸众生都画尽了。

《瑞鹤图》（画心），（北宋）赵佶绘，绢本，设色，纵 51 厘米，横 138.2 厘米，辽宁省博物馆藏

《五色鹦鹉图》（局部），（北宋）赵佶绘，绢本，设色，纵 53.3 厘米，横 125.1 厘米，美国波士顿美术馆藏

祈福祥瑞的院体花鸟

宋徽宗《瑞鹤图》《五色鹦鹉图》是他为画院生徒考试的标配，为国家祈福祥瑞的花鸟样式。

彩绘侍女塑像，北宋，通高 162 厘米，山西省太原市晋祠圣母殿藏

国泰民安的市井风情

很多画作和塑像可以与《清明上河图》互证北宋的繁华。市井消费主义，呈祥为“家国永安”的升平景象。《饲禽图》里妇人知足的微笑，杂剧“眼药酸”的插科打诨，两女优艺技超群的明星作态，就连民间寺庙随侍圣母娘娘的仙女，都带着世俗的邻家小妹的天真顽皮……宋人与唐人不同，不再想开疆拓土，大国气象，而是居安思乐，宁用白银和丝绸换来永久的“清明上河图”。

生活艺术化的社会风俗样式

北宋散乐砖雕，将宋杂剧的角色和乐器一一呈现出来。手持竹竿的末泥、扮作官吏的装孤、执扇人的副净、滑稽可笑的副末；还有击鼓的、打节板的、吹筚篥的、吹横笛的，是宋代砖雕艺术的精品。宋代杂剧戏曲之发达，甚至普及"家到户至"。墓葬中如伎乐砖为宋代的丧葬文化，将现实生活中的艺术品位带到地下，表明宋人死后也要享受高雅的趣旨。

北宋"缂丝紫鸾鹊谱"，辽宁省博物馆藏。"缂丝"是中国古代丝织工艺中最独特的一项高级技术，创始于唐代，成熟于宋代。这件作品配换多种彩色纬线，底调暗红，缂绣各色花鸟，配色古雅微妙。

杂剧人物雕砖，北宋，长 37 厘米，宽 17 厘米，河南省温县西关出土

缂丝紫鸾鹊谱，北宋，132 厘米 ×56 厘米，辽宁省博物馆藏

02

文艺复兴的国运之殇

邓椿在《画继》里谈到了“宣和四年三月辛酉”的一次君臣雅集。那一天，徽宗驾幸秘书省，事讫，召群臣至，观画院创作的图画。这些图画除了展示国家艺术工程的成果，徽宗还让群臣分享，吩咐蔡攸按官阶，或“赐书画两轴”，或分赐“御画兼行书草书一纸”，故群臣极度踊跃。

邓椿说他们“皆断佩折巾以争先”，争得身上的玉佩和头上的帽子都掉了，在审美狂欢中，可以暂时放松一下朝廷礼仪。看到这样的情形，徽宗笑了。可活动的重头戏就要开始了——展示徽宗临摹的展子虔作《北齐文宣幸晋阳》图，照例，先瞻仰祖宗御书，然后观摩宸笔。到此，狂欢结束，肃穆开始，审美如行大礼，礼毕逡巡而退。

《宋会要辑稿》也提到了这次活动，说法不像是一场雅集活动，而是一场“恭阅祖宗谟训”的庄严盛典，于宣和四年秘阁搬迁告成之际，“诏宰辅从臣暨馆阁之士观书于秘阁”，同时陈列太祖至徽宗八位皇帝的御书，由太宰王黼主其事。《宋会要辑稿》里，除了提到徽宗命少保蔡攸分赐御书画，还提到徽宗命保和殿学士蔡絛持真宗御书《圣祖降临记》及徽宗宸笔所摹展子虔画一同陈列于书案。有趣的是，蔡攸和蔡絛都是蔡京之子，蔡攸是长子，父子三人同朝为官，据说，蔡京偏爱蔡絛，引起父子兄弟失和，而有一番争执。那次活动，有可能蔡京并未参与，因为不仅《画继》和《宋会要辑稿》没有提到他，就连蔡絛在《铁围山丛谈》中谈起此事也未提到，据《宋史·蔡京传》记载，宣和六年，也就是两年以后，蔡京再被徽宗起用，第四次当国，时年78岁，已老昏，事皆决于蔡绦，“凡京所制，皆绦为之”，而且还代蔡京入奏。当时若有蔡京在，那活动也许就由蔡绦主持了。蔡绦的《铁围山丛谈》也记载了秘书省落成时的那次活动，与《宋会要辑稿》所述有所不同，他提到徽宗曾亲手持来“太祖皇帝天翰一轴，以赐三馆”，还对群臣说：世人但知太祖“以神武定天下”，都不知道“天纵圣学笔札之如是也，今付秘阁，永以为宝”。群臣因而得以瞻拜太祖书札。蔡绦说，太祖御书“有类颜字，多带晚唐气味”，这是从书法上说的，从书札的内容来看，蔡绦说太祖多作“经子”语，“经子”指经史子集中的“经”与“子”，这应该是文章的最高标准了，因为太祖诗文一如其跋云“铁衣士书”，虽“游戏翰墨”亦似“皆雄伟豪杰，动人耳目，宛见万乘气度”。同时，又生不祥之感，因为徽宗还带来了李昭道的《明皇幸蜀图》，蔡绦一见，便在心里嘀咕：御府名作，不啻数十百，“今忽出此，何不祥耶”！唐明皇入蜀乃避安史之乱，大唐至此由盛转衰，果不其然，他心里嘀咕的事，后来终于发生了。

两年后，徽宗做了一个重大决定，重新启用三起三落的蔡京当国。此次，蔡京已老迈，力不从心，徽宗托国于他，他托国于蔡绦，蔡绦心里又嘀咕，俗话说：想什么有什么，怕什么来什么。蔡绦心里有了唐明皇的阴影，那阴影真的就来了。

金兵南下时，徽宗传位钦宗，钦宗以蔡京误国逐之岭南，八十衰翁，客死潭州，其子孙二十三人，亦被同时流放，蔡绦被流放到白州。白州境内有铁围山，蔡氏尝游于此，故以之为书名。较之徽、钦二宗的亡国遭遇，蔡京一家还不算悲惨，金兵攻破汴京，金帝废徽、钦二宗为庶人，连同后妃、宗室、百官等数千人押送北方，北宋至此灭亡。

据说，徽宗听到财宝被掠并不在乎，闻藏书被抢，才仰天长叹。押送途中，爱妃王婉容等被金将强行索去。到金都后，徽宗被勒令穿丧服，拜谒金太祖庙宇，金帝以之向祖宗献俘。尔后，徽宗竟被辱封为昏德公，先押于韩州，后迁至五国城，从辽宁迁到黑龙江。

囚徒徽宗，泣血成诗：“彻夜西风撼破扉，萧条孤馆一灯微。家山回首三千里，目断天南无雁飞。”这样的诗句让我们一下子就想起了李后主，明人尤侗《艮斋杂说》曰：“李后主亡国，最为可怜，宋徽宗其后身也。”他这样说，不单指两人前后命运相似，同时还强调徽宗即李后主转世，他说，某日宋神宗正端详江南国主李煜像，再三叹讶，刚好后宫有娠者，梦李后主来谒，而生端王，也就是徽宗，还说起徽宗被俘，金人用当年宋太宗对待李后主故事待之，尤侗虽然以一句“亦异矣”结语，但这种因果报应的说法，对于李后主是不是太残酷了？难道他受了第一遍苦还不够，还必须受二茬罪？我们只在一种情况下接受这种说法，那就是李煜一个人的文艺复兴的使命尚未完成，还需还魂为赵佶继续进行。

此刻，徽宗心中，除了书画，就是江南。能将二者结合起来的，只有一卷《千里江山图》。只可惜了这图，就如同他的江山一般，所托非人。那是蔡京第三次当国，他以蔡京为知己，将此图与国一并托付之，寄托甚深。可那蔡京只在卷后题跋曰：“政和三年闰四月八日赐。希孟年十八岁，昔在画学为生徒，召入禁中文书库，数以画献，未甚工。上知其性可教，遂诲谕之，亲授其法，不逾半岁，乃以此图进上，嘉之，因以赐臣，京谓天下士在作之而已。”此话，当为徽宗对蔡京所言，此前未见有“希孟”，此后改为“王希孟”。“王”从何来？查无实据，有一线索或可提示其由来，那就是《宣和画谱》卷十二还著录另一卷《千里江山图》，此图亦作金碧山水，作者王诜为皇戚，后人著录时可能搞混了。又查《宋史》人物，字“希孟”者有好几位，太宗时有位王子舆就字“希孟”。宋以前，唐史中未见有“希孟”这类人物，看来“希孟”兴于宋。

周秦以后，儒学分汉宋，汉学“尊孔”，宋学“希孟”，汉学立“五经”，宋学定“四书”，“五经”重荀学，“四书”兴孟学，“希孟”因此而流行，乃“圣之时者也”，至徽宗时，俨然成一时尚，故《千里江山图》上的“希孟”，当时可谓“数风流人物”。

在此新潮中，便有那么一位“希孟”，年方十八，被徽宗钦点了，至于他姓甚名谁，一概不知，何来何往，也没人问起。可他却成了天子门生，更为蹊跷的是，画成《千里江山图》后，本应大展身手的天子门生却消失了，连个画院的门槛都进不了，连画了一枝月季的新晋少年都被徽宗赐绯，更何况作为天子门生画了《千里江山图》的“希孟”？

清人称“希孟”为“王希孟”，还说“王希孟”是“宣和供奉”。只要查一下“宋代院人录”就会发现，在“宣和供奉”名录中，没有“王希孟”，亦无“希孟”。于是，有人就说他画完《千里江山图》就死了。可徽宗没说他死，蔡京笔录也没说他死，可见，赐画于蔡京之前“希孟”还在，最起码在短时间内还在，如还在，就应任命个“宣和供奉”的身份给他，若没那身份，多半也就是死了。似乎从来没人换个角度想过：也许他没有画院身份，也没有死，那么他是谁？这么一问，必然问向徽宗，此外别无他人。我们不妨假设：那“希孟”会不会就是徽宗？这世上本无画者“希孟”，自从有了徽宗，这才有了“希孟”。

回到蔡京的跋上来看“希孟”，看他跟徽宗有哪些相同。跋上说，“希孟”十八岁完成了这卷《千里江山图》，徽宗则是十八岁登基。如果我们将这件具有理想国气质的图卷看作是一位少年天子的妙笔生花，比说它出自一位“画学生徒”之手更为合适。要在一个十八岁少年的脑海中，展开一个国家样式，表达一种国家观念，若无专门的帝王学的培养和历练，是不可能做到的，这样的江山感，唯有皇室才能陶冶出来。试取两卷《千里江山图》比较一下，王诜是外戚，他的江山感从画面的呈现来看，就不及“希孟”那么正宗，较之“希孟”的《千里江山图》，同样的金碧山水，王诜便显得不那么富于皇家本色，不像“希孟”那样有着“富有天下，贵为天子”的气象，外戚毕竟不是皇室，要有所收敛。画《千里江山图》须具备两个必要条件：一是熟悉皇宫建筑，一是了解江南山水。我们发现，“希孟”江山图有一个最为明显的特征，那就是他将皇宫建筑分布到江南山水民居中去。

对于皇宫建筑，“希孟”是熟悉的，但他对江南山水民居的认知，却并非从身临其境中得来，据说，皇室子弟的活动范围是受到限制的。其长辈赵令穰，平时只能往来于京、洛之间，不出五百里范围，而其本人则可能连皇城都出不去，所以，他们画江南山水，通常是对名家巨作的临摹。这样，有人就从《千里江山图》中发现了董源江南山水的痕迹，廖尧震从对董源《溪岸图》与《千里江山图》的比较研究中指出，现藏美国大都会美术馆的《溪岸图》曾经被徽宗收藏，又被徽宗拿来给“希孟”临摹，成了江山图摹本。又有人从《千里江山图》与徽宗本人作品的相似性，去证明徽宗对“希孟”曾“亲授其法”，如桑农在《读书》2017 年第 10 期上发表《〈千里江山图〉中的历史密码》一文，就这样认为。

首先，他指出，《千里江山图》纵 51.5 厘米、横 1191.5 厘米，这种长卷形式是从徽宗朝才开始出现的，除了这卷江山图，还有徽宗自画的《梦游化城图》，据说也是长卷，只可惜遗失了，两者的不同在于，一绘仙境，一画江山。其次，他认为《千里江山图》同徽宗“御制”的《雪江归棹图》极为相似，可以说是“御制”的放大版。

话都说到这份上了，就差一层窗户纸没捅破，一捅破就明白了：原来画那《千里江山图》的“希孟”不是别人，正是徽宗本人。这样说来，比强调拿藏品给希孟临摹、在徽宗亲自指导下的创作要好得多，它更接近事实，也符合思维经济原理。

桑农还指出，《千里江山图》的绘制成本，一匹绢，用石青、石绿着色，色调“有如蓝绿宝石般晶莹”，因为颜料本就由绿宝石、孔雀石等昂贵材料制成，这些岂是院生“希孟”所能负担？若为画院项目，属于国家工程，那就必须作为国家祥瑞之作进入《宣和睿览册》中，最后，还得由徽宗题款、盖印来验收，可画面上，却无验收痕迹。只有一种可能——这卷《千里江山图》便是那位十八岁的少年天子在登基那年为自己所作，那时，他还没用后来的印、款，但他已有了自我的江山，展开为帝王长卷。

“希孟”的窗户纸虽然被捅破了，但问题还是没有得到最后解决。最后的问题就是：徽宗为什么要戴着“希孟”的面具来面对蔡京？

前面，我们说了“希孟”是宋学里的一种时尚，寄托了他少年时治国理政的梦想，当年，他兄长哲宗突然去世，而他就因为“希孟”被向太后看中，从端王变成了后来的徽宗。那时的他，像个“画学生徒”，每日画画，又像“书库小吏”，天天读书。但他也有一个梦，一个帝王梦，离帝王的距离只有一步之遥，他追求着，要把这梦画出来，画到《千里江山图》中，等到画完这个长卷，他就水到渠成做皇帝了。

据说，他做皇帝也不是全体举手一致通过的，当时就有反对派。反对派的代表人物叫章惇，此人是王安石变法的政治遗产，也是变法异化的一个关键人物。那时，章惇说了一句很有分量的话：“端王轻佻，不可以君天下。”这口吻，多像孟子！当年，孟子不也是这样说魏王“望之不似人君”吗？章惇居然像孟子看魏王那样看端王。

反对派高举的拳头警醒端王，他必须自问一声：何为“人君”？这一问，就问出“希孟”来了，他必须给反对者一个回应，那就是他要成为一个“希孟”的人君。

怎么将他的“希孟”拿来给人看？对他来说，最好的方式，就是画。通过绘画，来表达一种民本主义的国家观念，来展示国泰民安，这难道不是一种帝王气象，不是一个“人君”情怀？他把人世间最美好的两项事物——皇城宫廷建筑与江南山水民居结合在一起，把国家的庄严与山川秀丽、民生安逸结合在一起，可以说，他交出了一篇关于“人君”的如果不说是最好也可说是最美的答卷，他以此上位，做了“人君”。

诸位王子中，只有端王用“希孟”交了一卷思想性与艺术性完美统一的《千里江山图》，图一出手，帝王气象，人君情怀，都表达出来了，谁还敢说他“轻佻”？谁还能说他“不似人君”？向太后有可能是《千里江山图》的第一见证人，她是看过《千里江山图》以后，才选择了端王。我们可以这么说，他是以绘画得天下，又以绘画治天下的。因此，他内心里藏着一位美少年，那是他的初心，也就是“希孟”。如今，但凡见了《千里江山图》者，无不惊叹“希孟”为天才，可有宋一代，除了徽宗，这样的长卷巨作，有哪一个十八岁的少年能作出来？又有哪一个十八岁的少年有条件作出来？而他却把自己的初心，也就是他的“希孟”，赐给了蔡京，这是多么意味深长的寄托啊！

可蔡京懂吗？在题跋里，蔡京无一字对画评价，无一字表达感激之情，只是原封不动地记录着徽宗说过的话，甚至问都没问一下“希孟”是谁。是君臣之间早已心心相印，“不著一字”便能“尽得风流”？还是此人城府太深，从不袒露真性情？

只可惜了徽宗的那一番寄托、那一片初心。徽宗赐画，赐的是江山，非个体性的水墨江山，而是代表家国天下的金碧山川，这分明是一次托国，望蔡京能不忘其初心，坚守“希孟”理想。可惜他所托非人。蔡京不是王安石，王安石是“希孟”倡导者，可蔡京不是，虽然号称王安石的学生，却与王安石不是一路人。在政治上，蔡京一只脚在王安石的船上，另一只脚在司马光的船上；王安石变法时，蔡京是新政最积极的推手，司马光执政，又变成了司马光拆除新法的行家里手，司马光喜曰：若人皆奉法如君，有什么行不通！

起初，徽宗上位，罢了蔡京，作为“希孟”天子，他最看不惯的就是这类人。可不久他就发现，需要蔡京，蔡京虽乏“希孟”，却能表达国家本质的要求，体现制度安排的职能。而一国之君首先要担当的，就是国家本质的要求，要落实的，便是制度安排的职能。“希孟”理想是天下观，并非国家本质的必然，亦非制度安排使然。可他两者都想要，既要“希孟”理想，又要国家本质带来的“丰亨豫大”，两者有时一致，有时不一致，有时还会犯冲，这也就是蔡京“四起四落”的原因。

但不管怎样，徽宗还是相信，蔡京能将两者结合起来，为此，他鼓励蔡京“天下士在作之而已”，最重要的就是“作”字。这两个“作”男，徽宗在天下观里“作”，要用他艺术化的理想“点缀大化，文明天下”；蔡京在国家的本质上“作”，要把徽宗的理想印刻在国家的本质上，或者通过国家的本质来实现徽宗的理想，结果都异化了。

《千里江山图》卷（局部），（北宋）王希孟绘，绢本，设色，纵 51.5 厘米，横 1191.5 厘米，故宫博物院藏

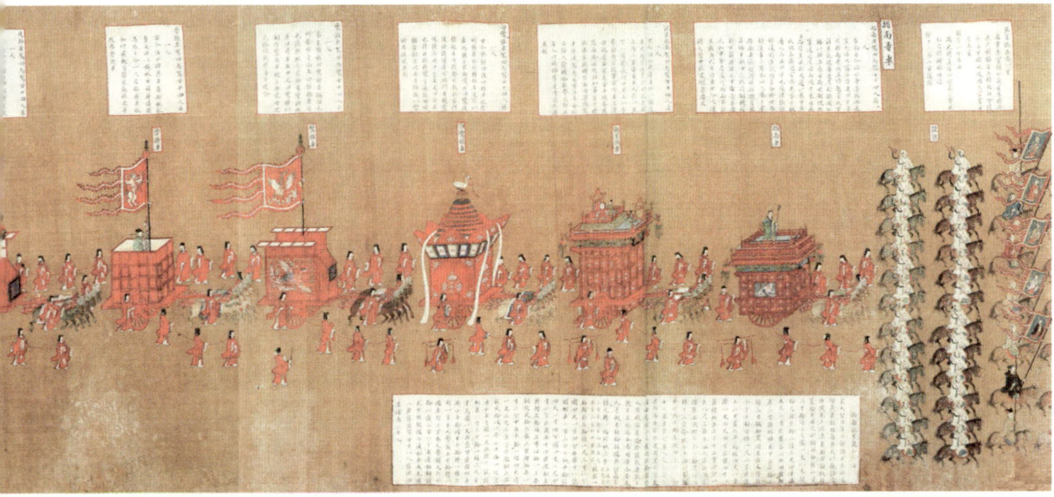

《大驾卤簿图书》卷（局部），（北宋）佚名绘，纵 51.4 厘米，横 1481 厘米，中国国家博物馆藏

“卤簿”指古代帝王出行时的仪仗，本图描绘了宋朝中期皇帝前往开封城南祭祀天地时的宏大场面，可以印证那时北宋的国运还处于巅峰之际。

03

文艺复兴的国运新装

赵佶在位二十五年，突然，金人打进汴京宫廷，将他掳走。非常不幸，大宋亡了，北宋文艺复兴运动随之告一段落。

公元1132年，绍兴二年，赵构即位，即宋高宗。他一路南逃，辗转五年，终于在杭州临安府行在安定下来，定年号“绍兴”，“绍”是继承，“兴”是复兴。赵构以此年号，表明要光复大宋的决心。复国之余，他依然重视艺术，派人在民间寻找徽宗御府所藏历代书画下落，包括赵佶本人的作品，一一“绍兴”。

新朝初立，有视“宣和”年号为不祥，而欲以“革命”去之者，但凡见到古书画上有“宣和”御书题名，一律拆下不用，重新鉴裱，另撰画目，凡经前辈品题者，亦必拆去，经这么一折腾，御府所藏多无题识，以至于藏品的“源委授受”全都紊乱，“岁月考订”从此混淆。这哪里是什么“绍兴”？分明是“革命”，要革“宣和”的命。

革命当然要革到宋徽宗的头上，御笔题识难以幸免，徽宗数件花鸟画就这样被裁去了御题，连御印也裁了，这不是笑话，而是“绍兴裱”的革命传奇。待到可以稍息——“直把杭州作汴州”时，已是高宗晚年了。

他开始回顾徽宗画迹，“睿思殿有徽祖御画扇，绘事特为卓绝”，高宗“时持玩流涕”。但为时已晚，“宣和题识”被毁者甚多。赵佶传世书画，有代笔说和亲笔说，代笔说，又分为他认可后御书，或经他修改后御题，也有画院学生或待诏作品，因了他的品题，也挂在了他名下，那时御题绝非侵占，而是荣耀，是作品达到高峰的标志。

据徐邦达先生考证，现存具名赵佶之画，面目很多，大致可分为两种，简朴的一种大都是水墨，或淡设色的花鸟，工丽的，花鸟以外，还有人物、山水等，而以大设色为多。而且，不但工拙不同，会有明显差异，同为工丽之作，也各有各的不同。一人作品，虽然变化，但有迹可寻，不会忽拙忽工，如此变化无端的传世作品，显然非出自一人之手，经考订鉴辨，还是代笔、挂名的居多。经徐邦达《宋徽宗赵佶亲笔画与代笔画的考辨》逐一考订，院人代笔多为工丽之作，题材富贵，皇家多宠，赵佶当然也欣赏这类精致的画，看到兴致处，便拈笔题识，诸如流寓国外的《杏花鹦鹉图》、故宫博物院藏的《祥龙石图》、辽宁省博物馆的《瑞鹤图》等，是“可致之祥”的“诸福之物”，属于《宣和睿览》一类。赵佶的亲笔之作，反倒是那些简拙质朴的水墨最能表达他的精神。从宫廷到画院，从画院到民间，从亲笔到代笔，从代作到仿作，流品之杂，流传之广，盛极一时，这在徽宗时期，或可视为他文教天下的举措和艺术政治化的成果，到了高宗时期，经历了靖康之耻，就要拨乱反正了，不仅治国之道要反正，让艺术退出，还有“宣和裱”上的御笔“宣和题识”也要反正，从“宣和裱”到“绍兴裱”，重要的不是装帧，而是“绍兴裱”对“宣和裱”的革命。

“墨笔写意”是赵佶对花鸟里逸趣的追求，重在水墨趣味和诗意。他在画院里，以“野渡无人舟自横”“踏花归去马蹄香”等诗句为院生命题，这当然是写意，尚处于“画中有诗，诗中有画”的初级，还未达精神层面。在精神层面上，勿须背诗，但要有真正的感动和认知，不必刻意地经营画面的诗意，但要把自我意识纯粹地投入进去——精神就是精神的事，放下天子之尊，搁置帝王所虑，只管投入。

在投入方式上，他与苏轼、米芾二人有分歧，不是苏、米二人那种自我意识大写意式的忘我投入，而是在绘画进程中，跟随技术导向的节奏，有意识、有分寸地进入。花鸟在他笔下，从客体向主体转移，由自然往自我转化，以知性启动灵性，这样，就为他的绘画中的花鸟世界，建立起一个为艺术而艺术的审美王国，而他也就成了君王。

君王就是“天下一人”，他用这题款来提醒我们，向我们展示他那孤独的王者之心，用墨笔写意，来呈现那漂泊而又沉思的灵魂及其“生而自由”的天姿。

《柳鸦芦雁图》，纸本，淡设色，手卷，纵 34 厘米，横 223.2 厘米，上海博物馆藏，是“柳鸦”与“芦雁”二图合卷，也是在“墨笔写意”与“工笔设色”的调和中，开辟中间道路。画面以水墨为主，略施淡彩；坡上老柳恬淡，犹有院体风雅，坡边数茎凤尾草，设色淡雅，牵引着整个画面，寥寥几笔杂草，偃俯中，主角出场了，上下栖居白头鸟四只，鸟身浓墨，黝黑如漆，羽留白线为界，黑白分明。画面的氛围，简拙憨稚。

如此处理墨笔，不仅独步皇家画院，即便士林亦独一无二。

有人认为，“芦雁”部分，宋人描摹，但细看墨笔与柳鸦一致，墨笔不再勾勒，而是表达设色的技法。黑白在羽毛间条分，却不见笔毫，工丽但并非线条，细腻在细节里层层推进，山野逸趣幽然一默，人性贵气恬淡如菊，洗却铅华，素净明雅。

这一切的背后，是坚实的写生基础上自我意识的蓬勃，以及在“从心所欲不逾矩”的皇家底线上“毋过度”的写意，调和着院体工笔与文人率性的异趣。如果说文人逸趣是那时士人追求自由的审美样式，那么赵佶已得先机；如果说自由是一个艺术家的必然归宿，那么赵佶正从工笔写生的花鸟画的必然王国走向墨笔写意的自由王国。意大利文艺复兴以后，人生而自由，在西方表现为法权形式的确认，以此为基点向外放出人性的光芒。在中国则表现为与西方完全不同的另外一种形式，自由在中国多属于审美领域。

庄子哲学，在山水与人文之间，开凿了一条走向自由的通道，在审美领域，筑就了一道精神独立的风景线，而赵佶则在具体而微的花鸟实体上，在鸟之翎毛的精微处尤为注意，其光洁度、精致度，散发着来自天堂的光彩，他要画出光源的细节。

其欲效法孔子立《诗经》而自立画经，引“诗人六义”入花鸟绘画之中，故对笔下花鸟画寄托甚深，说它们可以“粉饰大化，文明天下”，为国家“祈福”。

艺术非宗教，但可代宗教抚慰人心，以审美为人民“祈福祥瑞”。艺术批评还要回到作品本身，一切外在于作品的评判都显多余。

《池塘秋晚图》卷，纸本水墨，纵 33 厘米，横 237.8 厘米，藏台北故宫博物院，又叫《荷鹭惊鱼图》，赵佶亲笔，卷前有“宣和”印，钤“御书”葫芦印，御押“天下一人”。诸印玺皆粗劣不堪，许是卷尾遭遇了“绍兴裱”革命，后人又加伪押。

据说，紫宸殿宴上，赵佶即席笺作，写在刷了粉的粉笺纸上，还印有卷草纹图案。粉笺新纸时，润而养墨，质地讲究，不晕染，而有焦墨质感，宜于秋凉之际表现枯荷。荷的最后一口气里，筋脉暴起，撑着即将凋零的荷叶“行头”，或匍匐在水面，或欹倾斜立，姿态寂而娆，独立一棵莲蓬头，同岸上的红蓼与水葫芦呼应，两只鸳鸯，一飞一游，皆由重墨完成。画面核心，一白鹭迎风而立，背依一杆残荷，一脚独支水里，纤细而坚实，高蹈水中央。白描简笔，行笔缓和，将他对水墨的理解，一点一点，从容释放出来。

明万历初，装裱匠孙凤著《书画抄》，载赵佶《荷鹭惊鱼图》，附南宋邓杞跋曰，祖父邓询武，侍宴紫宸，酒酣乐作，徽宗兴起，即席亲洒，精神溢纸，“得江南落墨写生之真韵”。张丑《清河书画舫》也说，《荷鹭惊鱼图》，全仿江南落墨写生遗法。

“落墨”，又称“落墨花”，乃徐熙始创，用水墨写生花鸟，于皇苑富贵丛林，添了一份江湖野逸。苏东坡诗曰：“却因梅雨丹青暗，洗出徐熙落墨花。”

《红蓼白鹅图》，绢本，立轴，高 132.9 厘米，宽 86.3 厘米，设色画，无名款，收传印记有“宣和殿宝”“乾隆鉴藏”等十余方印，现藏台北故宫博物院。是否真迹，历来颇有争议。何以画上未留赵佶任何印记，却反而被认为是赵佶的作品？

这大概是对作品风格的认同吧。还有一点，对于我们来说，是不确定中的确定，那就是留了他印记的未必是他的真迹，或为代笔，或为仿制，而未留印记，却被一致认可的，反倒可以肯定是真迹，因为它一上来就排除了代笔或仿制的可能。尤其作品本身，那一份对安静之美的理解，画面上，仅一根红蓼，一只白鹅，还有那半露半隐的老树虬根，就带给我们呈现孤独之美的诗画宇宙意识。

白鹅安卧，曲颈侧首，姿态娴雅，翅若鱼鳞白云，纤细，它不像晋人之鹅惯于天放，也不像唐人之鹅动辄“曲项向天歌”，它目光淡然，或若端供，有一种确认自我的精神姿态。一棵红蓼，草本纤弱，却虬曲着挺立其孤傲，他喜欢红蓼的秋意，却不愿抱团迎风，而是展示自己的独立风姿，那是内心的宇宙场，在自然面前，人独立不倚。

红蓼花垂坠，暗示着命运的庇护。庇荫基于善良，但要有雄心支撑，因此，那三五朵红蓼花，便以稳定画面的意志力，顾盼着依偎它们的白鹅。每一片红蓼叶，都带着不安分的自由期许，而白鹅的安静则给出了肯定，自由并非随风摇曳，而在于内心的安静。叶脉张开了叶片的经纬，卷曲的分寸是对秋的认知，寥寥叶片，宣谕着落叶的季节，飘落了夏季的倦怠，带来精神的秋收。地面上裸露着树根，却不见古树，但由那隆起地面的粗壮褶皱和风化的苍老，便知其已然年届沧桑。白鹅娴雅高贵，红蓼花独立寒秋，老树根含蓄着未来，秋天来了，冬天不远了，一个洁白的生命就应该在这样的时刻等待命运的到来，它能带来祥瑞吗？以一个自然的审美意象，作为祥瑞的象征，这是艺术之福。

还有他的“瘦金体”，有人说，其书，点如菊，撇捺如兰，横直如竹，行间如幽兰丛竹，冷冷作风雨声，其意已得自然形声之美，其书则重顿如“鹤膝”，如收手坠尾，鹤舞翻飞，再入草书，则似“瘦金体”之天放，发怀素禅狂，入山谷诗乡……元朝宰相脱脱在《宋史·徽宗本纪》中掷笔惋叹：“宋徽宗诸事皆能，独不能为君耳！”

宋徽宗在太平盛世做了太平皇帝，乱世一来就沦为囚徒，的确，“独不能为君耳”，国土沦丧，百姓流离，作为一国之君，他难辞其咎。可他“诸事皆能”，为有宋一代带来的艺术辉煌，亦自有一番中国式的文艺复兴气象，有一种国家范儿。他本人及其以一国之力赞助的艺术家们的创作，留下了一笔怎样的世界文化遗产和人类精神财富？

他将美凌驾于一切之上，却落个国破家亡。金人入侵，中断了宋代兴起的文艺复兴，若无金人入侵，中国文艺复兴能够走向何方呢？其实，赵佶的悲剧性标志，不是文艺复兴随着金人的入侵而结束，而是他开启了中国的文艺复兴，却不知该走向哪里。历来评价赵佶，多半只看他的皇帝身份，而忽略了他的文化个体性，作为皇帝的失败，未必不是“塞翁失马”，他在艺术活动中失去了家天下的朝廷，却赢得了属于自己的文化个体性。

站在朝廷的立场上，我们可以说他是个昏君，若以其个人立场而言，他却是一个在艺术活动中实现了自我的人，是为一个即将到来的新时代开启了文艺范式的人，他是一个穿着文艺复兴的新衣而自居于家国天下之列的人，成于文化中国败于王朝中国。

若用王权来仲裁，他作为皇帝，就不应该那样埋头搞艺术，即使爱好，也要适度，应点到为止，哪能忘我投入？然而，以人权来考量，从事艺术活动是他的个人权利，只要在艺术活动中实现了自我，在文化的江山里添了一草一木，他就是个成功人物。

勿以成败论英雄，更勿以王权得失论英雄，他是个艺术英雄。有人会说，他从事的艺术活动导致了王朝覆灭，给人民带来灾难，这当然是一个理由，是一个压倒一切的理由，但事实是，没有一个王朝是因为君王从事艺术活动而亡的，他若不搞艺术，或者换了另外一个君王，北宋就不会灭亡？显然不是这样。他是一个不称职的君王，更不幸的是，他接到了王权的最后一棒，这一棒的命运，注定了他无论搞不搞艺术北宋都要灭亡。幸运的是，他能在北宋灭亡之前，让艺术放出了文艺复兴的光芒，文化中国曾经被他照亮。

《柳鸦芦雁图》卷（局部），（北宋）赵佶绘，纸本，淡设色，纵 34 厘米，横 223.2 厘米，上海博物馆藏

《池塘秋晚图》卷（局部），（北宋）赵佶绘，粉笺本，纵 33 厘米，横 237.8 厘米，台北故宫博物院藏

“宣和裱”，始创于宋徽宗宣和年间裱画工艺，又称宋式裱、宣和装，适用于扁宽画心，也是较复杂的一种装裱形式，需要多种颜色的镶料。适逢宋代丝织工艺精进，绫锦织品种类繁多，为装裱提高了丰富的选择，装裱亦跻身高雅殿堂。张择端的《清明上河图》中，就有装裱店铺。南宋周密《齐东野语》中详细记载了装裱样式、材料以及具体每种样式的尺寸。

上图这些作品，每一幅都是宋徽宗为自己精心描绘的国运新装，却因为艺术而留存。